Ägypten

Michel Rauch

MERIAN-TopTen

Höhepunkte, die Sie unbedingt sehen sollten

1. **Basar Khan el-Khalili in Kairo**
Der größte Basar Afrikas und eine der besten Adressen für Gold, Lederwaren, Parfüm und Souvenirs (→ S. 28, 50, 63).

2. **Tauch- und Surfparadies Hurghada**
Eine herrliche Unterwasserwelt und fast ganzjährig ablandige Winde (→ S. 36, 127, 140).

3. **Pyramiden von Giza**
Zweifellos der architektonische Glanzpunkt des Pharaonenreichs (→ S. 51).

4. **Tut-anch-Amuns Totenmaske**
In Saal 4 des Nationalmuseums in Kairo ist die sagenhaft reiche Grabausstattung dieses Pharaos zu bewundern (→ S. 57).

5. **Mumiensaal Ägyptisches Nationalmuseum**
Der »Club der toten Pharaonen« wurde inzwischen restauriert und computertomografisch untersucht (→ S. 57).

6. **Oasen der Libyschen Wüste**
Höhepunkt Siwa: zahllose Dattelpalmen, an die 200 Quellen, Berberfrauen in farbenprächtigen Trachten (→ S. 82, 152).

7. **Das Tal der Könige**
Das berühmteste Gräberfeld Ägyptens mit 65 teils gut erhaltenen Pharaonengräbern westlich von Luxor (→ S. 89).

8. **Nilkreuzfahrt**
Schon König Faruk feierte auf den Salondampfern Partys – ein (erschwinglicher) Traum für Romantiker (→ S. 106).

9. **Katharinenkloster**
Heilige Erde! Wo Moses einst die Zehn Gebote empfing, liegt heute der kleinste Bischofssitz (→ S. 117, 153).

10. **Kameltour auf dem Sinai**
In dieser eindrucksvollen, tausendfarbigen Wüstenlandschaft bewegt man sich auf biblischen Spuren (→ S. 154).

MERIAN-Tipps →
finden Sie auf Seite 192

Inhalt

Erläuterung der Symbole

Für Familien mit Kindern besonders geeignet

CREDIT *Alle Kreditkarten werden akzeptiert*

Keine Kreditkarten werden akzeptiert

Preise für Übernachtungen im Doppelzimmer inkl. Frühstück:

●●●●	ab 120 US$	●●	ab 50 US$
●●●	ab 90 US$	●	ab 20 US$

Preise für ein Menü mit Vorspeise und Dessert, ohne Getränke:

●●●●	ab 100 LE	●●	ab 20 LE
●●●	ab 50 LE	●	bis 20 LE

Karten und Pläne

Die Buchstaben-Zahlen-Kombinationen im Text verweisen auf die Planquadrate der Karten, z. B.

→ S. 176, B 6 Kartenatlas
→ S. 99, b 2 Detailkarte innen oder Umschlagkarte hinten

Ägypten stellt sich vor

Der Hathor-Tempel von Abu Simbel, dominiert von vier Statuen des jungen Königs Ramses II., der sich bereits zu Lebzeiten als Gott darstellen ließ.

Das wahre Land des Lächelns ist Ägypten. Wer aber lediglich von einer Sehenswürdigkeit zur nächsten hetzt, der wird dieses freundliche Land nie richtig entdecken.

insha'allah, bukra und malesh

Allahu akbar« – Allah ist größer. Der Ruf des Muezzins, mit dem er über Lautsprecher vom Minarett der Moschee die Gläubigen zum Gebet auffordert, wird den Reisenden gleich in den ersten Stunden seines Aufenthalts mit der tief verwurzelten Religiosität der Ägypter konfrontieren. Sein Ruf wird den Europäer vielleicht auch dazu auffordern, seine Vorstellungen von Schnelligkeit und Effizienz bereits am Flughafen bei der Passkontrolle abzustreifen und Toleranz zu üben gegenüber anderen Denk- und Lebensformen. Denn bereits am Airport in Kairo werden Sie sich behutsam der Gangart des Landes anpassen müssen und erfahren, dass Zeit in Ägypten ein sehr dehnbarer Begriff ist.

Freunden Sie sich deshalb rechtzeitig mit dem ägyptischen »IBM« an. Das klingt auf den ersten Blick modern, steht aber für eine Geisteshaltung, die vielleicht das größte Problem bildet, das Ägypten auf dem Weg zu einem modernen Staat hat: Die drei Initialen gehören zu den ägyptischen Wörtern »insha'allah«, »bukra« und »malesh«, alle drei Schlüsselbegriffe, die die Mentalität der meisten Ägypter besser verstehen helfen. »Insha' allah« bedeutet »So Gott will« und folgt jedem Ja, jeder Zusage – und meint einschränkend: Wenn's dann nicht klappt, dann wollte es Allah so. »Bukra« heißt »morgen«, meint aber: Was heute nicht geht, lässt sich ebenso morgen oder auch übermorgen erledigen. Und morgen, das kann vielleicht auch nächste Woche sein, irgendwann halt – oder nie. »Malesh« entspricht dem freundlich-schläfrigen Gemüt vieler Ägypter und kann etwa mit »Macht nichts«, »keine Aufregung« oder »Ruhig bleiben« übersetzt werden. Malesh ist aber ohne Zweifel auch der zarte Fluch des verzweifelnden Reisenden.

Ägypten – Land der Vielfalt

Ägypten liegt wie ein großer Block zwischen **Libyen** im Westen und den Rotmeeranrainern **Israel, Jordanien** und **Saudi-Arabien** im Osten. Im Süden grenzt die **Gumhurriya al-Arabiya al-Masriya** (Arabische Republik Ägypten) an den **Sudan**, und die Mittelmeerküste bildet die gesamte Nordgrenze. Entlang des Nils, dessen Verlauf und Mündungsdelta gerne mit der Form einer Orchidee verglichen werden, leben die meisten der über 65 Millionen Ägypter. Der Nil, mit 6671 Kilometern der längste Fluss der Erde, macht knapp fünf Prozent des Landes urbar; die restlichen 95 Prozent Ägyptens sind Wüste. Ägypten, etwa dreimal so groß wie Deutschland, erstreckt sich zwischen dem 24. und 36. Breitengrad sowie dem 22. und 31. Längengrad. Das Land hat eine Gesamtfläche von 1 001 049 Quadratkilometern, davon gehören die 59 202 Quadratkilometer der Sinaihalbinsel zu Asien.

Ägypten ist seit jeher das Land der **Studienreisenden**, die von den Pyramiden nach Theben und von Luxor nach Abu Simbel pilgern. Ägypten ist aber zunehmend auch das Land der **Bade-, Surf-, Tauch-** und **Erholungstouristen**, die in Hurghada am Roten Meer oder auf dem Sinai zwischen Taba und Sharm el-Sheikh ihren Urlaub verbringen. Mittlerweile kombiniert nahezu jeder Ägyptenreisende den Kulturtrip mit einem Sport- oder Erholungsaufenthalt am Meer. Allerdings: Setzen Sie Schwerpunkte für Ihren Aufenthalt! Wenn Sie die Vielfalt Ägyptens in nur zwei Wochen kennen lernen wollen, werden Sie diesem Land wohl kaum gerecht.

Ägypten heißt »Masr« auf Arabisch. Masr sagt der Ägypter auch oft, wenn die Hauptstadt Kairo gemeint ist. Die **21-Millionen-Metropole** präsentiert sich, was das Nachtleben angeht, trotz ihrer über 1000 Moscheen und Minarette als beinahe europäische Großstadt. Bei Tag dominiert der Eindruck von Schmutz, Staub und Lärm. Es stinkt nach Abgasen, es herrscht ein permanentes, aber ir-

Der 21-Millionen-Moloch Kairo

gendwie dennoch funktionierendes Verkehrschaos. Kairo wird längst nicht mehr fertig mit dem Zuzug der vielen Menschen vom Land. Die Stadt ist zum Brennpunkt der sozialen Probleme des Landes geworden. Doch wer sich ohne Furcht – und die ist wirklich nicht nötig – auf den Rhythmus des Lebens der Hauptstadt einlässt, wer sich obendrein in die verwinkelten Gassen abseits der Touristenpfade wagt, der wird dieses vermeintliche Chaos alsbald lieben lernen.

Im Norden, in Unterägypten, erwartet den Reisenden ein Mittelmeerklima mit milder Seebrise im Sommer, die sich im Winter in einen unangenehm kühlen Wind mit Regen verwandeln kann. An der Küste des **Roten Meeres** herrschen dagegen ganzjährig warme Tagestemperaturen von mindestens 20 und bis zu 40 Grad Celsius im Hochsommer. Doch nachts kann es auch hier empfindlich abkühlen.

Im südlichen **Oberägypten** (Luxor, Assuan und Abu Simbel) trifft man bei einem trockenheißen Wetter im Winter auf Temperaturen zwischen 20 und 30 Grad Celsius. Nachts ist es in dem hiesigen Wüstenklima spürbar kühler, und im Frühjahr und Sommer kann das Thermometer gar bis auf 50 Grad Celsius und darüber klettern.

Besonders unangenehm ist der heiße Wüstenwind **Chamsin**, der in den Frühjahrsmonaten März und April 50 (arabisch: »chamsin«) tagelang alles mit einer feinen Sandschicht bedeckt und durchdringt.

Das heiße, im Süden Ägyptens oft unerträgliche tropische Klima diktiert den Lebensrhythmus, dem sich der Reisende unbedingt anpassen sollte. Viele Durchfallerkrankungen haben ihre Ursache nämlich keineswegs in einer falschen Ernährung, sondern sind schlicht Erschöpfungserscheinungen des Körpers: Die Hitze trocknet den Körper aus (Dehydration). Trinken Sie also so viel wie

Kairo, die größte Stadt Afrikas, hinterlässt den elektrisierenden Eindruck von Faszination und Chaos einer Megalopolis.

Ägypten – das ist der Nil, mit seinen 6671 Kilometern der längste Fluss der Erde.

möglich! Und bedenken Sie: Der Morgen, der späte Nachmittag und der Abend gehören den Aktivitäten. Die Mittagszeit sollte man für die Siesta, für ein kleines Nickerchen nutzen.

Dagegen kühlt es nachts in Kairo selten ab. Hier herrscht ein eigenes Großstadtklima. Oft liegt die Stadt unter einer Smogglocke. Tagsüber ist es heiß und feucht mit Temperaturen bis zu 42 Grad. Im Winter ist es kühler als früher, manchmal regnet es auch.

In die Wüstentafel eingesenkt, erstreckt sich das etwa 1000 Kilometer lange **Niltal**, das sich nördlich von Kairo zum **Nildelta** auffächert. Der westliche Nilarm mündet bei Alexandria, der östliche bei Dumiat/Ras el-Barr ins Mittelmeer. Westlich der Flussoase erstreckt sich über zwei Drittel der gesamten Landesfläche die **Libysche (Westliche) Wüste**. Die leicht gewellten Hochflächen erreichen bis zu 1000 Höhenmeter. Dazwischen liegen Senkungsgebiete.

Östlich des Nildeltas erstreckt sich die **Arabische Wüste**, die – von Wadis (Trockentälern) zerfurcht – Höhen zwischen 1000 und 2000 Metern erreicht. Der Steilabfall des großen Grabenbruches führt hinunter zum Roten Meer. Die **Halbinsel Sinai**, eineinhalbmal so groß wie die Schweiz, verbindet Afrika und Asien. Der Sinai entstand vor etwa 30 bis 40 Millionen Jahren, als Arabien begann, von Afrika wegzudriften.

Oasen – Paradiese in der Wüste

Die großen Oasen liegen alle in der Libyschen Wüste. Bereits der altgriechische Geschichtsschreiber Herodot schwärmte, nachdem er die Oase **El-Kharga** gesehen hatte, von der »Insel der Seligen«. Man darf das getrost auch für die anderen Oasen **Bahariya, Farafra, Dakhla, Siwa** und **Fayum** behaupten.

Auch wenn's vielleicht eine Enttäuschung ist: Krokodile gibt es in

Ägypten – außer im Nassersee – ebenso wenig wie Nilpferde, Giraffen, Leoparden, Löwen und Strauße. Die Klimaveränderung vor 15 000 Jahren zwang diese Tierarten, im Inneren Afrikas einen neuen, geeigneteren Lebensraum zu suchen. Bei Wüstentouren können Sie allerdings ab und an **Wüstenfüchse**, **Schakale** und **Hyänen** sehen. Und Eidechsen sowie Geckos sind auch noch da, ebenso wie Schlangen, Skorpione, Milan und Falke (er ist ein beliebtes Wappentier und im arabischen Raum ein Symbol der Macht). An Arbeitstieren begegnet man allerorten Eseln und auch Kamelen, die eigentlich – weil einhöckrig – Dromedare sind.

Eine der ältesten Zivilisationen

Die Geschichte Ägyptens – angefangen mit der jüngeren Steinzeit (5000 bis 3000 v. Chr.), als die ersten Menschen am Nil lebten, bis zur Gegenwart unter Mubarak – auch nur stichpunktartig zu erzählen würde ganze Bücher füllen. Deshalb müssen an dieser Stelle eher Schlagworte genügen. Mit dem Thinitenkönig Menes beginnt nach dem Jahr 3000 v. Chr. das Zeitalter der **Pharaonen**, und es wird erst der Makedone Alexander der Große sein, der dieser Epoche 332 v. Chr. ein Ende setzt. In der so genannten **Thinitenzeit** (3000–2700 v. Chr.) werden die ersten Texte in Hieroglyphen verfasst, einer bildhaften Lautschrift.

Im darauf folgenden **Alten Reich** (2700–2150 v. Chr.) herrschen Pharaonen, also Gottkönige, über 42 Gaue. König Djoser lässt sich in Sakkara die erste Pyramide als Grab bauen. Sie markiert den Beginn der Steinbauarchitektur, die zeitlich zusammenfällt mit der Einführung des Beamtentums und der Bürokratie.

In den folgenden Jahrhunderten stehen die politischen Zeichen auf **Bürgerkrieg und Unruhen**, aber eine Eroberungspolitik ohnegleichen leitet eine **neue Blütezeit** ein. Unter verschiedenen Königen, die den Namen Mentuhotep trugen, dehnt Ägypten seine Grenzen im Norden bis Palästina und im Süden bis tief nach Nubien aus. Amun löst Re als Gott der Götter ab. Nach einer Zeit der Besatzung durch die semitischen Hyksos, von denen die Ägypter ihre Waffentechnik abgucken, beginnt eine etwa 500 Jahre dauernde Großmachtzeit, verbunden mit den berühmtesten Namen aus 30 Pharaonen-Dynastien.

Während des **Neuen Reiches** (1550–1070 v. Chr.) weitet Ägypten sein Staatsgebiet im Süden bis tief in den Sudan hinein und im Norden bis nach Syrien aus. Als besonders geschickter Eroberer erweist sich der Stiefsohn von Königin Hatschepsut I., Thutmosis III. Er lässt die Unterworfenen sich selbst regieren und sichert den Einfluss des Pharaonenreiches dadurch, dass die Kinder der Marionettenregenten in Ägypten ausgebildet und ganz im Sinne der sanften Besatzer erzogen werden.

Echnaton, der Ketzerpharao, erhebt Aton zum höchsten Gott, allerdings nur für eine kurze Zeit. Der heute berühmteste aller Pharaonen, **Tut-anch-Amun**, stellt den alten Amun-Glauben wieder her. Ramses II. regiert 67 Jahre und ist vor allem damit beschäftigt, sich durch Monumentalbauten (Abu Simbel) und Statuen in ganz Ober- und Unterägypten zu verewigen. Nach **Ramses II.**, Vater von über 160 Kindern, setzt langsam der Niedergang des Pharaonenreiches ein; de facto regiert inzwischen die Amun-Priesterschaft.

Die **Kornkammer Ägypten** zieht von 1070 bis 332 v. Chr. die verschiedensten Besatzer aus Nubien, Äthiopien und Persien an. Mit der Unterwerfung Ägyptens 332 v. Chr. durch den Makedonen **Alexander den Großen** endet die Pharaonenzeit dann endgültig. Alexanders Nachfolgern, den Ptolemäern, folgen ab 30 v. Chr. die **Römer**. Ihre Herrschaft leitet der spätere Kaiser Augustus mit dem Sieg über die Flotte von Kleopatra und Antonius ein.

Alexanders des Großen Stadtgründung **Alexandria** entwickelt sich rasch zum geistigen Zentrum; hier fasst das **Christentum** Fuß in Ägypten, bis Kaiser Diokletian im 3. Jahrhundert die Verfolgung der ägyptischen Christen anordnet. Zur Erinnerung an die Märtyrer des Jahres 284 beginnen die ägyptischen Christen mit diesem Datum ihre eigene Zeitrechnung, den **koptischen Kalender**. Bei der Teilung des Römischen Reiches im Jahr 395 fällt das Nilland an Byzanz. Ägypten, einst Großmacht am Nil, verbleibt damit im Status einer Provinz.

Eine neue, bis heute nachwirkende Ära leitet im Jahre 640 der Feldherr Amr Ibn el-As ein, der die Byzantiner vertreibt, Ägypten in Schrift und Sprache arabisiert und den Islam einführt. Zu Koptenverfolgungen kommt es erst mehr als 300 Jahre später unter den schiitischen Fatimiden, die auch **El-Qahira**, »die Siegreiche«, wie Kairo auf Arabisch heißt, gründen. Die **türkische Epoche** beginnt 1517 mit Sultan Selim I. Bis 1798 bleibt Ägypten osmanische Provinz.

Napoleon will die englische Vorherrschaft im Mittelmeerraum brechen und erobert 1798 nach einer Schlacht gegen die Mamelucken Ägypten. Drei Jahre später erlebt der Korse aber vor Alexandria, bei Abukir, seine große Niederlage zur See durch den britischen **Admiral Nelson**. Frankreichs Soldaten verlassen schließlich Ägypten, doch die Gelehrten, die Napoleon mitgebracht hatte, bleiben im Land. Sie begründen den Forschungszweig der Ägyptologie und beginnen mit systematischen Ausgrabungen – die Grundlage des heutigen Wissens über Ägyptens alte Kultur war gelegt.

Geburt des modernen Ägypten

Das Jahr 1805 gilt als das Geburtsjahr des modernen Ägypten. Zu diesem Zeitpunkt tritt der Albaner **Mohammed Ali Pascha** als türkischer Statthalter sein Amt an. Er vertreibt zuerst die Engländer aus dem Land und beginnt ein umfangreiches Reformwerk zur Modernisierung der Landwirtschaft und des Bildungswesens. Als Lehrkräfte und Dozenten sind Wissenschaftler, Ingenieure und Fachleute aus Europa höchst willkommen. Ismail, der Nachfolger von Mohammed Ali († 1849), treibt dagegen mit dem Bau des Suezkanals Ägypten fast in den Ruin.

1875, sechs Jahre nach der Eröffnung des von Ferdinand de Lesseps erbauten Kanals, kauft England die Suezkanal-Aktien. 1882 besetzen die Engländer Ägypten und führen eine **Kolonialdiktatur** ein, in der die Ägypter so gut wie keine, die Engländer dafür alle Rechte haben. Erst 1914, nachdem sich bereits eine breite nationalägyptische Front gebildet hat, wird das Land am Nil zum britischen Protektorat erklärt. 1922 erkennt England schließlich die Unabhängigkeit an, aber erst 1956, nach Präsident Gamal Abd el-Nassers Verstaatlichung des Suezkanals und der daraus resultierenden Suezkrise, ziehen die letzten britischen Truppen ab.

Die Freien Offiziere um General Mohammed Nagib und die späteren Staatspräsidenten **Gamal Abd el-Nasser** und **Anwar el-Sadat** stürzen im Jahr 1952 den auch im Volk unbeliebten **König Faruk**. Nach der blutigen Revolution steuert Nasser, mit katastrophalen Auswirkungen bis heute, das Land auf einen prosowjetischen bzw. islamisch-sozialistischen Kurs. Fünf-Jahres-Pläne, Planwirtschaft, Mietpreisbindung und die Verstaatlichung privater Unternehmen, die heute mühsam wieder privatisiert

Fluch oder Segen? Der 1971 fertig gestellte Assuan-Staudamm gilt als technisches Meisterwerk. Die ökologischen Folgen werden jedoch kontrovers diskutiert.

werden, sind die Pfeiler Nasser'scher Innenpolitik. Nassers **Assuan-Staudamm** hat kontroverse Diskussionen ausgelöst. Die Kritiker fürchten, das ökologische Gleichgewicht entlang des Nils sei weit reichend gestört.

Nach dem Tod Nassers (1970) geht Anwar el-Sadat dazu über, dessen Politik zu korrigieren. Sadat ist es auch, der nach drei Kriegen mit Israel (1948, 1956, 1967) den **Oktoberkrieg** (Yom-Kippur-Krieg) anzettelt. Auf dem Schlachtfeld ist Ägypten, auch wenn es die staatliche Propaganda noch heute anders darstellt, der große Verlierer. Aber am Verhandlungstisch sichert Israel die Rückgabe der 1967 besetzten **Sinaihalbinsel** vertraglich zu. Aus dem Falken Sadat wird die Friedenstaube. 1977 reist Sadat nach Jerusalem und schließt 1979 unter Vermittlung von US-Präsident Jimmy Carter den **Camp-David-Frieden**, der ihn 1981 bei der jährlichen Parade am 6. Oktober das Leben kostet. Soldaten, die sich zu fundamentalistischen Terrororganisationen bekennen, erschießen Sadat auf der Tribüne.

General **Mohammed Hosni Mubarak**, Nachfolger Sadats, verhängt 1981 den Ausnahmezustand und garantiert die Einhaltung des Camp-David-Friedens. Der Friedensschluss bringt Ägypten eine jahrelange Ächtung in der arabischen Welt, aber Sadat und sein israelischer Kollege Menachem Begin legen damit den Grundstein für den Washingtoner Handschlag zwischen Yitzhak Rabin und Yassir Arafat, mit dem 1993 ein erster Friedensprozess zwischen Israel und der PLO eingeleitet worden ist.

Sadat – Falke und Friedenstaube

Präsident Mubarak regiert, obwohl nur zwei Amtszeiten vorgesehen sind, seit Oktober 1999 zum vierten Mal – möglich machte dies ein Sondergesetz. Und Sondergesetze sind im offenbar immer währenden Ausnahmezustand Ägyptens sehr beliebt. Außenpolitisch hat sich Mubarak durch einen unermüdlichen Einsatz für den Nahost-Frieden ausgezeichnet, vor allem seit dem Golfkrieg 1991. Innenpolitisch versprach Mubarak zügige Wirtschaftsreformen, Wohlstand für alle, weniger Korruption und mehr Demokratie.

Mubarak – der neue Pharao

Die Realität spricht eine andere Sprache: Die Armut greift um sich, das Leben wird immer teurer. Die Wirtschaftsreformen kommen im Schneckentempo voran, und die Korruptionsvorwürfe gegen Mubaraks eigene Familie häufen sich. Die Demokratisierung ist offenbar nur mehr ein Mäntelchen, unter dem eine Militärdiktatur, wenn auch die »liberalste« im Nahen Osten, ihr willkürliches Schalten und Walten zu verbergen sucht.

Die Attentate religiös motivierter Terroristen auf Touristen, Polizisten, Politiker und im Oktober 1994 sogar auf Literatur-Nobelpreisträger Nagib Machfus müssen bis heute dazu herhalten, dass Freiheiten eingeschränkt, Oppositionelle willkürlich verhaftet und in den Gefängnissen, so Amnesty International, unter menschenunwürdigen Bedingungen festgehalten und oft auch gefoltert werden.

Das Bild der Ägypterin hat sich in den vergangenen Jahren verändert – und zwar auf eher unverständliche Weise für den europäischen Besucher. Immer mehr Frauen verschleiern sich. Das mag in manchen Hochburgen der Fundamentalisten nicht ganz freiwillig geschehen (genügt der soziale Druck nicht, dann kommt es schon mal zu Säure-Attentaten auf Unverschleierte). Zudem ist für arme Leute die dem Islam entsprechende wallende Kleidung am billigsten.

Für viele gebildete Mädchen und Frauen ist jedoch der Schleier, den die Frauenrechtlerin Hoda Sharawi einst aus Protest abgelegt hatte, heute ein wichtiges Symbol der Loslösung von westlichen Idealen, ein Zeichen der allenthalben zu beobachtenden Rückbesinnung auf islamische Werte. An der **klassischen Rollenverteilung** zwischen Mann und Frau halten die meisten Paare fest, und das heißt laut

Leben zwischen islamischer Tradition und westlicher Moderne: Im Straßenbild der Großstädte mischen sich verschleierte und unverschleierte Frauen.

einer Schrift des Islamischen Zentrums Hamburg: »Der Islam erkennt den Grundsatz der Gleichberechtigung der Menschen im Falle unterschiedlicher Geschlechter an, aber er richtet sich gegen die Identität der Rechte und Pflichten beider. Die Unterschiede zwischen Mann und Frau sind komplementär. Mann und Frau ergänzen sich durch diese Unterschiede gegenseitig.«

Obwohl vom Koran nicht gedeckt, gehören **Zwangsverheiratungen** vor allem auf dem Lande noch heute zum Alltag, ebenso die verbotene **Beschneidung** von Mädchen. Auch Bildung ist, obwohl 37 Prozent der Studentenschaft Frauen sind, in weiten Teilen der Bevölkerung noch immer Männersache.

Der Schlüssel des Tempelwächters hat die Gestalt des Ankh-Zeichens, der Hieroglyphe mit der Bedeutung »Leben«.

Welcome to Bakschisch-Country

Was Ägyptenreisende schon nach kurzem nervt, ist die Bettelei, die Aufdringlichkeit, mit der für jeden Handgriff ein großzügiges **Bakschisch** erwartet wird – eine direkte Armensteuer, wie viele sagen. Der Fremde, der mehr für eine Hotelnacht ausgibt, als die meisten Ägypter im Monat verdienen, wird für unermesslich reich gehalten. Nun mag Bakschisch im Einzelfall Ausdruck der Hilfe von Mensch zu Mensch sein. Dagegen ist nichts einzuwenden, und Trinkgeld für wirkliche Leistungen sollte ebenfalls selbstverständlich sein. Doch oft haben Sie es auch mit organisierten und vergleichsweise wohlhabenden Bettlern zu tun. Wenn Sie also gezielt helfen wollen, dann geben Sie Geld an Moscheen; so erreicht Ihre Hilfe eher die wirklich Bedürftigen.

Noch ein leider notwendiges Wort zu den **Reisenebenkosten**: Ägypten lockt mit Niedrigpreis-Angeboten für Pauschalreisen und erweckt den Eindruck eines billigen Urlaubslandes. Das böse Erwachen folgt dann vor Ort: Die Preise sind gesalzen! Der Eintritt für Museen, Tempel und Gräber hat sich in den letzten Jahren vervielfacht, also etwa 20 bis 50 €, gelegentlich sogar bis 100 €.

Mit einem internationalen Studentenausweis kann man oft viel Geld sparen. Probieren Sie es einfach! Einem jüngeren Beschluss des Religionsministeriums zufolge soll neuerdings der Eintritt in Moscheen landesweit auch für Touristen kostenlos sein. Das wird nicht einheitlich gehandhabt, fragen Sie am Einlass! Als Grundregel gilt: Verlassen Sie möglichst die touristischen Trampelpfade! Die Restaurants und Pubs außerhalb der Fünf-Sterne-Hotels und Beach-Resorts sind nicht selten genauso gut und stets deutlich billiger.

Gewusst wo ...

Dinieren im Freien mit Blick über Hurghada und das Rote Meer: das Terrassen-Restaurant Felfela an der Hotel-Corniche.

Ägypten-Urlaub ist mehr als Strand und Museen. Essen, Trinken, Shoppen, Feiern, Sport treiben – hier finden Sie, wo was geht. Egal, ob Sie als Single, als Paar oder mit Familie unterwegs sind.

Übernachten

Kolonialflair im traditionsreichen Luxushotel oder Komfort im All-in-One-Resort am Traumstrand?

Im 1899 erbauten, legendären Old Cataract Hotel in Assuan übernachtete neben vielen Präsidenten und Premiers auch schon Agatha Christie.

Die fast 1500 ägyptischen Hotels sind in fünf Kategorien (nach Sternen) eingeteilt, und zwar von der »Egyptian Hotel Association« in Kairo. Hotels müssen in harter Währung (Dollar, Euro, Kreditkarte) beglichen werden. Wer in LE bezahlen will, muss einen Umtauschbeleg der Bank vorlegen. Am teuersten sind die Hotels in Kairo, und dort wiederum sind die Unterkünfte in der Innenstadt nochmals um etwa 20 bis 30 % teurer als jene – oft derselben Kette – in Heliopolis.

Es gibt in ganz Ägypten eine Reihe von **Unterkünften ohne Klassifizierung**, in denen man zum Teil in Schlafsälen billig übernachten kann (ab 20 US$). Bei preiswerten Häusern müssen Sie allerdings auch mit entsprechenden **hygienischen Verhältnissen** rechnen. Schlafsack und Handtücher sollten Sie auf jeden Fall selbst mitbringen. Dennoch: Es gibt auch viele saubere Billighotels. Die aktuellsten Auskünfte sollten Sie sich bei anderen Travellern besorgen.

Sowohl **Taxifahrer** als auch **Schlepper**, die obskure, offiziell anmutende Ausweise vorzeigen, werden Sie schon an Flughäfen und Bahnhöfen beschwatzen. Hören Sie einfach weg, da dies der sicherste Weg ist, an eine miserable Unterkunft mit völlig überzogenen Preisen zu kommen (Sie müssen schließlich den Schlepper mitbezahlen).

Vor allem in den Sommermonaten, der Nebensaison, kann man über die Preise verhandeln. In dieser Zeit bedarf es auch kaum einer Reservierung. Das gilt allerdings nicht für die Metropolen Kairo und Alexandria. Dort quartieren sich regelmäßig unzählige Araber aus den Golfstaaten ein, um mit ihren Familien längeren Urlaub vom strengen Islam und der höllischen Hitze zu Hause zu machen.

Nach Ermäßigungen und Sondertarifen müssen Sie stets selbst fragen. Bedenken Sie: Jedes Hotel wird versuchen, Ihnen als **Individualreisendem** so viel wie möglich abzuknöpfen, zumal in Zeiten, wenn die Touristen ausbleiben. Günstige Hotelzimmer der gehobenen Klasse bietet für alle Touristenorte **Star of Egypt** in Kairo an (Tel. 02/52 45 16 01 bzw. 52 45 16 02, Fax 5 24 61 49).

MERIAN-Favoriten
Die 10 besten Adressen

Grand Hyatt, Kairo
Neues, exklusives Hotel am Nil, direkt im Zentrum. Tolle Zimmer (→ S. 46).

Mena House Oberoi, Kairo
Ein Klassiker an den Pyramiden. Im Haupthaus wohnt man mit viel Flair (→ S. 46).

Cecil Sofitel, Alexandria
Illustre Gäste von Churchill bis Omar Sharif waren schon hier (→ S. 72).

Salamlek Palace, Alexandria
Früher ein Königspalast inmitten eines Parks. Nicht billig, aber klasse (→ S. 74).

Mövenpick Jolie Ville, Luxor
Auf Crocodile Island nahe Luxor wohnt man im Grün einer Nilinsel (→ S. 85).

Old Winter Palace, Luxor
Stilvoller logiert man nirgends in Luxor. Der Hotelpark ist traumhaft (→ S. 86)!

Old Cataract Sofitel Hotel, Assuan
Agatha Christie wohnte hier und genoss den Blick auf den Nil (→ S. 96).

Four Seasons, Sharm el-Sheikh
Modernste und ausgesprochen luxuriöse Herberge. Toller Meerblick von allen Räumen (→ S. 110).

Hyatt Regency, Taba Heights
Eine weitläufige Anlage. Am schönsten wohnen Sie in den Chalets an der Lagune (→ S. 125).

Oberoi Sahl Hasheesh, Hurghada
Eine Hotel-Oase, die man im Trubel Hurghadas nicht vermuten würde (→ S. 128).

Exzellente Hotelrestaurants

Alle Hotels der gehobenen Klasse legen Wert auf eine gute Küche. Sie bieten meist europäische und orientalische Spezialitäten in verschiedenen Restaurants mit unterschiedlichem

Das Luxus- und Wellness-Hotel Ritz Carlton in Sharm el-Sheikh liegt inmitten einer ausgedehnten Lagunenlandschaft mit Pools, Springbrunnen und Kaskaden.

Ambiente an, wobei der (oft europäische) Küchenchef gerne den arabischen Geschmack europäisiert.

Ferienwohnungen und **-häuser** werden Touristen in Ägypten kaum angeboten. Dennoch gibt es sie, etwa in Alexandria, in Agami, Marsa Matrouh und bei Marina/El Alamein. Auch in Luxor gibt es Angebote. Es empfiehlt sich ein Blick in das Internet.

Ferienwohnungen sind rar

Für die Übernachtung in **Jugendherbergen** (20–90 LE) ist unbedingt der Internationale Jugendherbergsausweis vorzulegen. Jugendherbergen finden Sie in Kairo, Alexandria, Port Said, Assuan und Luxor. Für Gruppen ist eine Voranmeldung erforderlich.

Campingplätze werden von den Tourismusmanagern eher boykottiert als gefördert. Sofern es Plätze gibt, befinden sie sich in oft erbärmlichem Zustand. Dafür kostet die Übernachtung selten mehr als 20 bis 80 LE. Grundsätzlich kann man davon ausgehen, dass Zelten in Ägypten, egal wo, erst einmal verboten ist. Offizielle Campingplätze gibt es in Assuan, Kairo (nahe den Pyramiden), Luxor, Marsa Matrouh und in den Touristenorten auf dem Sinai; wildes Campen wird hier immer häufiger geduldet.

Hunde sind in Ägypten, wie in der gesamten islamischen Welt, keine besonders hoch angesehenen Tiere und weder in Hotels noch in Restaurants erlaubt, da sie als »unrein« gelten«. Etwaige Ausnahmen für Schoßtierchen sollte man bei der Buchung erfragen.

Keines der in diesem Band genannten Hotels kann für sich beanspruchen, im westlichen Sinne behindertengerecht zu sein – ein in Ägypten noch eher unbekannter »Service«. Allerdings gibt es erste Anzeichen dafür, dass einige Reiseagenturen und Herbergen der gehobenen Klasse auch diese Zielgruppe für sich entdecken.

Empfehlenswerte Hotels und andere Unterkünfte finden Sie jeweils bei den Orten im Kapitel »Unterwegs in Ägypten«.

Essen und Trinken

Ägyptens Gaumenfreuden sind kalorienreich – doch lassen Sie sich nicht abschrecken!

Gefülltes Gemüse, eingelegte Weinblätter, gegrilltes Geflügel und vieles mehr: die kulinarische Auswahl an Bord einer Fähre im Roten Meer vor Hurghada.

Essen gehört zu den Lieblingsbeschäftigungen der Ägypter, zumindest derjenigen, die sich das leisten können. Denn vieles, wovon hier die Rede sein wird, zählt für den Großteil der ägyptischen Bevölkerung zu den luxuriösen, meist unerschwinglichen Köstlichkeiten. Fleisch war seit alters knapp, und so entwickelte sich eine vegetarische Küche, die einen Fleisch nur zu gerne vergessen lässt.

Viele dieser Gerichte serviert man in Restaurants als orientalische Vorspeisen und Beilagen zu Fleischgerichten. In die so genannten »**Mezze**« (Vorspeisen), gereicht auf kleinen Tellern, dürfen Sie nach Landessitte mit dem »Aish balladi«, dem Fladenbrot, tunken. Zu den am häufigsten angebotenen Vorspeisen gehören: »Foul«, für viele der armen Ägypter Frühstück und wichtigste Hauptmahlzeit, »Tahina«, »Babaghanoug«, »Hummus betahina«, »Wara einab« und Tomaten-Zwiebel-Salat.

Fleisch kommt oft gegrillt auf Ägyptens Tische, und es ist sicher meist frischer, als es der Reisende von zu Hause gewohnt ist. Denn zwischen dem Schlachten und der Verarbeitung vergehen oft nicht einmal Stunden. Die **Fleischküche** mag nicht sehr fantasievoll sein, das meiste wird nur auf dem offenen Feuer gebrutzelt. Ob Sie »Kebab« (gegrilltes Lamm/Rind) oder »Kofta« (gegrillte Hackfleischbällchen) essen – mehr Freude haben Sie vermutlich an der **Fischküche** des Mittelmeeres und des Roten Meeres, die Barrakudas, Tintenfische, Krabben und Garnelen kennt und je nach Region anders zubereitet wird.

Kebab und Kofta an jeder Ecke

Noch ein Wort zum Thema **Trinkgeld**: Um die fünf Prozent gelten als Richtwert, den Sie auf den Rechnungsbetrag geben sollten; bei hohen Beträgen etwas weniger, bei niedrigen etwas mehr.

MERIAN-Favoriten Die 10 besten Adressen

Khan El-Khalili Restaurant, Kairo
Beste ägyptische und libanesische Küche im Kairoer Basarviertel (→ S. 60).

Abou el-Sid, Kairo
Traditionelle ägyptische Speisen in barockem Restaurant (→ S. 60).

O-Negrao, Kairo
Brasilianische Spezialitäten – dazu Tanz und Musik aus Südamerika (→ S. 60).

Zamakmak, Kairo
Nicht schick, eher schlicht – aber hervorragende Fischküche (→ S. 61).

Adoura, Alexandria
Eines der vier bis fünf besten Fischrestaurants im Lande (→ S. 78).

1886 im Old Winter Palace, Luxor
Gedämpfte Atmosphäre, kleine Menükarte – Dinieren für Genießer (→ S. 93).

1902 im Old Cataract Hotel, Assuan
In solchem Ambiente speiste man, als Reisen noch ein Privileg war (→ S. 101).

El-Fanar, Sharm el-Sheikh
Das Restaurant gilt als einer der besten Italiener im Nahen Osten (→ S. 112).

Sala Thai im Hyatt, Sharm el-Sheikh
Asiatische Abwechslung. Exzellentes Essen in Thai-Atmosphäre (→ S. 112).

Nesima, Dahab
Blick aufs Meer, umfangreiche Karte mit erstklassiger Fischauswahl (→ S. 116).

Wem das Ambiente wichtiger ist als das Essen selbst, der bleibt am besten in seinem Hotel. Denn was einem dort vorgesetzt wird, vermittelt meist nur eine schwache Ahnung von orientalischer Küche. Doch aus Angst vor Magen- und Darmbeschwerden meiden die meisten Besucher die zahlreichen Straßenrestaurants, die oft nur ein oder zwei Gerichte anbieten, keine Speisekarte haben und das Flair abgewetzter Plastiktischdecken verbreiten. Eine ägyptische Besonderheit sind die zahllosen **Kaffeehäuser**, in denen die Männer meist unter sich sind (→ MERIAN-Spezial, S. 24).

Das Café Fishawi am Eingang zum Kairoer Basar existiert seit Mitte des 18. Jahrhunderts.

Sättigend sei das Mahl, fett und schwer – nach dieser Maxime wird heute noch in Ägypten gekocht. Kein Wunder, geht es doch in erster Linie darum, die meist sehr große Familie satt zu machen. Viel Olivenöl kommt dabei zur Anwendung, Sesam und Safran als Gewürze verleihen vielen Speisen den typisch orientalischen Geschmack.

Landestypische Gerichte

Aish balladi: Fladenbrot
Babaghanoug: Mus aus Auberginen und Tahina
Hummus: Kichererbsenmus
Foul: ein Brei aus gekochten Saubohnen. Das Fleisch des armen Mannes, das zum Frühstück ebenso wie zum Abendessen gekocht wird. Es gibt viele Variationen, z. B. »Foul iskanderani« mit Ei oder mit »Pasterma«, eingelegtem Rindfleisch.
Kebab & Kofta: das Standardgericht vom Grill. Lamm und Rind am Spieß, mal als Fleischstückchen, mal als Hackfleischbällchen, meist auf jeder Menge Petersilie und Reis gebettet.
Kushari: ein Reis-Zwiebel-Nudel-Linsen-Gericht, das in speziellen Restaurants angeboten wird.
Molukhiya: spinatartige, schleimige Gemüsesuppe mit viel Knoblauch, die unheimlich müde machen soll.
Om Ali: Wer mit seinem Hunger nicht schon bei der Hauptspeise auf der Strecke blieb, sollte als Nachtisch Om Ali, übersetzt »Alis Mutter«, ordern. Das ist ein überbackenes Milch-Brot-Gemisch mit Nüssen und Rosinen.
Shawerma: Gyros auf Ägyptisch, aber mit gänzlich anderem Geschmack; gibt es an allen Straßenecken.
Tabulah: Tomaten-Petersilien-Salat
Tameya: wie Foul ein ägyptischer Klassiker – die Gemüsefrikadelle, die man ebenso morgens wie abends essen kann, oft als Sandwich mit etwas Salat und Sauce.
Tahina: die Standardsauce zu den Vorspeisen, viel Sesam, viel Öl – einfach lecker.
Wara einab: Weinblätter, gefüllt mit Reis und manchmal mit Fleisch.

Nationalgetränke sind »Ahwa« (Kaffee) und »Shai« (Tee), die bei jeder Gelegenheit gereicht werden. Als »masbut«, mittelsüß, bekommt der Kaffee dem mitteleuropäischen Gaumen am ehesten. Lecker schmeckt »Karkadeh«, ein Tee aus Malvenblüten, den man warm oder kalt trinkt. Karkadeh ist eine Spezialität Oberägyptens, vor allem Assuans und Luxors. »Nhana« heißt der ebenfalls sehr typische Pfefferminztee.

Verzichten Sie darauf, **Leitungswasser** zu trinken, wenn Sie anfällig für Darmerkrankungen sind. **Mineralwasser** und **Softdrinks** (Coke, Fanta, Seven Up, Canada Dry) bekommt man an jeder Straßenecke. Überall gibt es auch Saftläden, die je nach Jahreszeit frischen Orangen-, Mango- oder Zuckerrübensaft anbieten. Achten Sie bei Mineralwasser darauf, dass die Flasche verschlossen serviert wird; andernfalls sollten Sie sie zurückgehen lassen.

Für Freunde von **Bier** gibt es das ägyptische »Stella Local« (nicht zu verwechseln mit dem ungenießbaren »Stella Export«) und das in Lizenz gebraute Löwenbräu. Das neue »Stella Premium« ist wie die Sakkara-Biere vergleichbar mit europäischen Exportbieren, die viele Hotels führen (meist auch Heineken).

Trotz des Islams ist eine Tradition, die aus pharaonischer Zeit rührt, in Ägypten nicht klein zu kriegen: der **Weinbau**. Waren die Weine bis vor kurzem mit dem Etikett Naturessig nicht ganz falsch klassifiziert, gibt es seit 1999 von Giannaclis und Obélisque gute Tafelweine. Giannaclis baut im Nildelta an, Obélisque keltert in seiner Winzerei am Roten Meer aus Italien und Frankreich importierten Most. Faustregel: die Weißweine von Giannaclis, die Roten von Obélisque.

Ein gutes ägyptisches Essen rundet die »shisha« ab, die blubbernde Wasserpfeife, die in den vergangenen Jahren immer beliebter wurde. Es gibt sie in immer mehr guten Restaurants. Sie wird geraucht mit allerlei parfümierten Tabaken. Zu den beliebtesten Varianten zählen Apfel, Honig, Erdbeere und Minze. Sogar ansonsten überzeugte Nichtraucher sind häufig Freunde der »shisha«, deren Duft passives Rauchen zum Vergnügen macht. Man sagt ihr auch eine anregende und verdauungsfördernde Wirkung nach. Wichtig für Einsteiger: Rauchen

Zuletzt die blubbernde »shisha«

Sie nicht »auf Lunge«, ziehen Sie gemächlich und wundern Sie sich nicht, wenn der Kellner für Sie – mit eigenem Mundstück natürlich – die Shisha am Tisch ordentlich zum Glimmen bringt. Mit ein bisschen Routine erledigen Sie das selbst. Eine Shisha-Füllung kostet etwa ein Pfund.

Empfehlenswerte Restaurants und andere Lokale finden Sie jeweils bei den Orten im Kapitel »Unterwegs in Ägypten«.

MERIAN-Tipp

1 Café Fishawi

Am Eingang zum Kairoer Basar Khan el-Khalili (größter Basar Afrikas und eine der besten Adressen, wenn man Gold, Lederwaren, Parfümessenzen und Souvenirs erstehen will) findet sich, in einem Innenhof versteckt, eines der schönsten Kaffeehäuser der Stadt: Es wurde Mitte des 18. Jh. eröffnet. Eingerichtet ist es im türkischen Stil, mit vielen abgewetzten Spiegeln an den Wänden. Tipp: Tee mit Minze, »Schai bi na'ana«, trinken und dazu eine Wasserpfeife, »Shisha«. In der arabischen Sprache wird die Wasserpfeife nicht geraucht, sondern getrunken. Zum Tee schmeckt sie besonders als »Shisha tofaha«, d. h. mit Apfelgeschmack.

Sh. El-Azhar, nahe der Hussein-Moschee

→ Umschlagkarte hinten, f 3

Kaffeehäuser – Stammtisch Arabiens

Wasserpfeife rauchen, Kaffee trinken, Backgammon spielen: Das »qahwa« ist Ankerpunkt des Lebens.

Das Kaffeehaus um die Ecke, früher ein nach Zünften getrennter Treff, ist bis heute Dreh- und Angelpunkt des sozialen Lebens der ägyptischen Männer – Frauen müssen draußen bleiben. Einzige Ausnahmen: Touristinnen, da drückt »mann« schon mal ein Auge zu – und Frauen, die professionell im Kaffeesatz lesen.

Das Café ist Nachrichten- und Gerüchtebörse, und arabische Regenten wissen seit den Zeiten von »Tausendundeiner Nacht«, warum sie ihre Spitzel in Cafés schicken. Nur dort hört man Volkes wahre Meinung ungefiltert.

Literatentreff und Auge zur Welt

Ägyptens Literaturnobelpreisträger Nagib Mahfus ist sicher nicht der erste und auch nicht der letzte Literat, den die Atmosphäre des arabischen Kaffeehauses beflügelte und der den Mythos dieser Institution festigte, indem er dort einige seiner Figuren fand. Im Alexandria der Dreißigerjahre sammelten sich westliche Bohemiens, wie Lawrence Durell (»Alexandria Quartett«), vornehmlich in Kaffeehäusern, um zu philosophieren, zu diskutieren.

Was bei uns der Stammtisch ist, das ist für die meisten Ägypter das Café: Man trinkt türkischen Kaffee oder stark gesüßten »shai«, Tee mit frischer Minze, raucht Wasserpfeife und spielt »taula«, Backgammon. Für den Kaffee, den »ahwa«, gilt: Er wird getrunken »heiß wie die Hölle, schwarz wie der Teufel, rein wie ein Engel und süß wie die Liebe«.

In den abgelegensten Dörfern des Niltals und des Nildeltas fungiert das Kaffeehaus heute als Auge in die weite Welt, seit es Satellitenschüsseln gibt. In diesen Dörfern mag es öfter keinen Strom und wenige Fernseher geben, aber wenn, dann steht dieser sicher in einem Kaffeehaus,

und für einen Zuschlag von einem Pfund wird hier geglotzt, was die Mattscheibe hergibt.

In den schickeren Cafés, wie in Kairos Café Riche oder Alexandrias Pastroudis, gilt dagegen Ruhe als oberstes Gebot. Intellektuelle trifft man hier und viele Touristen, die ägyptische Intellektuelle beim Denken und Diskutieren sehen möchten, weswegen viele Intellektuelle kleine versteckte Kaffeehäuser vorziehen – wovon es in Kairo Zehntausende gibt.

Heiltrunk und Stärkungsmittel

Kaffee war im Orient schon immer ein besonderer Trunk. Die Legende sagt, dem todkranken Propheten Mohammed sei der Erzengel Gabriel mit einer Schale dampfender, dunkler Flüssigkeit erschienen, durch die der Prophet rasch gesundete und den Aufbau des islamischen Reichs beginnen konnte. Der Heilkundige Ibn Sina erwähnte im 11. Jh. erstmals ein Heilmittel namens »Bunchum«, woraus sich die Bezeichnung »bunc« für Kaffeeanbau und -bohne ableiten soll. Wie auch immer.

Im 15. Jh. erreichte das Getränk Kaffee Mekka, das Zentrum der islamischen Welt. Kaffeehäuser entwickelten sich, islamische Pilger verbreiteten rasch die Nachricht von diesem wunderbaren Stärkungsmittel im gesamten islamischen Reich. 1516 übernahmen die Türken die Herrschaft und sorgten für die Ausbreitung des Kaffeegetränks und der osmanischen Kaffeekultur nicht nur in Ägypten. In Paris entstand 1643 das erste Kaffeehaus Europas; Oxford folgte 1650, London 1652. Die ersten Wiener Kaffeehäuser öffneten 1685.

Kaffee wird in Arabien unterschiedlich zubereitet. In Ägypten schätzt man bis heute den starken schwarzen, dem Espresso ähnlichen Kaffee, während auf der Arabischen Halbinsel die geröstete Bohne in Wasser aufgekocht und mit Kardamom und gelegentlich sogar Rosenwasser aromatisiert wird. Dieses Kaffeegetränk sieht dann fast aus wie Kamillentee und schmeckt fantastisch.

Die Moderne hat leider auch in Ägypten Einzug ins Café gehalten, Pulverkaffee gilt vielen als schick. Aber vielleicht ist das gar nicht so wichtig, wenn die Wiener Recht haben. Sie sagen: Das Schöne am Kaffeehaus ist, man ist nicht zu Hause, aber auch nicht an der frischen Luft.

Die Besucher dieses Kaffeehauses im Kairoer Stadtteil Bab Zuwela huldigen dem Müßiggang.

Einkaufen

Der Shopping-Lust kann man in Ägypten grenzenlos frönen – und das ohne Ladenschluss.

Ein wahrlich sinnliches Erlebnis für Augen und Nase ist der Besuch des Gewürzbasars in Kairo schräg gegenüber der El-Guri-Moschee.

Supermärkte wie in Europa findet man allenfalls in Kairo. Sie heißen »Carrefour«, »Metro« und »Alpha Market«. Ansonsten gibt es überall kleine Lebensmittelmärkte mit ziemlich ähnlichem Angebot, die allerdings je nach Lage unterschiedlich teuer sein können.

Ladenschlusszeiten sind in Ägypten die Sache jedes Geschäftsinhabers, über die er nach Lust, Laune, Kundschaft und Konkurrenz bestimmen kann. Als Faustregel gilt eine allgemeine Öffnungszeit von 9 bis 14 und 16 bis 21/22 Uhr. An Freitagen, den islamischen Sonntagen, bleiben neuerdings immer mehr Läden zu, ebenso am christlichen Sonntag, an dem sich ein Bummel im Basar von Kairo folglich kaum lohnt.

Was kann, soll man in Ägypten kaufen? Günstig sind **Ledertaschen, Koffer, Gürtel, Schuhe** und **Geldbörsen**, erhältlich auch in Krokoleder (oft gefälscht – deswegen und auch aus Artenschutzgründen: Finger weg!). Antiquitäten und Elektrogeräte (meist importiert) sind ziemlich teuer.

Apropos **Fälschungen**: Von beinahe allen namhaften Firmen, die mit Bekleidung, Taschen, Uhren oder Musik handeln und deren Markennamen als positiv besetztes und exklusives Statussymbol gelten könnten, gibt es im arabischen Raum überall Fälschungen, so genannte »pirates«.

Besonders preiswert werden in Ägypten **Parfüms** und **Kosmetik** sowie die dazugehörigen Flakons, Fläschchen und Gläser gehandelt, wobei sehr darauf geachtet wird, dass alles klein und fein und orientalisch verspielt gestaltet und verpackt wird. Allerdings: Die Parfüms sind nicht, wie die Händler häufig behaupten, aus echten Blumen und Blüten, sondern kommen aus Chemielabors.

Die Souvenirindustrie, die Herstellung prächtigen Tands, hat eine lange orientalische Tradition. Tutanch-Amuns Totenmaske, auf Papyrusimitat gedruckt, wird man beinahe in jedem Geschäft finden, selbst 1000 km vom Tal der Könige entfernt.

MERIAN-Favoriten
Die 10 besten Adressen

Shopping Mall im Grand Hyatt, Kairo
Das schicke und exklusive Kairo geht hier zum Shoppen und Essen (→ S. 46).

Khan el-Khalili, Kairo
Afrikas größter Basar, ein duftendes und prickelnd orientalisches Shopping-Abenteuer (→ S. 50, 63).

Bab Zuweila, Kairo
Im islamischen Viertel gibt es noch die Hut- und Zeltmacher, die Kupferschmiede (→ S. 63).

Lehnert & Landrock, Kairo
Traditionsreiche deutsche Buchhandlung, Fundgrube für Postkarten aller Art (→ S. 66).

L'Orientaliste, Kairo
Alte Bücher, alte Drucke und ein Laden, der selbst eine Kostbarkeit ist (→ S. 66).

Fischmarkt, Alexandria
Frühaufsteher kaufen hier frischen Fisch – auch »nur gucken« ist erlaubt (→ S. 75).

Souk el-Dahab/Mansheya Gold-Souk, Alexandria
Der kleine Gold-Souk hat das typisch ägyptische Sortiment (→ S. 75, 79).

Attarin-Flohmarkt, Alexandria
Der Flohmarkt im Attarin-Distrikt ist eine Fundgrube für Antiquitätenfans (→ S. 75).

Zanqet el Sittet, Alexandria
Verwinkelte Gassen, Läden voll mit Stoffen, Knöpfen, Tand – das Nippesparadies (→ S. 75, 79)!

Souk, Luxor
Geschäftiges Marktviertel – alles vom Kopfsalat bis zur Sphinx-Büste (→ S. 93).

Gold- und Silberschmuck

Reizvoller ist da schon **Mode-** und **Goldschmuck**. Billiger als in Ägypten und den übrigen orientalischen Ländern bekommt man nirgends kunstvollen Goldschmuck, da sich die niedrigen Lohnkosten im Preis deutlich bemerkbar machen. Den aktuellen

Goldpreis für 18, 21 sowie 24 Karat entnimmt man täglich der englischsprachigen *Egyptian Gazette*. Für den europäischen Geschmack ist das Design oft zu barock, zu überladen, zu protzig. Die meisten Goldschmiede fertigen aber auch Schmuck nach Vorlagen und eigenen Entwürfen an.

Auch **Silber-** und **Modeschmuck** ist angesichts der Handarbeit nur als spottbillig zu bezeichnen. Zugreifen lohnt sich allemal, da der Schmuck in Europa oft das Zehnfache kostet.

Sehr günstig im Vergleich zum europäischen Preisniveau ist **Baumwollkleidung**. Lassen Sie sich doch einfach ein geeignetes Stück beim Schneider in Ihrer Größe anfertigen! Auch von Beduinen gefertigte bestickte Frauenkleider sind oftmals sehr reizvoll. Man sollte sie, wenn möglich, direkt bei den Beduinenfrauen erwerben.

Schach- und Backgammonbretter gibt es in kunstvoll gearbeiteter Ausführung, oft mit Alabaster- und leider auch Elfenbein-Einlegearbeiten. In den Souks bekommt man die typischen **Wasserpfeifen** sowie alle dafür nötigen Utensilien und Tabaksorten. Hübsche und zudem preiswerte Mitbringsel sind Fläschchen in allen Formen und Größen, die mit mehreren Schichten von farbigem Sand gefüllt sind.

Orientalisches Flair im Souk

Gewürze wie Safran und Sesam sowie die getrockneten Malvenblüten für den Karkadeh-Tee erhält man in jedem Basar. Die größte Auswahl findet man natürlich in der Hauptstadt Kairo, auf dem berühmten 1 **Khan el-Khalili Basar**, dem größten Basar Afrikas. 1382 gründete der Prinz Jaherkas el-Khalili diesen Souk (Markt) als neuen Umschlagplatz für Händler aus Arabien, Vorderasien, Persien und Indien. Von Anis bis zur Wasserpumpe bekommt man hier noch heute alles. Die Marktstraßen sind nach Branchen aufgeteilt, denn Konkurrenz belebt bekanntlich das Geschäft. Der Khan el-Khalili ist übrigens der einzige Souk Ägyptens, der den persischen Namen **Basar** trägt. Natürlich haben sich die Händler auf dem Khan el-Khalili Basar inzwischen auf Touristen eingestellt und sowohl die Qualität ihrer Produkte als auch die Preise darauf ausgerichtet. Dennoch mag man mit etwas Gespür die eine oder andere Kostbarkeit finden.

Wer ein wirklich schönes und seltenes Schmuckstück ergattern möchte, findet im Laden von Michael Nasser sehr geschmackvolle Objekte. Seine Waren sind schlicht, elegant und erschwinglich. Das Design der Ringe, Ketten, Anhänger und Armbänder entwirft er selbst. Schon König Faruk, der Schah von Persien und die Begum Aga Khan haben bei der libanesischen Familie Nasser eingekauft (12, Khan el-Khalili St.).

MERIAN-Tipp

2 Kamelmärkte

Berühmt sind die Märkte bei **Kairo** und **Daraw**, nördlich von Assuan. Sehen und Staunen stehen hier auf dem Programm. Verwegene kaufen Dolche und Nilpferdpeitschen, oder doch ein Trampeltier? Auf beiden Kamelmärkten verkaufen die aus dem Sudan kommenden Karawanen ihre Tiere – als Arbeits- und Schlachtvieh. In Abu Rawash (westlich der Pyramiden, empfehlenswert mit Arabisch sprechendem Führer) sind Touristen freitags, 8–12 Uhr, willkommen. In Daraw, eine halbe Autostunde von Assuan, lässt man dienstags ab 8 Uhr Besucher an dem Gefeilsche um die Kilopreise der Kamele und an den Geschäftsabschlüssen per Handschlag teilhaben.

→ S. 176, B 6 und S. 182, C 17

In vielen Formen angebotene orientalische Messinglampen sind ein gefragtes Souvenir.

Feilschen gehört zum Alltag

Alle **Vorsicht** ist angebracht, wenn Ihr Tourguide Sie zum Beispiel in ein Geschäft, eine Teppichknüpferei oder eine Fabrik lotst, die besonders billig oder gut sein soll. Ungefähr 30 % des Umsatzes, den der Händler mit Ihnen macht, geht in diesem Fall als Provision an den Reiseführer. Das sind also 30 %, die Sie mitbezahlen, ganz egal, wie angestrengt Sie auch feilschen mögen.

Apropos **Feilschen**. Vielen Europäern, im Alltag an Festpreise gewöhnt , fällt es schwer, um den Preis zu verhandeln. Wenn der Verkäufer das merkt, dann haben Sie eigentlich schon verloren. Gehen Sie es sportlich an: Es geht um eine Ware, die Sie möglichst billig erstehen wollen und die der Verkäufer möglichst teuer losschlagen will. Im Orient ergibt sich daraus die Selbstverständlichkeit, dass man darüber redet.

Nichts anderes tun Sie, wobei ein Pokerface, ein wenig Theatralik und ausreichend Zeit durchaus hilfreich sind. Vor allem aber: Lassen Sie weder erkennen, dass Sie für ein Stück fast jeden Preis zahlen würden, noch dürfen Sie mit Brachialrhetorik wie »Mein Preis, sonst gehe ich« einsteigen. Ein Glas Tee oder Kaffee sorgt oft für das Ambiente, in dem Zeit unwichtig wird. Fangen Sie, Lächeln erlaubt, mit Ihrem Gebot ruhig bei der Hälfte des geforderten Preises (oder darunter) an. Zur Taktik kann es gehören, das Feilschen abzubrechen und zu gehen. Tun Sie das nicht schroff, sondern lächelnd, und kommen Sie eventuell später oder anderntags zurück. Das wirkte schon oft Wunder.

Manche Händler an den Badeorten am Roten Meer und im Sinai sind aber inzwischen dazu übergegangen, bei Touristen Festpreise zu fordern.

Empfehlenswerte Geschäfte und Märkte finden Sie jeweils bei den Orten im Kapitel »Unterwegs in Ägypten«.

Feste und Events

Ausgelassen Feste feiern, vor allem am Ende des Ramadan – darin sind die Ägypter wahre Meister.

Der Ramadan ist der heilige Fastenmonat. Doch sobald die Sonne untergegangen ist, wird, wie hier in Kairo, die Nacht zum Tage gemacht.

Die islamischen Feiertage muss bei der Reisebuchung beachten, wer nicht vor allem im abgeschiedenen All-inclusive-Hotel oder Club bleibt. Um Feiertage werden gerne große Urlaubsbrücken gebaut, die das Land lähmen. Im Fastenmonat Ramadan kommt dazu, dass das Leben sich in die Nacht verlegt, viele Muslime vom Fasten am Tag und Feiern bis zum Morgen äußerst gereizt sind, vieles noch weniger klappt als sonst und Restaurants und Cafés tagsüber geschlossen sind. Da kann das Reisen schnell und unnötig zur Qual werden, zumal die Gastfreundschaft gebietet, dass man in der Öffentlichkeit nicht vor Fastenende raucht oder trinkt.

Ramadan
Dle vierte Säule des Islam ist das Fasten, das im Ramadan einen ganzen Monat währt. Da der Prophet aber allzu asketisches Fasten ablehnt, darf nach dem abendlichen Ruf des Muezzins (nach Sonnenuntergang, wenn der schwarze vom weißen Faden nicht mehr zu unterscheiden ist) gegessen werden. Man beginnt mit Datteln oder einem sorbetähnlichen Aprikosengetränk namens »Kamar el-din«. Dieser Vorspeise folgt das äußerst üppige Mahl, »Iftar« genannt. An Schlaf, außer an ein kurzes Nickerchen, denken die wenigsten. Kinder ziehen mit bunten Lampions durch die Straßen und Gassen. Und es wird viel gebetet, zu Hause wie in den Moscheen. Wichtigste Nacht ist die »Layla kebira«, die Nacht der ersten Offenbarung; es ist die 27. Nacht des Fastenmonats.
2006: 24. Sept., 2007: 13. Sept.

Id el-Fitr
Am Ende des Fastenmonats steht ein dreitägiges Fest, auch »kleines Bairam« genannt, zu dem Delikatessen wie Fleisch, feines Gebäck und Trockenobst serviert werden. Gläubige verteilen Geschenke und Almosen in Form von Geld und Lammfleisch.
2006: 24. Okt., 2007: 13. Okt.

Id el-Adha
70 Tage nach dem kleinen Bairam findet das »große Bairam« statt, das Opferfest zum Ende der Pilgerfahrt und zur Erinnerung an Abrahams angebotenes Opfer des Ismail. Bei diesem mehrtägigen Fest ist viel geboten: Zu Hause werden Lämmer und Hammel geschlachtet, man trifft Freunde, macht Picknickausflüge und strapaziert seinen Magen mehr, als es ihm gut tut.
2006: 31. Dez., 2007: 20. Dez.

Awil sana hidschriya
Das moslemische Neujahrsfest wird am ersten Tag des Monats Moharram begangen. Es ist ein eher kleines Fest.
2007: 20. Jan., 2008: 9. Jan.

Mulid el-Nabi
Mohammeds Geburtstag fällt auf den 12. Tag des ersten Monats Rabi al-Awwal. An diesem Tag ist in vielen Diskotheken die Musik auf gedämpft gestellt. Außerdem werden keine alkoholischen Getränke ausgeschenkt. Und in jeder Stadt und in jedem Dorf beten strenggläubige Moslems die Nacht hindurch in den Moscheen.
2007: 10. März, 2008: 29. Feb.

Koptische Feiertage
Wenn die christliche Minderheit feiert, dann hat das weit weniger Auswirkungen auf das öffentliche Leben. Die Kopten haben im Gedenken an die Christenverfolgung Diokletians seit 284 n. Chr. ihren eigenen Kalender. Weihnachten fällt auf den 7. (in Schaltjahren 8.) Jan., Neujahr ist am 11. (12.) Sept., Ostern und Pfingsten liegen später als bei uns. Auf den koptischen Ostermontag fällt »Sham el-Nessim«, der Duft des Westwindes, ein Frühlingsfest, das seit pharaonischen Zeiten gefeiert wird. Ägypter aller Konfessionen ziehen dann mit Kind und Kegel ins Grüne. Kinder weckt man mit Zwiebeln und schenkt ihnen bemalte Eier. Die klassische Speise ist »fesiech«, ein stark gepökelter Fisch, oder »ringa«, ein geräucherter Fisch.

Bauchtanz – lukrativer Hüftschwung

Keine Straßenhochzeit ohne eine Tänzerin. Der Bauchtanz erfreute schon die Pharaonen, heute ist er für manche Diva eine Goldgrube.

Die Hüften kreisen. Der runde Körper windet sich im hautengen Paillettenkleid. Die Arme schlängeln sich rhythmisch zur Orchestermusik. Die Tänzerin hält Ausschau nach einem Mann im Publikum und heftet ihren Blick an ihn. Der springt auf und schwingt die Hüften mit. Das Publikum klatscht, johlt. Bauchtanz ist der mitreißende Flamenco Arabiens und Kairo seine Hauptstadt.

Der »raks sharqi«, wie er auf Arabisch heißt, war früher in Ägypten so selbstverständlich wie anderswo ein gepflegter Foxtrott.

Fatwas gegen den Bauchtanz

Das hat sich unter dem Einfluss der Rückbesinnung auf islamische Werte ein wenig geändert. Der Tanz gilt heute offiziell als »haram«, als unreligiös und unsittlich. So stuft ihn zumindest die Kairoer Al-Azhar-Universität ein, deren Kammern für religiöse Gutachten (»Fatwas«) den Tanz verboten haben. So weit die Theorie. In der Praxis fällt so eine Fatwa in einem Land, in dem schon Kinder bauchtanzen und noch die ärmste Straßenhochzeit lieber an den Softdrinks als an der Tänzerin spart, auf wenig Gegenliebe.

Bei festlichen Anlässen darf die Bauchtänzerin – hier Dina – nicht fehlen. Diese Tradition reicht bis in die Pharaonenzeit zurück, leidet aber zunehmend unter den Islamisten.

Dem Reiz des Bauchtanzes sind längst auch Europäerinnen verfallen, die zusammen mit Amerikanerinnen in Kairo zu den eifrigsten Schülerinnen von Bauchtanzlehrern zählen. Volkshochschulen und Sportvereine in der Heimat bieten unzählige Kurse an. Auf dem Internet wird beispielsweise für Autodidakten erläutert. »Aiwa ist der von Zuschauern lauthals geäußerte Ausdruck der Anerkennung für eine tänzerische Leistung, sinn- und zeitgemäß zu übersetzen mit ›oh-boah-ey‹ oder ›voll geil, ey‹. Aiwa – laut, kurz, wie ein Anfeuerungs-Jaaaaaaaa!«

Jahrtausendealte Tradition

Die Tradition des Bauchtanzes reicht zurück bis zu den Pharaonen. Schon die alten Ägypter versüßten sich die Mußestunde mit Tänzerinnen. Die »Musikantinnen des Nakht«, ein Wandrelief in Luxors Tal der Noblen, zeigt leicht bekleidete Damen, die stark an die modernen Vertreterinnen des Bauchtanzes erinnern. Der klassische Tanz hieß im alten Ägypten »Ika'i«, übersetzt »mit Tempo«. Dabei präsentierten Tänzer zu langsamer Musik Figuren, verharrten in bestimmten Stellungen, etwa die Arme über der Brust verschränkt. Was ausgesehen haben muss wie »Voguing«, entwickelte sich zum Bauchtanz.

Zu Beginn des 19. Jh. konnten in Kairo Tänzerinnen in durchsichtigen, tief ausgeschnittenen Blusen von der Straße weg angeheuert werden, so der britische Chronist Edward Lane: »Sie trinken bis fast zur Bewusstlosigkeit Brandy und Likör, ehe ihnen die ebenso betrunkenen Männer mit Speichel benetzte Münzen auf Kinn, Lippen und Bauch legen.« Dann geschahen Dinge, die Edward Lane sich weigerte zu beschreiben.

Bauchtanz, ursprünglich (wie z. B. auch der Tango) ein Fruchtbarkeitsritual, ist noch heute häufig verdeckte Prostitution. Diese Tatsache bereitet den zahlreichen seriösen Tänzerinnen naturgemäß große Image-Probleme. Man kann das erleben, falls man einmal in einem der billigen und schäbigen Tanzclubs von Kairo-Downtown landen sollte. Ganz anders in den großen Nachtclubs der Fünf-Sterne-Hotels: Dort werden Sie die Königinnen des »raks sharqi« bestaunen.

Die Diven der Szene

Nach dem altersbedingten Abtritt der großen Fifi Abdou buhlen Dina, Nour und Asmahan um das Königinnenkrönchen. Für einen dreißigminütigen Auftritt berechnen diese Diven mindestens 3000 Dollar. Das Zehnfache wird bei Privatauftritten in den reichen Golfstaaten fällig.

Dina (Foto S. 32) etwa gilt als beste zeitgenössische Bauchtänzerin. Sie lässt Modern-Dance-Elemente in ihre Choreographie einfließen und gibt Workshops in Europa. Mit den anderen Bauchtänzerinnen ist sie nur in ihrer Kritik an den Ausländerinnen einig, die Fifi Abdou folgendermaßen zusammenfasste: »Technisch sind sie perfekter als wir. Aber was ihnen fehlt, ist die Hingabe, mit der wir Araberinnen uns ausdrücken. Sie haben einfach nicht unser Blut.«

Sport und Strände

Urlaub aktiv an Mittelmeer, Rotem Meer und auf dem Sinai: Die Möglichkeiten sind vielfältig.

Die Küste des Roten Meeres mit seiner farbenprächtigen Korallenwelt gilt als exzellentes Tauchrevier. Viele Gründe liegen direkt am Ufer und sind mühelos zugänglich.

Sport bedeutet für die breite Masse der Ägypter **Fußball**. Wo ein paar Meter freie Fläche sind, und sei es ein Schuttplatz, wird gebolzt. Fast alle anderen Sportarten kosten Geld und sind denen vorbehalten, die davon genug haben. Kostenlos ist aber das Baden an öffentlichen Stränden.

Besucher aus Europa findet man westlich von Alexandria bislang nur selten. Die schönsten Strände des Landes zwischen **Agami** und **Marsa Matrouh** werden die Ägypter jedoch nicht mehr lange für sich behalten. Langsam entwickelt sich auch in dieser Region eine Infrastruktur für den internationalen Massentourismus: Fünf-Sterne-Hotels, Schnellstraßen, Flughäfen etc. Dazu reihen sich an der Küste hermetisch abgeschlossene Siedlungen für wohlhabende Familien aus Kairo und Alexandria aneinander. Über Kilometer ziehen sich die uniformen Siedlungen und Villenviertel entlang der Küste, in denen die ägyptische Mittel- und Oberschicht ihre Sommermonate verbringt. Insgesamt 10 Mrd. US-Dollar sollen hier bereits verbaut worden sein.

Und dann sind da noch die Militärs, die weite Strecken des feinen weißen Sandstrandes zum **Sperrgebiet** erklärt haben. Abseits etablierter Badeplätze sind Sie daher auf das Wohlwollen der allgegenwärtigen Militärs angewiesen. Mancherorts kann man sich mit den Soldaten arrangieren, und Zigaretten und Bakschisch werden nicht ernsthaft abgelehnt. Andere machen drohend deutlich, dass Zivilisten hier unerwünscht sind. Um **eingezäunte Uferzonen** sollten Sie besser immer einen weiten Bogen machen. Noch sind längst nicht alle Minenfelder des Zweiten Weltkriegs geräumt. Schließlich ist bei Dunkelheit jeder Aufenthalt am Ufer außerhalb von Ortschaften verboten und sehr gefährlich. Sie riskieren, als vermeintlicher **Schmuggler** erschossen zu werden, zumindest aber in größere Schwierigkeiten zu geraten.

Eine Unterscheidung ist für Ägypten wichtig: An **öffentlichen Stränden** ist die Ordnung, wie man unschwer feststellen kann, streng islamisch, d. h., Frauen und Mädchen gehen in voller Kleidung ins Wasser. Mit Badeanzug ist »frau« dort fehl am Platz! An **Hotel-** und **Privatstränden** stellt auch die Ägypterin die neueste Bikinimode gerne zur Schau. Hier können Sie sich kleiden wie daheim. Oben ohne schickt sich allerdings nirgendwo.

Ras Mohammed an der **Sinai-Südspitze** gilt unter Kennern als einer der schönsten Tauchgründe der Welt. Korallenriffe säumen den Golf von Aqaba, die **Rotmeer-Küste** südlich von Hurghada sowie die dem Badeort vorgelagerten Inseln. Abseits der Ölplattformen und der Pumpstellen ist das Meer kristallklar, die Wassertemperatur beträgt im Winter ca. 20 °C. Schon von oben kann man einen Blick in die faszinierende und farbenprächtige Welt der **Korallenriffe** werfen: sei es schwimmend mit Schnorchel, Taucherbrille und Flossen oder an Bord von Glasbodenbooten.

Angeln

Angelschein, Sportfischerausbildung und andere Formalitäten dieser Art sind in Ägypten unbekannt. In **Alexandria** können Sie direkt an der Uferpromenade Ihre Angel ins Mittelmeer halten. Wollen Sie mit Fischern in See stechen, dann fahren Sie frühmorgens einfach in den Osten Alexandrias nach Abukir. Gegen ein kleines Bakschisch, eine Art Fangprämie, wird Sie sicher ein Fischer mitnehmen.

Am **Roten Meer** sowie rund um den **Sinai** gibt es einige wenige vor Ort organisierte Angeltouren. Auch hier ist es relativ einfach, wenn Sie mit Fischerbooten auslaufen wollen. Fische(r) gibt es schließlich auch im und am **Nil**. Allerdings ist hier zu bedenken, wie sehr dieser Strom durch Abwässer und Bodendüngung bereits belastet ist.

Ballonfahrten/Wasserflugzeug

Über den Pyramiden von Giza schweben oder den Luxor-Tempel von oben betrachten – ein fantastisches Erlebnis! Je nach Wetterlage und Nachfrage finden die Fahrten mit dem Heißluftballon statt. Die Fahrten, ideale Fotosafaris, dauern je nach Wind ein bis zwei Stunden.

Anmeldung bei Hod Hod Soliman Luxor; Tel. Luxor 0 95/2 37 01 16 oder 2 36 50 60, Fax 2 38 66 51, Handy 0 12/2 26 16 97 oder 0 10/5 68 84 39, Tel. Kairo 02/73 83 75-1 bis -9; www.magic-horizon.com

Luxor mit dem Wasserflugzeug

Es fliegt Pilot Erik; Handy 0 10/6 77 49 68

Golf

Wo die Engländer Kolonialherren waren, da haben sie auch Golfplätze angelegt. 18-Loch-Anlagen finden sich in Kairo auf dem Gelände des **Mena House Hotels** direkt unterhalb der Cheops-Pyramide, sicher der schönste Platz im Nahen Osten, und im **Alexandria Sporting Club**. Ägyptens exklusivste Anlagen entstanden in Katameya bei Kairo-Katameya Height, in Sharm el-Sheikh, Luxor, El Gouna und bei Safaga/Soma Bay.

Rad fahren

In Kairo empfiehlt sich diese Fortbewegungsart wegen des starken Verkehrs (und der schlechten Luft) nicht. Doch im restlichen Ägypten ist das kein Problem. Immer mehr Hotels und Clubs bieten ihren Gästen kostenlose oder äußerst günstige Fahrräder an. Sportliche erradeln sich in Luxor das **Tal der Könige** und die Attraktionen auf der Westseite des Nils.

Reiten

Die meisten Ägypten-Besucher reiten rund um die Pyramiden von Giza auf dem Rücken von Kamelen. Wer die Reiterei aber ernsthaft betreibt – auf Pferden –, der findet Ställe in Kairo südlich der Pyramiden, abseits der Pyramids Road. Touren mit Wüstenpicknick führen in der Regel nach Sakkara und Abusir. Auch Touren bei Sonnenaufgang, Sonnenuntergang und Vollmond sind möglich.

Der Reitstall **Abd el-Azizz** in der Sh. Abul el-Hol, direkt auf dem Weg zu den Giza-Pyramiden (Tel. 3 85 05 31), ist auch auf große Gruppen und Wüstentouren spezialisiert. Hier können Kinder und Erwachsene das Reiten erlernen. Zwei weitere Adressen für Unterricht und Exkursionen: **Eurostables** (Tel. 3 85 04 17) und **Sakkara Country Club** (Tel. 3 85 22 82).

Surfen

Das Surfer-Mekka Ägyptens heißt **Hurghada**. Denn dort, im Roten Meer, gibt es so etwas wie eine Garantie für ablandigen Wind, der oft so stark ist, dass Anfänger einen Gutteil ihres Schnupperkurses als Trockenübung am Strand zubringen. Das schönste Surfrevier, schwören eingefleischte Surfer, findet sich unmittelbar vor dem **Magawish-Club** im südlichen Hurghada. Ein Tipp ist auch Dahab auf dem Sinai.

Dass viele Surfer ihr eigenes Brett aus Europa einfliegen, hat einen guten Grund: Die Leihgebühr für Surfbretter liegt bei 40 € pro Tag (eine Woche kostet ca. 150 €, zwei Wochen kosten ca. 250 €). Für den dreistündigen Anfängerkurs zahlt man ungefähr 50 €, für den zehnstündigen etwa 150 €. Für das Surf-Diplom wird man weitere 25 € los.

Tauchen und Schnorcheln

Die Taucher-Hochburgen (→ MERIAN-Spezial, S. 140) sind **Hurghada** am Roten Meer und **Sharm el-Sheikh** an der Südspitze des Sinai sowie die Orte nördlich davon bis **Dahab/Nuweiba**. Noch als erträglich wird **Safaga** gehandelt, 50 km südlich von Hurghada. Die neuen Tauchregionen finden sich noch weiter südlich um Qusair und Marsa Alam sowie nahe der Grenze zum Sudan.

Von **Ras Mohammed** und **Sharm el-Sheikh** über **Naama Bay** bis **Dahab** erstreckt sich auf 105 km eines der schönsten Tauchreviere der Welt, oft verglichen mit der Karibik und dem Great Barrier Reef in Australien. Wie weit diese Vergleiche für die Zukunft gelten, hängt auch davon ab, wie rücksichtsvoll die Taucher mit der Natur unter Wasser umgehen; bis jetzt steuert jedenfalls alles auf eine ökologische Katastrophe zu.

Entlang der Küstenstraße findet sich eine Reihe von Basen. Eine offizielle Tauchgenehmigung, die jeder benötigt, gibt es in Sharm el-Sheikh. Sie gilt von Sharm el-Sheikh bis Taba. Wichtig: Der Besitz von Messern, auch von Tauchmessern, ist auf dem Sinai generell verboten. Korallen und Muscheln dürfen ebenso wenig mitgenommen werden wie im übrigen Roten Meer. Es gilt die englische Regel: »Take nothing but photos and leave nothing but footprints.« Beliebte und berühmte Tauchgründe sind das **Jackson Reef**, **The Canyon**, **Blue Hole** und **The Pools**.

Sinnvolle Anfängerkurse (fünf Tage, Ausrüstung inklusive) kosten 250 bis 300 €. Mit Grundtauchschein, Open-Water-Kurs und Bronzeprüfung (Deutsches Tauchsportabzeichen), bescheinigt in einem Taucherpass, können Sie weltweit an jeder Tauchstation Equipment leihen und in offener See tauchen. Vorsicht! Teils lebensgefährliche Strömungen im Roten Meer.

Tennis

So gut wie jede Hotelanlage unterhält neben Fitnessräumen inzwischen auch einen oder mehrere Tennisplätze. Die Benutzung ist häufig im Hotelpreis inbegriffen, ansonsten aber sehr preiswert. Vor allem die Ferienclubs am Roten Meer und auf dem Sinai vermitteln auch Tennispartner und verleihen gegen Gebühr Schläger und Bälle. In Alexandria und Kairo besitzen selbstverständlich auch die Sporting Clubs eigene Plätze, die für Nichtmitglieder aber nur umständlich zu mieten sind.

Wandern

Wanderer erobern den **Zentralsinai**. Auf mehrtägigen Ausflügen kann man die bezaubernde Wüsten- und Bergwelt der Sinai-Halbinsel erkunden. Diese Wanderungen sollte man nie ohne beduinische Begleitung unternehmen. Zu den Trends gehören Fastenausflüge in die Wüste um das Katharinenkloster auf der Sinaihalbinsel. Einige kleine Reiseveranstalter bieten kombinierte Biking- und Wandertouren an (z. B. www.spiritofsinai.de).

Strände am Mittelmeer

Alexandria ⇢ S. 175, F 1

Bei **El Alamein** und **Agami**, westlich von Alexandria gelegen, verbringt die ägyptische Mittelschicht bevorzugt ihren Sommerurlaub; auch der Staatspräsident hat hier seinen hermetisch abgeriegelten Privatstrand. Diese Compounds namens »Marina« mit schönen Buchten und Stränden sind leider nicht allgemein zugänglich. Die Strandbäder Alexandrias sollte man ob der Wasserqualität jedoch besser meiden. Am östlichen Stadtrand, in **Montazah** und **Maamura**, steht es dagegen wieder besser um das Wasser.

Al-Arish ⇢ S. 177, E 5

Als Hauptstadt des Sinai wartet Al-Arish mit einer kompletten Infrastruktur auf; als alte Oase hat es genügend Platz für blühende Gärten und Felder gelassen. Direkt am Ufer liegen malerische Dattelhaine, die dem Badenden Schatten bieten – wenigstens dort, wo die Küste noch nicht als Privatbesitz unzugänglich ist.

Baltim und Ras el-Barr ⇢ S. 176, B/C 5

Diese Ferienorte im östlichen Nildelta werden nur von Ägyptern besucht. Es gibt lediglich einfache Unterkünfte.

Marsa Matrouh ⇢ S. 174, C 1

Britische Offiziere haben in den Zwanzigerjahren diesen Badeort entdeckt. Die schönsten Strände (Ageeba,

Der neueste Schrei auch in Ägypten: Kite-Surfen in Strandnähe.

Obayad, Kleopatras Bad, Rommel-Strand) liegen bis 30 km außerhalb. Unterkunftsmöglichkeiten gibt es in einfachen Zimmern und Hotels gehobener Klasse (neuerdings auch im Angebot von großen Pauschaltouristikunternehmen). Die Strandhotels verleihen Ausrüstungen zum Surfen und Jet-Ski. Von hier lohnt die Weiterfahrt zur ca. 300 km entfernten Oase Siwa. Im Sommer bequeme Zugverbindungen (Schlafwagen) nach Kairo.

Port Said und Ismailiya

→ S. 176, C 5/6

Baden können Sie in **Port Said** am Stadtrand und auf der Nehrung an der Straße nach Dumiat. Der Badetourismus erreicht aber bei weitem nicht die Bedeutung, die Port Said als Freihandelszone und Einfahrtshafen in den Suezkanal hat.

Ismailiya, auf halber Strecke zwischen Port Said und Suez am künstlichen Timsah-See gelegen, wird bei Ägyptern als Wochenendziel und Flitterwochen-Badeort immer beliebter. Die Schiffe im Suezkanal scheinen zum Greifen nahe. Die Stadt, die reich an Gärten und Grün ist wie keine andere im Lande, lädt zum Verweilen ein. Am Strand gibt es Hotels aller Preisklassen.

Strände am Roten Meer und im Golf von Aqaba (Halig-al-Aquaba)

Saison ist hier, des warmen Wassers wegen, das ganze Jahr. Der Sand ist etwas grobkörniger als am Mittelmeer. An nach Osten offenen Küsten muss man im Winter mit heftigem Wind und manchmal mit Regenfällen rechnen.

Daghash

→ S. 177, D 7

Einsamer Hotelkomplex an der Küste, 20 km südlich von **Ras el-Sudr**. Der guten Windverhältnisse wegen geben sich hier am Wochenende die Surfer aus Kairo ihr Kurz-Stelldichein.

Dahab

→ S. 177, F 8

120 km nordöstlich von Sharm el-Sheikh versammelten sich einst unter Wellblechhütten Hippies und verbündeten sich bei harten Joints mit den Beduinen. Heute beliebt bei Surfern.

Geschätzt bei Tauchern: Dahabs Blue Hole, ein Riffdach-Kessel mit senkrecht abfallenden Wänden.

El-Gouna S. 181, D 13
Wer ohnehin nicht gerne weit ins Meer schwimmt und keinen Wert auf weite Strände legt, der ist in diesem Ort nördlich von Hurghada richtig.

Hamman Fara'un S. 177, D 7
Das »Pharaonenbad« liegt etwa 60 km südlich von **Ras el-Sudr**; direkt am Strand entspringen warme, angeblich Rheuma heilende Schwefelquellen. In einer nahen Höhle (Taschenlampe mitnehmen) konnte man früher dampfbaden. Da es keine Unterkunft oder Versorgungsmöglichkeit gibt, ist der Ort nur für Tagesausflüge geeignet.

Hurghada S. 181, D 13/14
Die akzeptablen Badeplätze liegen alle außerhalb von Hurghada, an der südlichen Hotel-Corniche. Die von Booten angefahrenen Sandinseln sind bessere Sandbänke, bar jeden Schattens, ohne Trinkwasser und Infrastruktur. Bleibt zum Schwimmen im Grunde nur das Feriendorf bzw. der Club.

Kosseir S. 181, E 15
Der Tourismus hat, v.a. für Taucher, diesen Platz 53 km südlich von Safaga entdeckt. Es sind Ruhe Suchende, die wenig Wert auf Touristenrummel legen und deshalb hier urlauben.

Marsa Alam S. 181, E 15
Knapp 200 km südlich von Hurghada entwickelt sich nahe aufregender Tauchgründe ein naturnaher und umweltbewusster Tourismus in teils sehr komfortablen »Ecolodges« für Taucher, aber auch Familien.

Nuweiba S. 177, F 7
170 km nordöstlich von Sharm el-Sheikh gehen hier die Gegensätze von Na'ama und Dahab in ein friedliches Miteinander über. Schlichte Beduinenhütten, Zeltplatz mit Bungalows, Mittel- und Luxusklasse-Unterkünfte bieten für alle etwas. Nachteil: Nuweiba zieht sich über 10 km an der Küste lang.

Safaga/Soma Bay S. 181, D 14
50 km von Hurghada entfernt, bekam früher das Fischerstädtchen Safaga mit seinen 35 000 Bewohnern kaum einen Besucher zu sehen. Doch inzwischen sind auch hier Touristendörfer und -hotels aus dem Wüstensand gewachsen, und es lockt ein toller Golfplatz.

Sharm el-Sheikh S. 181, E 13
Das Zentrum ist die windgeschützte Na'ama-Bucht, einige Kilometer außerhalb des Ortes. Vom Geheimtipp der Rucksacktouristen hat sich Sharm binnen kurzem zum Treffpunkt des tauchenden und surfenden Jetsets entwickelt mit 61 000 Touristenbetten im Jahr 2006. Private **Camping-** und **Luxushütten** von Hilton und Mövenpick bieten Urlaub für (fast) jeden Geldbeutel.

Taba S. 177, F 7
Der Grenzort zu Israel besteht eigentlich nur aus dem Taba Hilton Hotel – wundervolle Aussicht, Kiesstrand. Weiter südlich entstand mit den Taba Heights eine Siedlung mit einigen Fünf-Sterne-Hotels, z. B. einem Hyatt Hotel und dem Swiss Inn El-Wekala. 22 km vor Nuweiba versammelt der Deutsch sprechende Sharif Touristen um sich, die weder Disco noch Alkohol brauchen. Basata ist eines der besten Ökocamps im Land (Tel. 0 69/3 50 04 81 ●●).

Zum Schluss noch eine Bitte: Nehmen Sie beim Verlassen abgelegener Strände Ihren Müll wieder mit. In Ras Umm Sid, einem beliebten Tauchplatz, sammelten Helfer eines Kairoer Tauchclubs 60 Säcke Abfall ein und gaben dann entnervt auf. Der Strand sah nicht wesentlich anders aus als vor der Aktion.

Familientipps – Hits für Kids

Ob im bunten Basartreiben, beim Kamelreiten oder bei Schnuppertauchkursen: Kids sind willkommen!

Eine Vielzahl von Tauchschulen am Roten Meer und auf dem Sinai stellt Equipment bereit und entdeckt Familien mit Kindern als Zielgruppe.

Wenn Sie in Europa an das Gefühl gewohnt sein sollten, mit Kindern eher unwillkommen zu sein – dann verschwenden Sie hier keinen Gedanken daran. Ägypter sind geradezu vernarrt in Kinder und lassen die eigenen Sprösslinge, egal wie klein, selten zu Hause, sondern nehmen sie überall mit, auch spätabends.

Viele Hotels und Clubs am Roten Meer und auf dem Sinai bieten tagsüber kostenlose **Kids Clubs** (gestaffelt nach Alter) für die Kleinen an. **Babysitter** für den Abend und die Nacht müssen aber bezahlt und mindestens einen Tag im Voraus bestellt werden. Schon bei der Buchung für die Kulturstätten Luxor und Assuan sollten Sie darauf achten, ob Hotels eine Kinderbetreuung anbieten. Ausflüge ins Tal der Könige oder nach Abu Simbel sind für Kleinkinder nicht zu empfehlen.

Spielplätze, fein abgezirkelt und abgezäunt, gibt es in Ägypten allenfalls in großen Hotels und Strandclubs sowie in privaten Einrichtungen, wie beispielsweise dem **Nadi el-Gezira** in Zamalek, Kairo (Eintritt 40 LE).

Cairo Puppet Theatre (Marionettentheater)

⇢ Umschlagkarte hinten, d 2

Auch wenn die Stücke natürlich in Arabisch aufgeführt werden, kann man der Handlung trotzdem leicht folgen. Außerdem macht es Spaß, die einheimischen Kinder zu erleben.

Ezbekiya Gardens; Tel. 02/5 91 09 54

Crazy Water

⇢ S. 176, B 6

Ein Badespaß für den heißen Kairoer Sommer. Nahe bei den Pyramiden, unweit der Straße nach Alexandria, liegt der **Wasser-Vergnügungspark** Crazy Water, mit Swimmingpools, Kinder-, Sport- und Speed-Rutschen.

April–Sept. 9–18 Uhr; Eintritt 50 LE

Dr. Ragab's Pharaonic Village

⇢ Umschlagkarte hinten, südl. a 6

Auf der **Jakobsinsel** von Giza, inmitten der Metropole Kairo, führt ein Kanal der Mythologie durch eine alte pharaonische Siedlung. Hier wird das Leben im alten Ägypten von 100 originalgetreu kostümierten Darstellern simuliert. Es gibt beispielsweise die Nachbildung eines Tempels mit heiligem See zu bestaunen, dazu die Häuser eines Adeligen und eines pharaonischen Fellachen – außerdem den Nachbau des Tut-anch-Amun-Grabes, wie es 1922 von Howard Carter entdeckt wurde. Snacks und kleine Mahlzeiten bietet ein Gartencafé. Die Besichtigungstour dauert ca. 2 Stunden (→ S. 58).

Tel. 02/5 71 86 75/6/7; tgl. 9–21 (Sommer), 9–17 Uhr (Winter); Eintritt 60 LE

Filmstadt

⇢ S. 176, B 6

45 Autominuten vom Kairoer Zentrum entfernt, in der 6th of October City, liegt die besuchenswerte Filmstadt – u. a. mit Delfinshow, orientalischen Häusern, einem nachgebauten Karnak, Cafés, Restaurants.

Tgl. 10–17 Uhr; Eintritt 35 LE, Kinder unter 3 Jahren frei

Kameltouren

⇢ S. 176, B 6

Kamelreiten für Kinder – nirgends geht's besser als rund um die Pyramiden. So aufdringlich die Kameltreiber sein mögen, so nett kümmern sie sich um die Kleinen.

Sindbad Vergnügungspark

⇢ Umschlagkarte hinten, östl. f 3

In Kairo-Heliopolis, nahe der Flughafenstraße, liegt ein Vergnügungspark mit Geisterbahn, fliegendem Teppich und anderen Fahrgeschäften sowie Cafés und Diskothek (mit so genannten Matineen für Kinder, ab 17 Uhr).

Zirkus

⇢ Umschlagkarte hinten, a 1/2

An der Sh. El-Nil in Kairo-Agouza hat der Ägyptische Nationalzirkus, Träger einer Goldmedaille des Zirkusfestivals in Monte Carlo, sein Zelt und Stammhaus.

Info-Tel. 02/3 46 48 70

Unterwegs in Ägypten

Eine Nilkreuzfahrt zwischen Luxor und Assuan ist ein Trip in die pharaonische Vergangenheit. Nahezu alle wichtigen Schauplätze dieser magischen Kultur werden angefahren.

Meer, Wüste, Berge – Ägypten ist ein Fest für die Sinne, ob bei den Göttern am Nil, in den Tauchparadiesen des Roten Meeres oder im orientalischen Trubel der Städte.

Kairo – die Mutter der Welt

Kairos Chaos ist sprichwörtlich. Was soll's? Tauchen Sie ein in die aufregendste Stadt des Orients.

Kairo ist eine Stadt der tausend Minarette, doch die Zahl der Hochhaustürme steht dem in nichts nach. Blick von der Zitadelle über die Metropole am Nil.

Kairo

S. 176, B 6

21 Mio. Einwohner
Stadtplan → Umschlagkarte hinten
Vorwahl: 02

El-Qahira heißt Kairo im Arabischen – die Siegreiche. Bisher blieb die Stadt, die alles tut, um sich selbst matt zu setzen, tatsächlich unbesiegt. Es gibt Schätzungen, nach denen täglich 2000 Landbewohner in Kairo eine neue Bleibe suchen. Mit diesem ungebrochenen Zustrom wird die Stadt auf ihre Art fertig: Viertel mit 120 000 Einwohnern pro qkm – da besiedeln dann eben Zehntausende, wenn es nicht anders geht, einen Friedhof. Freiwillig würde sich kein Kairoer, der nicht dort lebt, hier blicken lassen. Allein im Viertel **Shobra** leben 6,5 Mio. Menschen, das gesamte Stadtgebiet bedeckt eine Fläche von 150 qkm. Kairo ist die größte Stadt Afrikas.

Bereits 3000 v. Chr. existierte an der Stelle des heutigen Kairo ein Kampfplatz am Nil. Chere-ohe hieß er, dann benannten die Perser diesen Platz Babylon (nicht zu verwechseln mit dem Babylon am Euphrat), und die Griechen wählten den Namen Kerkassoros. Die entscheidende Stadtgeschichte begann jedoch 641 n. Chr. mit dem arabischen Feldherrn Ibn el-As, der Ägypten eroberte und sowohl arabisierte als auch islamisierte. Nach langer Belagerung nahmen seine Soldaten die Stadt ein und gründeten daneben **El-Fustat**, das Zeltlager. In den folgenden Jahrhunderten erweiterten Statthalter die Siedlung. Den heutigen Namen El-Qahira erwählten im 10. Jh. die Fatimiden. Als sie die Stadt eroberten, überquerte gerade der Mars, arabisch El-Qahira, die Stadt.

In der Folgezeit blieb Kairo immer die Machtzentrale der Herrscher Ägyptens. Im 12. Jh. begann Salah el-Din (Saladin) mit dem Bau der **Zitadelle**, der Trutzburg für die politischen Herren der nächsten Jahrhunderte. Die **Mamelucken** machten Kairo ab dem 16. Jh. zum Wirtschaftszentrum des Orients. Unter türkischer Herrschaft verlor dann Ägypten, und somit auch Kairo, jede Bedeutung. Im 19. Jh. modernisierten europäische Architekten die Stadt, erbauten eine Oper und erschlossen jenseits der Nilinseln das Westufer. Wie porös ein Großteil der Kairoer Bausubstanz sein dürfte, zeigte in erschreckender Weise das **Erdbeben** im Oktober 1992, bei dem gerade in der Altstadt mehrere Wohnblocks wie Kartenhäuser einstürzten.

Für viele Besucher ist Kairo gleichbedeutend mit Chaos. Doch die Kairoer haben sich damit längst arrangiert, und der Gast kann das schnell lernen. Apathie bestimmt oft das Leben und den Umgang miteinander. Dem Fremden kann man nur einen Rat geben, den er auch beherzigen sollte: In der Ruhe liegt die Kraft.

Lassen Sie sich einlullen von der Hitze und der schlechten Luft, dann werden Sie Kairo am schnellsten verstehen und schätzen können. Dann werden Sie auch mehr sehen und hören als Dreck, Lärm, verfallene Stadtviertel und Verkehrschaos nahezu rund um die Uhr. Denn Kairo ist zweifellos eine der schillerndsten Weltstädte, mit pulsierendem Leben ohne Pause, eine Vielvölker-Metropole mit unterschiedlichsten Bewohnern, eine Hauptstadt des Islam mit tausend Minaretten, ein unüberschaubares Gewirr von Gassen und Straßen. Eine Stadt mit ganz unterschiedlichen Gesichtern bei Tag und in der Nacht.

Die meisten Besucher bringen die größte Stadt Afrikas so schnell wie möglich hinter sich. Doch wer Kairo wirklich kennen lernen will, der sollte sich Zeit lassen und ohne Führer auf Entdeckungsreise gehen. Dann werden Sie bald spüren, welch ganz eigenen Charme Kairo hat. Und irgendjemand wird Ihnen bestimmt sagen: »Wer einmal Nilwasser getrunken hat, der kommt wieder.« Nehmen Sie das aber bitte nicht zu wörtlich ...

Der Putz blättert, doch der marode Charme der historischen Bausubstanz bezaubert: Blick vom Minarett der Al-Guri-Moschee auf das islamische Viertel.

Hotels/andere Unterkünfte

Concorde El-Salam Hotel

⇢ Umschlagkarte hinten, nordöstl. f 3

2005 übernahm Concorde Hotels das architektonisch wundervolle Haus und renovierte es. Direkt an den Sportclub angrenzend, ist es ein Hotel für aktive Leute, die mehr wollen als nur am rundum begrünten Swimmingpool zu faulenzen. Zum Hotel gehört ein Kino, das englischsprachige Filme zeigt.

65, Sh. Abdel Hamid Badawi, Heliopolis; Tel. 6 22 60 00, Fax 6 22 60 37; www.concordeotels.com ●●●● CREDIT

Four Seasons Hotel

⇢ Umschlagkarte hinten, a 5

Nobles Hotel in pseudobarockem Hochhaus mit angeschlossener Shopping Mall, zwischen Nil und Zoo gelegen. Größter Spa- und Wellness-Bereich in der ganzen Stadt.

35, Sh. El-Giza, Giza; Tel. 5 73 12 12, Fax 5 68 16 16; www.fourseasons.com ●●●● CREDIT

Grand Hyatt

⇢ Umschlagkarte hinten, b 4

Luxus pur mit wunderbarem Blick über Kairo. Im **Shopping-Annex** kann man exzellent einkaufen, im Drehrestaurant gut und noch teurer speisen, im Hard Rock Café bis zum frühen Morgen trinken und tanzen.

Corniche El-Nil, Garden City; Tel. 3 65 12 34, Fax 3 62 19 27; www.hyatt.com ●●●● CREDIT

Marriott Hotel

⇢ Umschlagkarte hinten, b 2

Das Hotel ist in einem ehemaligen Palast direkt am Nil untergebracht. Im Sommer steigen hier viele Golfaraber ab, die sich abends im Casino tummeln. Sehr schöne Restaurants und ein Café im Garten. Im Sommer ist der kleine Swimmingpool proppenvoll.

16, Saray el-Gezira, Zamalek; Tel. 7 35 88 88, Fax 7 35 66 67; www.marriott.com ●●●● CREDIT

Mena House Oberoi

⇢ Umschlagkarte hinten, westl. a 6

Das Hotel in maurischem Stil ist eine Legende: Keines liegt dichter an den Pyramiden. Einst wohnte hier viel Prominenz: Charlie Chaplin, Richard Nixon, Winston Churchill ...

Pyramids Road, Giza; Tel. 3 83 32 22, Fax 3 83 77 77; www.oberoihotels.com ●●●● CREDIT

Mövenpick Jolie Ville

⇢ Umschlagkarte hinten, südwestl. a 6

Drei Autominuten von den Pyramiden entfernt, geräumige Bungalows, sehr angenehme Atmosphäre.

Alexandria Desert Road, Pyramids; Tel. 3 85 25 55, Fax 3 83 50 06; www.moevenpickhotels.com ●●●● CREDIT

Sheraton Royal Garden

⇢ Umschlagkarte hinten, südwestl. a 6

Zwei Vierzigerjahre-Villen von Yussif Wahbi, dem Begründer des modernen ägyptischen Theaters, beherbergen inmitten einer tropischen Poolanlage romantische Restaurants und Bars.

Helmeiat Al-Ahram, Giza; Tel. 7 81 22 11, Fax 7 81 14 41; www.sheraton.com ●●●● CREDIT

Cosmopolitan Hotel

⇢ Umschlagkarte hinten, d 3

Nostalgisches Haus im Börsenviertel der Stadt, das jüngst renoviert wurde. Viel Fin-de-Siècle-Atmosphäre für vergleichsweise wenig Geld.

Sh. Ibn Talaab, Downtown; Tel. 3 92 36 63, Fax 3 93 35 31 ●●

El Hussein Hotel

⇢ Umschlagkarte hinten, f 3

Klassisch-ägyptisches Hotel im Basarviertel mit viel Flair vergangener Zeiten.

Hussein Square; Khan al-Khali; Tel. 5 91 80 89, Fax 5 91 86 64 ●●

Longchamps

⇢ Umschlagkarte hinten, b 2

Reisende schwärmen von den lauschigen Terrassen, dem exzellenten Service und der familiären Atmosphäre in diesem Haus auf der Nilinsel mitten im Zentrum; deutsche Besitzerin.

21, Sh. Ismail Mohamed, Zamalek; Tel. 7 35 23 11, Fax 7 35 96 44; www.hotellongchamps.com ●● MASTER VISA

Victoria Hotel

⇢ Umschlagkarte hinten, d 2

Komfortable, preiswerte Zimmer, die durch Renovierung etwas an Flair eingebüßt haben. Rezeption und Salons erinnern an die britische Kolonialzeit. In Zimmer 418 soll Hemingway gewohnt haben.

66, Sh. El-Gomhorriyya, Downtown; Tel. 5 89 22 90, Fax 5 91 30 08 ●●

Spaziergang

Von den vielen Möglichkeiten, Kairo zu Fuß zu erkunden, verbindet der MERIAN-Spaziergang Sightseeing mit einer aufregenden Entdeckungstour im uralten islamischen Viertel der Basare und Moscheen. Ausgangspunkt ist der Platz vor der Hussein-Moschee gegenüber der **Al-Azhar-Moschee** (Hinfahrt mit dem Taxi). Überwältigend ist an der **Hussein-Moschee** der Anblick des Freitagsgebetes, wenn sich in und vor der Moschee ein Meer von Gläubigen gen Mekka verneigt. Man geht zur Hauptstraße des **Basars**, den Prinz Jaherkas el-Khalili 1382 auf einem ehemaligen Friedhofsgelände gegründet hat. Diesen neuen Souk in unmittelbarer Nähe

Nächtigen im Schatten der Pyramiden: Das Mena House Oberoi im kolonialen Stil ist eine Legende, fast alle gekrönten Häupter Europas haben hier schon logiert.

des Gewürzmarkts nutzten Händler aus Vorderasien, Arabien und Persien, China und Indien für den Handel mit Safran ebenso wie mit Edelsteinen. Der Khan el-Masrur aus den Märchen aus Tausendundeiner Nacht befand sich ganz in der Nähe.

Am Beginn der **Sh. Muski** begegnet man Frauen, die schwere Körbe auf dem Kopf tragen, Arbeitern mit artistisch beladenen Handkarren. Kinder tragen auf Tabletts Tee und Kaffee in Geschäfte, wo Getränke die Gratisbeigabe zum Feilschgespräch sind. Hier bummelt man erst einmal, streift durch Gassen, um dann zum Platz vor der Hussein-Moschee zurückzukehren (keine Angst: Es geht nicht anders, als sich durchzufragen).

In der Hussein-Moschee, meist zugänglich für Nicht-Muslime, ist der mit Salz konservierte Kopf des Prophetenenkels Hussein (gefallen 680 in der Schlacht von Kerbala) unter der vergoldeten Grabkuppel beigesetzt. Von hier geht man hinüber zur Al-Azhar-Universitätsmoschee.

Man betritt **Al-Azhar** durch eines von sechs Toren, das Bab el-Muzzajin, das Tor der Barbiere. Sobald man den kleinen Vorhof durchschritten hat, steht man im Sahn el-Gami, einem 90 x 40 m großen Innenhof. Im Jahr 969 wurde diese zweitgrößte Moschee der Welt gegründet. Von dem mit Marmorplatten ausgelegten Haupthof geht es in den neunschiffigen Gebetsraum. Jeder kann sich hier setzen, auf den schweren Teppichen die wunderbare Architektur bewundern, schlafen, beten.

Weiter geht es auf der verkehrsreichen Straße Richtung Midan el-Ataba, man biegt nach der Fußgängerbrücke links in die El-Muizz St. (Muizz el-Din Allah). Das linke Eckgebäude ist die 1504 vom letzten Mamelucken Sultan el-Ghuri errichtete **El-Guri-Moschee** mit einem Mausoleum. Auf der El-Muizz St. findet man die letzten Hutmacher Kairos und Seidenhändler. Auch hier gilt: Gassen erkunden, Handwerker beobachten, die Kupfer bearbeiten, oder die Werkstätten der Zeltmacher besichtigen. Ziel ist die **Zitadelle**, die mächtige Festung mit Moschee, großen Palästen und Stallungen nahe der Mokattam-Berge. Heute beherbergt die Zitadelle das Kriegs-, das Polizei- und das Kutschenmuseum. Keinesfalls verpassen sollten Sie die als **Alabastermoschee**

Die leuchtenden Minarette der Al-Azhar-Moschee, des geistigen Zentrums des Islams.

bekannte Mohammed-Ali-Moschee. Dieser islamische Sakralbau, einer der schönsten Ägyptens, beeindruckt mit seiner riesigen Kuppel in der Mitte sowie den beiden 80-Meter-Minaretten. Der großzügigst mit Alabaster dekorierte Innenraum gab der 1830 bis 1857 im türkischen Rokokostil errichteten Moschee den Namen.

An der Zitadelle liegt auch die sehenswerte **Sultan-Hassan-Moschee**. Mit knapp 82 m besitzt sie eines der höchsten Minarette Kairos. Die fünfeckige Moschee mit Mausoleum, fertig gestellt 1362, war ursprünglich als Religionsschule für die verschiedenen Rechtsschulen des Islam gedacht. Der Hof mit dem Waschbrunnen ist überkuppelt. Aus Tannenholz, mit Ebenholz- und Elfenbeineinlagen, wurde der älteste Koranständer Ägyptens mit dem Sitz für den Vorbeter gefertigt, ein Prachtstück arabischer Tischlerkunst.

In unmittelbarer Nähe besucht man zum Abschluss die 1912 erbaute **El-Rifai-Moschee** mit den Gräbern des letzten ägyptischen Königs Faruk und des 1980 im ägyptischen Exil verstorbenen persischen Schahs Reza Pahlevi.

Sehenswertes

Museen und Sehenswürdigkeiten sind in der Regel von 9–16 Uhr geöffnet, freitags während des wichtigsten Wochengebetes ist meistens von 11–13.30 Uhr geschlossen.

Al-Azhar-Moschee und Universität

⇢ Umschlagkarte hinten, f 3

Gegenüber dem Basar Khan el-Khalili wurde im Jahr 972 die **Blühende Moschee** eingeweiht, am siebten Tag des Ramadan. 16 Jahre später ernannte der Kalif El-Aziz die Moschee offiziell zur **Universität**. Einer juristischen Fakultät folgte bald eine theologische, die noch heute den Anspruch erhebt, die oberste Instanz für die Auslegung des Koran zu sein. Die Studenten (derzeit etwa 120 000) werden mit spätestens 16 bis 17 Jahren aufgenommen, da das Studium über ein Jahrzehnt dauert. Wer dort studieren will, muss den Koran auswendig zitieren können. Hauptfächer sind Rhetorik, Verslehre, Logik und neuerdings auch Naturwissenschaften und Jura. Mit dem Abschluss standen den Studenten und Studentinnen aus allen arabischen Ländern bis vor wenigen Jahren alle Türen und höchste Ämter offen. Doch nach und nach scheint sich dies zu ändern. Als größter Mangel der Universitätsausbildung gilt, dass die Studenten auf Memorieren getrimmt werden, nicht aber auf vernetztes und problemlösendes Denken.

Durch das **Tor der Barbiere** betritt man die Moschee mit ihren fünf Minaretten und gelangt in den 90 x 40 m weiten Hof, von Arkaden umgeben. Von dort kommt man in den riesigen Gebetsraum (über 3000 qm) mit neun Schiffen. Ein Meisterwerk stellt der **Mihrab** dar, einer der ältesten, wenn nicht der älteste Ägyptens. Schwarzweiße Längsstreifen schmücken die von Marmorsäulen umrahmte Nische.

Al-Azhar-Park

⇢ Umschlagkarte hinten, f 3

Entspannung bietet dieser neue Park, der sich an der Stadtmauer erstreckt (30 ha) und von der Aga Khan Foundation finanziert wurde. Zur grünen Lunge der Altstadt gehören ein kleiner See, ein Spielplatz sowie eine Cafeteria mit Restaurant auf einer kleinen Anhöhe. Zugang nur über die nahe Sh. Salah Salem.

Tgl. 10–21 Uhr; Eintritt 10 LE

Cairo Tower

⇢ Umschlagkarte hinten, b 3

Der 187 m hohe Turm ist das Wahrzeichen des modernen Kairo. Bei klarem Wetter sieht man sogar die Pyramiden von Giza, de facto also fast nie. Erbaut wurde die moderne Stahlkonstruktion in der Form eines Lotosblütenstängels unter Präsident Nasser.

»El Burg«, Gezira; Eintritt 70 LE

Die Qait-Bey-Moschee in der Totenstadt beherbergt den sagenumwobenen Fußabdruck des Propheten Mohammed.

Ibn-Tulun-Moschee

⋯› Umschlagkarte hinten, d 4

Im 9. Jh. entstand diese Moschee, die sowohl durch ihre Größe als auch die schlichte Ausstattung besticht. Sie ist die zweitälteste Kairos. Wunderbar sind die spiralförmigen Minarette. Nach der Legende steht die Moschee mit ihrem weitläufigen Innenhof, dem sehr schönen Brunnenhaus und seinen Säulengängen exakt an dem Platz, wo Abraham (islamisch Ibrahim) seinen Sohn Isaak Gott zu opfern bereit war. Ibn Tulun, der erste Tuluniden-Herrscher, wollte eine Moschee errichten, die »so erbaut werde, dass, wenn Kairo verbrennt, sie bestehen bleibt und dass, wenn Kairo überschwemmt wird, sie auch bestehen bleibt«. Vom 41 m hohen Minarett hat man einen wunderbaren Blick über das Viertel. Während das Minarett aus Kalkstein gebaut wurde, besteht die schlichte Moschee aus Ziegelstein. Die Verzierungen des Stucks, auch die Rosetten, wurden in den feuchten Putz eingeschnitten.

Sh. Darb el-Hosr (Midan Ibn Tulun)

Khan el-Khalili Basar

⋯› Umschlagkarte hinten, f 3

Der Souk von Kairo ist wohl der berühmteste Basar des Orients und der größte Markt Afrikas. Prinz Khalili gründete im 14. Jh. den Handelshof auf einem ehemaligen Mameluckenfriedhof. Der Basar zwischen den Straßen El-Azhar, El-Muizz und der Hussein-Moschee wurde wiederholt durch Brand zerstört, aber jedes Mal noch größer aufgebaut. Zu seinen erfolgreichsten Zeiten arbeiteten hier bis zu 12 000 Menschen, doch auch heute sind die Gassen des Souks erfüllt von einem alles erfassenden bunten, lärmenden Getümmel (→ S. 63).

Sh. el-Azhar; Sa–Do 10-21 Uhr

Mameluckengräber (Totenstadt)

⋯› Umschlagkarte hinten, östl. f 3

Fälschlicherweise werden die Gräber oft Kalifengräber genannt, passender ist aber die Bezeichnung Totenstadt, denn die Gruften erinnern oft an Häuser. Die nördlichen Gräber an der Sh. el-Baghala sind besser erhalten als die südlichen und daher sehenswerter. Auf dem Gebiet befindet sich auch die quadratische **Sultan-Barkuk-Grabmoschee**; ein Juwel ist auch die **Qait-Bey-Moschee** mit ihren farbigen Wänden. In ihr wird ein Stein mit den Fußabdrücken des Propheten aufbewahrt.

Dass die Totenstädte heute dicht bewohnt sind, muss nicht verwundern. Sie waren so konzipiert, dass sich Grabbesucher dort aufhalten, den Tag verbringen konnten. Bedingt durch Armut und Wohnungsnot sind die Grabwohnungen für viele inzwischen ihre einzige Bleibe geworden.

Nilometer

····> Umschlagkarte hinten, b 6

Dieses schon in der Antike erwähnte Nil-Messgerät befindet sich an der Südspitze der Insel. Das aus Quadern gemauerte Brunnenhaus mit dem auffälligen Spitzdach wurde 1870 wieder entdeckt. Das Becken füllt sich je nach Wasserstand durch drei Öffnungen mit Flusswasser. An einer Messsäule konnte dann der Pegelstand abgelesen werden. Dort sind auch die höchsten Wasserstände markiert.

Insel Roda

Pyramiden von Giza

····> Umschlagkarte hinten, südwestl. a 6

Die Pyramiden von Giza oder Giseh, erbaut 2700 bis 2560 v. Chr., stellen den Höhepunkt der ägyptischen Monumentalarchitektur dar. Die Idee der Pyramiden war, dem gottgleichen Pharao den Weg ins Totenreich zu bereiten – in einem möglichst einbruchsicheren Grab. Da die Pyramiden an der Grenze zwischen Fruchtland (Leben) und Wüste (Totenreich) stehen, legte man den Taltempel mit der Mumifizierungskammer ins Fruchtland und setzte die Mumie in der Sargkammer im Totenreich bei.

Überholt ist mittlerweile die Ansicht, die Pyramiden seien in menschenunwürdiger Sklavenarbeit (→ MERIAN-Spezial, S. 52) entstanden. Vielmehr war der Bau eine Art religiöse Erfüllung, und es galt als durchaus ehrenhaft, an dem Sakralbau mitzuarbeiten. Daneben waren die Arbeiter während der Bauzeit – und gebaut wurde nur während der Nilüberschwemmungen – wenigstens versorgt, da sie auf den Feldern erst wieder nach Ende des Hochwassers tätig werden konnten.

Die Pyramiden wurden so exakt nach den Himmelsrichtungen ausgerichtet, dass oft nur winzigste Abweichungen festgestellt wurden. Die Außenansicht der Pyramiden kostet 20 LE, die Innenansicht weitere 150 LE. Das Tickethäuschen liegt oberhalb des Mena House Hotels. Lassen Sie sich nicht von Schleppern stoppen, die Sie auf dem Weg zu den Pyramiden schreiend und mit Armen und Beinen fuchtelnd stoppen wollen.

Ca. 10 km westl. von Downtown Kairo

Cheops-Pyramide

An die 2,5 Mio. Steine, davon jeder mindestens 2 t schwer, wurden für die um 2528 v. Chr. fertig gestellte so ge-

Nicht nur wegen ihrer imposanten Größe gelten die Pyramiden von Giza als Höhepunkt der altägyptischen Architektur.

Mythos Pyramidensklaven

Pyramidensklaven gab es nur in Hollywood – tatsächlich waren 20 000 Bauern als Zeitarbeiter im Einsatz.

»Remsh neb – irt sen chet neb jou ir nou chet seen eem en randj meseh er sen em mou hefau er sen her ta dep er sen em mou jareto er sen her ta.« So lautet im O-Ton hieroglyphisch der erste ägyptische Fluch: »Oh, all ihr Menschen! Jeder, der diesem Grab Böses antut und es betritt, den werden die Krokodile im Wasser verschlingen, den werden an Land die Schlangen vertilgen, den werden die Nilpferde im Wasser fressen und an Land die Skorpione beißen.« Dieser über 4000 Jahre alte Fluch gehört zu den jüngeren Funden bei den Pyramiden von Giza. Er schützte die Gräber der Pyramidenbauer.

Ingenieure und Zeitarbeiter

500 bis 1000 hoch qualifizierte Männer, Ingenieure und Architekten würde man heute sagen, leiteten den Bau. Aber wer verrichtete die harte Arbeit, schleppte und türmte Steinblöcke? Waren es 100 000 Sklaven, die »permanent arbeiteten und alle drei Monate von einer frischen Mannschaft abgelöst wurden«, wie der griechische Historiker Herodot fabulierte, der im 5. Jh. v. Chr. die Pyramiden (2000 Jahre nach ihrem Bau) besuchte und ungewollt Hollywood die Klischeevorlage für monumentale Sklavendramen lieferte? Alles war ganz anders.

Beispiel Cheops-Pyramide. Sie ist die größte ägyptische Pyramide, für deren Bau lange Rampen aus Steinschutt und Holzgerüste verwendet werden mussten. Sie wurde in rund 20 Jahren Bauzeit von etwa 4000 Hauptarbeitern (Steinbruch-Arbeitern, Stein-Transporteuren, Spediteuren und Maurern) erbaut. Bis zu 20 000 zusätzliche Arbeiter (Rampenbauer, Werkzeugmacher, Mörtelmischer, Köche) unterstützten sie.

Es gab eine feste Belegschaft, bestehend aus etwa 5000 Angestellten mit Gehalt, die zusammen mit ihren

Familien in einem komfortablen Pyramidendorf lebten. Dazu kamen bis zu 20 000 Zeitarbeiter, die einen Arbeitseinsatz von drei bis vier Monaten ableisteten und in weniger komfortablen Lagern neben dem Pyramidendorf lebten.

Diese Zeitarbeiter waren nahezu ausschließlich Fellachen (Bauern) aus dem ganzen Land. Man engagierte sie, wenn die Feldarbeit wegen der regelmäßigen Überschwemmungen des Nils ruhte – was man fast auf den Tag genau vorhersagen konnte. So gesehen waren die Pyramiden auch eine Arbeitsbeschaffungsmaßnahme für saisonal arbeitslose Bauern Ägyptens.

Über 20 Jahre lang sah also Pharao Cheops sein Grab in den Himmel wachsen. Drei Millionen Steinblöcke, manche mehr als zehn Tonnen schwer, wurden für die Cheops-Pyramide auf Nilschiffen herbeigeschafft und zu einer Höhe von 147 m aufeinander geschichtet.

Zur Glorie des göttlichen Pharao

An diesem kolossalen Grab des gottgleichen Pharao mitzuwirken, das zeugte von Religiosität und Gottesfurcht, war eine Ehre. Zahi Hawass, Direktor der Ägyptischen Antikenverwaltung, entdeckte zu Beginn der Neunzigerjahre weitläufige Siedlungen und Grabanlagen der Pyramidenarbeiter. Die Skelette wiesen wie zu erwarten zwar schwere Deformierungen an der Wirbelsäule auf, aber auch kunstgerecht verheilte Knochenbrüche, die darauf schließen lassen, dass die Arbeiter ärztlich bestens versorgt wurden.

Dies und neuere Forschungen bestätigten, was bereits 1888 der britische Archäologe Flinders Petrie als Erster entdeckt hatte. In einer Arbeitersiedlung mit Häusern aus Lehmbausteinen fand er Papyri, Tonwaren, Werkzeuge, Kleidung und Kinderspielzeug – Zeugnisse eines Alltagslebens, das in keiner Weise für Versklavung sprach.

Auch um das leibliche Wohl ihrer Arbeiter sorgten sich die alten Ägypter rührend, wie ein vor wenigen Jahren nahe der Cheops-Pyramide gefundener Rechenschaftsbericht belegt. Ein hochrangiger Beamter des Pharao betonte in einer Hieroglypheninschrift seines Grabes gegenüber den Göttern und der Nachwelt voller Stolz: »Ich gab meinen Arbeitern jeden Tag Brot und Wein oder Bier.« Das hieroglyphische Zeichen für Bier und Wein – ein Krug.

Aus Stein getürmte Ewigkeit – errichtet von tausenden von Sklaven oder von freien Facharbeitern?

nannte große Pyramide verwendet, die Grabstätte des Pharao Chufu (Cheops). Die Cheops-Pyramide ist 137 m hoch und hat eine Basisbreite von 227 m. Nach Hochrechnungen sollen 60 000 bis 70 000 Menschen gut 20 Jahre allein an dieser Pyramide gearbeitet haben. Der ursprüngliche Eingang ist verschüttet. Durch einen niedrigen, 1,20 m hohen und steilen Schacht steigt man gebückt in die Grabkammer. In die Pyramide gelangt man durch ein enges Loch, das Grabräuber geschlagen haben (Extra-Eintritt, nur 2000 Besucher pro Tag). In der Grabkammer steht ein leerer Sarg.

Die Pyramide als Grab bildete das Zentrum eines heiligen Bezirkes, zu dem der nur mehr im Grundriss erkennbare Totentempel an der Ostseite und ein Taltempel gehörten. In den Höfen und Kapellen des Totentempels betete man und brachte dem Toten Opfer dar. Der Taltempel, am Eingang zum Totenreich erbaut, diente als Leichenhalle. Dort wurde der tote Körper ausgeweidet und mumifiziert. Vor dem Totentempel lagen drei kleinere Pyramiden für Familienangehörige und höfische Würdenträger.

Vor allem um die Cheops-Pyramide entwickelte sich in den letzten Jahren ein regelrechter Pyramiden-Kult. Einer der Väter dieser pharaonischen »New Age«-Bewegung ist Erich von Däniken, der schon in den Siebzigerjahren behauptete, Wesen von außerhalb hätten vor dem Untergang der Welt die Cheops-Pyramide als Arche Noah des Wissens geplant. Ein Grab sei die Pyramide nie gewesen, da sie keinerlei Formeln und magische Sprüche des Totenbuches enthielte, die für die Reise im Jenseits zwingend nötig gewesen seien. Ein anderer Autor, Bouval, befand, die Pyramiden von Giza seien in exakt der gleichen Konstellation wie das Orion-Sternbild gebaut worden, was auch stimmt, wenn man wie Bouval nur ausgewählte Punkte des Orion-Sternbildes auf die Pyramidenanlage projiziert.

Auch für Zahlenmagie muss die Cheops-Pyramide herhalten. Beispiel: Die Kanten summierten sich exakt zu 36 524 Inch. Exakt 365,24 Tage habe das Sonnenjahr. Verlängerte Innenkanten der Pyramide liefen im so genannten Christus-Winkel von 26 Grad 18 Minuten 9,63 Sekunden genau durch Jesu Geburtsort Bethlehem, woraus sich errechnen ließ, dass der neue Heiland im Jahr 2004 auf die Erde hätte kommen müssen.

Als archäologisches Grabungsfeld ist das Pyramidenareal, das ja bis Sakkara und Daschur reicht, noch immer nicht komplett erschlossen. Immer wieder werden Entdeckungen gemacht, wie die der Arbeitersiedlung von Nazlet el-Samman. Oft spielt dann der reine Zufall mit. Der durchgehende Hengst einer Amerikanerin brachte hier die Ägyptologen auf die Spur. Durch das im Sand einsinkende Tier wurden in 1,5 m Tiefe ein Arbeiterdorf und Gräber entdeckt; später fand sich in der Nähe ein zweiter Friedhof für die pharaonische Oberschicht.

Das Besteigen der Pyramide ist nach etlichen schweren Abstürzen offiziell verboten. Inoffiziell wird Ihnen gegen reichlich Bakschisch angeboten, dass die Wärter alle Augen zudrücken, wenn Sie unbedingt hochklettern wollen. Übrigens: Zur Zeit der Pharaonen hatten diese Pyramiden noch keine Stufen, aber die glatte »Fassade« bröckelte im Lauf der Zeit einfach ab.

Chephren-Pyramide

Ungefähr 50 Jahre nach der Cheops-Pyramide wurde diese Grabstätte des Pharao Chafre (Chephren) errichtet. Die Chephren-Pyramide ist 136 m hoch und hat eine Basisbreite von 210 m. Ein Gang führt 30 m abwärts zur Grabkammer. Der nebenan liegende Totentempel wurde aus den schwersten Steinen gebaut, die jemals für ein Bauwerk verwendet wurden – 420 t schwere Monolithen. Von zwei Grab-

Wohl eines der bekanntesten Fotomotive überhaupt: der nasenlose Sphinx mit der Mykerinos-Pyramide im Hintergrund.

kammern (Extra-Eintritt) wurde eine nie benutzt; in der anderen steht ein schlichter Sarkophag aus Granit.

Mykerinos-Pyramide
Sie ist mit ihrer Höhe von 108 m und ihrer Basisbreite von 79 m die kleinste der drei in der 4. Dynastie entstandenen Pyramiden. Als die Briten im 19. Jh. den Sarkophag nach England bringen wollten, sank das Schiff vor der spanischen Küste.

Sphinx
20 m Höhe, 73 m Länge, ein Gesicht von über 4 m Breite – das sind die Ausmaße des Sphinx', eines Löwen mit Menschenkopf (er ist männlichen Geschlechts). Als Wächter hütete er den Eingang zum Totenreich. Zwischen den Löwenpranken errichtete der spätere König Thutmosis IV. die Traumstele. Nach der Jagd war der junge Prinz einstmals hier eingeschlafen, und im Traum wurden ihm Macht und Königstitel verheißen, falls er den völlig eingesandeten Sphinx vom Wüstensand befreie.

Allzu gute Zeiten standen dem Koloss aber nicht bevor. Sein rätselhaftes Lächeln schien viele zu erschrecken, und mamlukische Schützen waren es, die den Kopf des Sphinx für Schießübungen benutzten. Die abgeschossene Nase und Teile des Bartes kann man noch heute im Britischen Museum in London besichtigen.

Neben dem Sphinx liegt der **Chephren-Taltempel**. Zwei Sphingen flankierten einst die Pforten zur »Leichenhalle« Chephrens, wo die Totenzeremonie stattfand. Nach den rituellen Salbungen und Räucheropfern bewegte sich von hier der Zug mit dem mumifizierten Leichnam hinauf zur Pyramide. Die Decke und der Granitmantel des Tempels fehlen heute; in der Vorhalle, einem großzügig angelegten Pfeilersaal (Granit, Alabaster), standen 23 Dioritfiguren Chephrens.

Abends wird an den Pyramiden eine **Sound & Light Show** angeboten. Im Gegensatz zu denjenigen von Karnak und Philae muss man hier von Geschichtskitsch sprechen, der das sentimental gestimmte Gemüt zwar

Hoch über dem islamischen Viertel thront die über 800 Jahre alte Zitadelle.

rührt, mit handfesten Informationen aber spart. Zumindest erhält man aber einen Mini-Überblick über das alte Ägypten.

Sound & Light in deutscher Sprache: So, Mo 19.30 Uhr (Winter), 22.30 Uhr (Sommer); Eintritt 55 LE

Stadtmauer

⟶ Umschlagkarte hinten, e/f 2

Die Mauer aus dem 11. Jh. umgab die fatimidische Stadt. Zu erreichen vom Midan et-Tahrir über die Sh. el-Gheish. Nur noch Reste zeugen von den einst 60 Toren aus großen Quadern, an denen bruchstückhaft Hieroglyphen zu erkennen sind. Von oben (Zugang über Bab el-Futuh) bietet sich ein schöner Blick auf die Stadt.

Sultan-Hassan-Moschee

⟶ Umschlagkarte hinten, e 4

Im 14. Jh. entstand der festungsartige Bau, der mit 81,6 m über mehrere Jahrhunderte lang das höchste Minarett der Stadt besaß. Spitzbogige Tonnengewölbe bestimmen die Gebetsräume. Der Imam, der Vorbeter, benützt hier den ältesten Koranständer Ägyptens, eine Meisterarbeit aus Tannenholz mit Einlagen aus Ebenholz und Elfenbein.

Eine Kopie dieser Moschee ist die gegenüberliegende **Er-Riffa'i-Moschee**, in der neben anderen Würdenträgern auch König Faruk und der Schah von Persien beigesetzt wurden. Das Innere der Moschee wird bestimmt von auffälligen Steinschnittmustern. Eine Tür der Kiblawand führt zum Grabmal von Sultan Hassan Midan Salah el-Din.

Zitadelle

⟶ Umschlagkarte hinten, e/f 4

Saladin (Salah El-Din) ließ im 12. Jh. die Festung aus Steinen von abgetragenen Bauten aus Memphis und Sakkara und nach dem Vorbild der Kreuzritterburgen im Heiligen Land erbauen. Teilweise im Jahr 1823 zerstört, wurde sie von Mohammed Ali wieder aufgebaut und vergrößert. Die zentrale Moschee der Zitadelle ist die Mohammed-Ali-Moschee, auch **Alabastermoschee** genannt. Alabaster, Gold und Teppiche im Stil des türkischen Rokoko Istanbuls prägen das Innenbild der Moschee.

Die Zitadelle bildete einst ein komplettes Regierungsviertel mit Palästen und Gärten. Gegenüber der Alabastermoschee steht die **Sultan-El-Nasir-Moschee** mit ihren römisch-byzantinischen Säulen. Das heutige **Militärmuseum** diente einst Mohammed Alis Familie als privater El-Haram-Palast. Offizieller Regierungssitz war aber der **Gawhara-Palast**, überladen mit Mobiliar und Tand aus dem 19. Jh.

Midan Salah el-Din; Eintritt 20 LE

MUSEEN

Abdin-Palast-Museum

⟶ Umschlagkarte hinten, d 3

Ein Teil der 500 Räume des Palastes dient dem Staatspräsidenten als Residenz, der andere Teil beherbergt ein Museum, das die Gemäldesammlung Mohammed Alis zeigt.

Midan el-Gumhuriya; Sa–Do 9–15 Uhr; Eintritt 10 LE

Ägyptisches Nationalmuseum

⇢ Umschlagkarte hinten, c 3

1858 gründete der berühmte Ägyptologe Auguste Mariette das Ägyptische Nationalmuseum, das mit seinen ca. 150 000 Objekten zu den größten Museen der Welt gehört. Aus Platzmangel können jedoch höchstens 50 % der Objekte gezeigt werden. In den kommenden Jahren wird das Museum durch einen geräumigeren Neubau an den Pyramiden erweitert. Der Altbau wird bereits schrittweise umgebaut.

Die Sammlungen umfassen unter anderem Statuen von Königen, Granitsphingen, Totenfiguren, Leichentücher und Grabbeigaben. Absoluter Publikumsmagnet sind die Säle mit dem Schatz Tut-anch-Amuns.

Aus dem Grab Tut-anch-Amuns im Tal der Könige (Luxor) stammen in Saal 8 die vier reich verzierten Holzschreine sowie die vergoldete Kapelle. Die Schreine waren ursprünglich ineinander gelegt. Die Kapelle wird von den Schutzgöttinnen flankiert. Die Köpfe der Eingeweidebehälter tragen die Gesichtszüge Tut-anch-Amuns.

4 Die **Totenmaske Tut-anch-Amuns** und die beiden Gold- und Holzsarkophage faszinieren in Saal 4. Der massive (!) Goldsarkophag wiegt 225 kg. Er war der innerste Sarg, umgeben von anderen Särgen (der Quarzitsarkophag und ein vergoldeter Holzsarg blieben im Tal der Könige). Der Goldsarkophag trägt an der Stirn die Insignien des Königs, Schlange und Geier. Die beiden Halsketten symbolisieren seinen göttlichen Mut. In den überkreuzten Armen liegen als Zeichen der Regentschaft der Krummstab und der Wedel. Zwei Schutzgöttinnen halten ihre Schwingen um den toten Pharao.

Bei der Obduktion von Tut-anch-Amun 2006 wurde eindeutig festgestellt, dass der Pharao mit maximal 20 Jahren starb und höchstwahrscheinlich einer Knieverletzung durch ein Schwert erlag. Seither wird gerätselt: Hat ihn sein Nachfolger getötet oder wurde er Opfer eines Unfalls?

Ein weiterer Höhepunkt ist der erst 1994 wieder eröffnete **Mumiensaal**. 1980 war der Saal auf An- 5

Zu Recht gilt das Ägyptische Nationalmuseum in Kairo als eines der bedeutendsten Museen weltweit.

ordnung des später ermordeten Anwar el-Sadat geschlossen worden – aus Gründen der Pietät. Die Mumien der Pharaonen sahen eher gefleddert als wohl präpariert aus. Vorerst zehn der insgesamt 27 Mumien sind nun, restauriert und konserviert, in luftdichten Glas-Spezialvitrinen zu sehen, darunter Ramses II., Ramses V., Thutmosis II. sowie Sethos I.

Die Mumie von Ramses II. war 1976 in Frankreich von Spezialisten genau untersucht worden. Im Juni 1992 kam dasselbe Professorenteam bei einer planmäßigen Nachuntersuchung zu dem Ergebnis, dass die Mumie »bei bester Gesundheit ist« und keinerlei Mikroorganismen enthalte. Das Herz, eingewickelt in hochwertiges Leinen und Goldblätter, befinde sich am Originalplatz. In der Nase fand sich Pfeffer, der offenbar Bakterien vom Eindringen in den mumifizierten Körper aufhalten sollte. Zur Untersuchung der Mumie benutzten die Mediziner Endoskope. Ramses II. war, so der Befund, an Arteriosklerose gestorben.

Midan Tahrir; tgl. 9–18.30 Uhr; Eintritt 40 LE

Dr. Ragab's Pharaonic Village

→ Umschlagkarte hinten, südl. a 6

Auf dem »Kanal der Mythologie« fährt man in einem Boot und bekommt so das Leben im alten pharaonischen Ägypten veranschaulicht. Unter anderem sieht man einen originalgetreu nachgebauten Tempel mit Heiligem See. Am Abend wird das Ganze auch noch beleuchtet – ein pharaonisches Disneyland (→ S. 41).

Jacob's Island, Giza; tgl. 9–17 (Winter), 9–21 Uhr (Sommer); Eintritt 60 LE

Entomologisches und Ornithologisches Museum

→ Umschlagkarte hinten, a 5

Insekten und Vögel Ägyptens; eine hervorragende Sammlung.

Sh. Ramsis; Sa, Mo, Mi 9–13, 18–21 Uhr; Eintritt 20 LE

Gayer-Anderson-Museum

→ Umschlagkarte hinten, d 4

Orientalische Möbel und Kunstgegenstände, Teppiche, Baldachinbetten, Schmuck, ein chinesisches Zimmer, Eunuchenkammer und altägyptische Handwerksstücke vereint diese Sammlung, die Kairo dem britischen Major Gayer-Anderson verdankt.

4, Midan Ibn-Tulun (bei der Ibn-Tulun-Moschee); nach Renovierung Wiedereröffnung 2006

Koptisches Museum

→ Umschlagkarte hinten, c 6

Die Sammlung in Alt-Kairo gilt als die umfangreichste ihrer Art. Der Schwerpunkt liegt auf Kunstwerken und Architektur aus dem 4.–11. Jh. Säulen, Altäre, Wände mit Fresken (z. B. des hl. Georg), Gitter, Decken, Tonscherben, Drechselarbeiten und Töpferwaren. Besonders zu erwähnen sind ein Fresko mit der Darstellung von Adam und Eva aus Fayum sowie eine Nische mit Fresken von Christus, Maria, den Aposteln und den Erzengeln.

Alt-Kairo; nach Renovierung Wiedereröffnung 2006

Landwirtschaftsmuseum

→ Umschlagkarte hinten, a 3

In einer herrlichen Gartenanlage an der Sh. Kasab in Dokki gelegen, vermittelt die Sammlung ein anschauliches Bild von der ägyptischen Landwirtschaft. Vorgestellt werden Geräte und Methoden der Landvermessung und Jagdgeräte aus der Zeit der Pharaonen, Bewässerungsmodelle, Baumwollanbau und Dorfleben. Hierfür wurden Puppen in Originalkleidung zu einem Kabinett bäuerlicher Kultur arrangiert.

Neben dem Landwirtschaftsministerium in Dokki, am Ende der Hochstraße des 6. Oktober (Brückenende in Dokki); Di–So 9–13.30 Uhr; Eintritt 20 LE

Mukhtar-Museum

→ Umschlagkarte hinten, b 3

Ägyptens berühmtestem Bildhauer Mahmoud Mukhtar (1883–1934) ist dieses Museum gewidmet. Mukhtar gab dem neuen ägyptischen Nationalgefühl und nationalen Erwachen in seinen Kalksteinskulpturen Ausdruck. Berühmt sind »Fellaha«, die »Bäuerin«, und die Skulptur »Ägyptens Erwachen«, die vor den Toren der Cairo University steht.

Sh. et-Tahrir, Gezira, vor der El-Galaa-Brücke; tgl. 10–13, 15–21 Uhr, Mo geschl.; Eintritt 25 LE

Museum für Islamische Kunst

→ Umschlagkarte hinten, e 3

Einen nahezu geschlossenen Überblick über die islamische Kunst verschafft diese umfangreiche Sammlung mit ihren ungefähr 60 000 Objekten: Bücher, Handschriften, Malerei, Teppiche, Textilien, Waffen, Möbel, Türen, Wand- und Deckenvertäfelungen, Kunstschriften, Korankopien, Keramiken, Porzellan, über 45 000 arabische Münzen und Medaillen, Moscheelampen, Leuchter, Mosaike, Kristalle, Einlegearbeiten und Holzfriese.

Die Sammlung wurde bereits 1880 gegründet und besteht aus insgesamt 23 Sälen, die nach Materialien und Epochen gegliedert sind. Wer nur einen Überblick sucht, bleibt in den Hallensälen 1 und 13 mit Handschriften, Miniaturen, Teppichen, Textilien, Waffen, Metall-, Holz- und Glasarbeiten. Sehenswert auch diese Säle:

Saal 4: Aus dem Jahr 31 islamischer Zeitrechnung (652 n. Chr.; frühislamische Periode) datiert der wohl älteste erhaltene Gedenkstein eines moslemischen Grabes.

Saal 6: Wunderschöne Holzeinlegearbeiten mit Perlen und Blumenornamenten (14. Jh.).

Saal 8: Der gut erhaltene Minbar stammt aus der Moschee der Prinzessin Tutar (1360); filigrane Handarbeit sind die riesigen Korantruhen links neben dem Minbar.

Saal 13: Aus 12 Teilen besteht das 264,5 cm lange und 53,3 cm breite Papyrus, das der abbasidische Präfekt Mousa 758 dem nubischen König überbringen ließ. Mousa beschwert sich darin, wie ungehörig Nubier mit Ägyptern umgegangen waren. Für einen in Nubien getöteten Händler forderte Mousa das Blutgeld und die gestohlene Habe des Händlers.

Saal 20: Ein Schmuckstück aus der Türkei: Das naive Fliesengemälde von 1668 zeigt aus der Vogelperspektive die von Arkaden umlaufene Kaaba von Mekka, dargestellt gänzlich unperspektivisch.

Saal 21: Die weltweit größte Glassammlung. Moscheelampen, kunstvolle Glas- und Emailarbeiten.

Eine Ton-Bild-Schau erleichtert das Verständnis und weist auf die wichtigsten Exponate hin.

Sh. Port Said; nach Renovierung Wiedereröffnung 2006

Essen und Trinken

Alle großen Hotels in Kairo bieten gute bis ausgezeichnete Restaurants der oberen Preisklasse an. Auch die Einheimischen, sofern sie es sich leisten können, treffen sich gerne mit Freunden dort.

MERIAN-Tipp

3 Dinner- und Lunch-Kreuzfahrten

Ein besonderes Erlebnis in Kairo sind Lunch- und Dinner-Kreuzfahrten auf dem Nil. Die Schiffe steuern meist die Gegend südlich von Maadi an, kehren dann um und umrunden noch die Nilinseln. Während man mittags im klimatisierten Schiff speist und den Blick auf Kairo genießt, enthalten die Dinner-Fahrten in der Regel ein komplettes Show-Programm, das als mehr oder minder folkloristisch bezeichnet werden kann. Bauchtänzerinnen geben nach dem Essen ihr Bestes, holen sich Gäste zum Mittanzen, und die Fellachen-Kombo spielt dazu. Das kann mitunter ziemlich witzig sein.

Bamboo & Disco Sangria

⇢ Umschlagkarte hinten, b 1

Nördlich des Fernsehgebäudes (und gegenüber dem ehemaligen World TradeCenter) genießt junges Publikum ägyptische, italienische und französische Küche. Die Nilterrasse mit dem kühlenden Wind ist ein beliebter Treff. Zum Tanzen geht man gegen Mitternacht eine Etage tiefer.

Corniche el-Nil; Tel. 5 79 65 11 ●●●●

CREDIT

Chopsticks

⇢ Umschlagkarte hinten, westl. a 1

Eindeutig das beste chinesische Restaurant in Town. Jeden Fr von 12 Uhr bis Mitternacht bietet Chopsticks ein ausgezeichnetes Buffet für 40 LE. Als Vorspeise gibt es Suppe, Salat und Frühlingsrollen. Dann stehen zur Wahl: Fisch, Fleisch oder Huhn, dazu Reis oder Nudeln, und zum Abschluss köstlich frittierte Bananen mit Vanilleeis und Schokoladensauce.

23b, Sh. Syria, Mohandessin; Tel. 3 04 85 67 ●●●●

Khan El-Khalili Restaurant

⇢ Umschlagkarte hinten, f 3

Mitten im berühmten Basarviertel betreibt die Hotelkette Oberoi dieses schöne Restaurant mit ägyptischer und libanesischer Küche. Abends spielen Musiker ein klassisch-arabisches Repertoire.

5, Sikket el-Badestan, Khan el-Khalili; Tel. 5 93 22 62 ●●●●

Moghul Room im Mena House Hotel

⇢ Umschlagkarte hinten, südwestl. a 6

Das beste indische Restaurant in ganz Ägypten. Sehr stilvoll, allerdings auch ausgesprochen teuer.

Pyramids Road, Giza; Tel. 3 83 32 22 ●●●● CREDIT

Abou el-Sid

⇢ Umschlagkarte hinten, b 1

Auch bei westlich orientierten Kairoern ist neuerdings traditionelle Küche und Wasserpfeife wieder schick. Im Abou el-Sid speist man in barocken Salons an niedrigen Tischen und kann die trendbewusste Upperclass beobachten. Zwei Dutzend Sorten Wasserpfeifentabak werden hier angeboten.

157, 26th of July St., Zamalek, Eingang in der Seitenstraße; Tel. 7 35 96 40 ●●●

Flux

⇢ Umschlagkarte hinten, nordwestl. a 1

Über 90 Genehmigungen haben ein Australo-Ägypter und eine Britin beantragen müssen, bevor ihr kleines, trendiges Restaurant zum Publikumsliebling werden durfte. Die Einrichtung mixt westliche und ägyptische Elemente, genau wie die Küche. An der Bar ist es fast immer voll.

2, Sh. Gameat el-Nasr, Mohandessin; Tel. 3 38 66 01 ●●●

La Bodega

⇢ Umschlagkarte hinten, b 2

Restaurant, Lounge und Bar sind liebevoll im Stil der Zwanziger- und Dreißigerjahre eingerichtet, etwa mit Ledersesseln, die in New York angefertigt wurden. Eine Etage höher befindet sich die eigene Galerie. Die Bedienung gehört zu den schnellsten der Stadt. Internationale Küche.

157, 26th of July St., im 1. Stock der Baehler's Mansions, Zamalek; Tel. 7 35 05 43 ●●● CREDIT

O-Negrao

⇢ Umschlagkarte hinten, nordwestl. a 1

Absolutes In-Lokal. Delikate brasilianische Küche, daneben der Dancefloor für Samba- und anderweitig mutige Tänzer.

14, Gezirat el-Arab St., Mohandiseen; Tel. 3 44 10 02 ●●●

Papillon

⇢ Umschlagkarte hinten, nordwestl. a 1

Exzellenter Libanese; man wird meist schon von den vielfältigen Mezze (Vorspeisen) satt.

26th of July St., Mohandessin; Tel. 3 47 16 72 und 3 03 50 45 ●●● CREDIT

Zamakmak

···→ Umschlagkarte hinten, nordwestl. a 1

Populäres Fischrestaurant. Die Entscheidung fällt schwer zwischen Fisch, Garnelen oder Krabben – gegrillt oder gedünstet, mit feinen Gewürzen der Saison zubereitet. Dazu gibt es Reis, Fladenbrot und Mezze.

24, Sh. Ahmed Orabi, Mohandessin; Tel. 3 47 82 32 ●●●

Andrea

···→ Umschlagkarte hinten, südwestl. a 6

Populäres Ausflugslokal im Grünen, das exzellente Grillgerichte anbietet. Kinderspielplatz, Eselreiten für die Kleinen. Besonders empfehlenswert nach dem Pyramidenbesuch.

59–60, Maryutiya Canal, Giza; Tel. 3 83 11 33 und 3 85 44 41 ●●

Abu Tariq

···→ Umschlagkarte hinten, c 2

Kushari ist ein Arme-Leute-Gericht, bei Ägyptern wie auch bei Ausländern äußerst beliebt. Den Mix aus Reis, Nudeln, Linsen, Röstzwiebeln und Kichererbsen sowie einer würzigen Tomatensoße gibt es für etwa 2 LE in speziellen Restaurants. Abu Tariq gilt als eines der besten.

Sh. Champollion, Downtown ●

El-Tabei

···→ Umschlagkarte hinten, d 2

Hier gehen auch Ägypter Foul und Tameya in verschiedensten Variationen essen: eine Mischung aus Bistro und Kantine, sehr sauber. Für 10 € wird man problemlos satt. Probieren Sie »Foul bibeid wa basterma«, Bohnen mit Ei und Pasterma-Schinken, heiß und blubbernd aus dem Ofen!

31, Sh. Ahmed Orabi, Downtown, etwa 30 m südlich der Sh. Ramsis; Tel. 5 75 32 91 ●

Dinner- und Lunch-Kreuzfahrten

Die Auswahl an Lunch and Dinner Cruises auf dem Nil (→ MERIAN-Tipp, S. 59) ist schier unübersehbar. Hier nur zwei Empfehlungen:

The Pharaos

···→ Umschlagkarte hinten, b 5

Tgl. um 13 und 14.30 Uhr sowie um 19.15 und 21.30 Uhr legt das Schiff ab.

138, Sh. El-Nil, etwa in Höhe des Zoos, Giza; Tel. 5 70 10 00 ●●●● CREDIT

Nile Peking

···→ Umschlagkarte hinten, b 6

Sehr gute chinesische Küche. Die Kreuzfahrttermine sollten Sie telefonisch erfragen.

Eine Besonderheit Kairos sind die zahlreichen schwimmenden Restaurants auf dem Nil.

Corniche El-Nil, Alt-Kairo, in Höhe der Südspitze der Insel El-Roda; Tel. 5 17 08 39 ●●● CREDIT

Restaurantboote

Auch für fest verankerte Restaurantboote gibt es alle paar Nil-Meter eine Adresse. Besonders empfehlenswert:

La Pacha 1901

⇢ Umschlagkarte hinten, b 2

Saray Al-Gezira, Zamalek, südlich des Marriott-Hotels; Tel. 7 35 67 30 ●●●● CREDIT

Nile City

⇢ Umschlagkarte hinten, b 2/3

Sh. El-Gezira, Zamalek, an der Brücke 6th of October; Tel. 7 35 30 84 ●●● CREDIT

Kaffeehäuser

In Kairo gibt es Zehntausende von Kaffeehäusern, die vorwiegend von der männlichen Bevölkerung besucht werden (→ MERIAN-Spezial, S. 24). Nachfolgend seien lediglich drei der schönsten Cafés genannt:

Atelie ⇢ Umschlagkarte hinten, c 3

Ein kleines Café mit Garten und einer Kunstgalerie. Schriftsteller und Intellektuelle verkehren gerne hier.

2, Sh. Karim el-Dawla ●●

Café Fishawi

→ MERIAN-Tipp, S. 23

Café Riche

⇢ Umschlagkarte hinten, c 3

In dieser renovierten Kaffeehaus-Legende ist alles, wie es früher einmal war: das Mobiliar, die Speisen, mediterran bis ägyptisch, die Gewänder der Kellner. Bis in die Sechzigerjahre des 20. Jh. galt das Café als beliebter Treffpunkt für Künstler, Journalisten und Schriftsteller.

17, Sh. Talaat Harb, Downtown; Tel. 3 92 97 93 ●●

EINKAUFEN

Shopping Malls sind »in« im Nahen Osten. Am größten und schönsten präsentieren sich die **Arcadia Mall** (hinter dem Conrad Hotel an der Cor-

Die Läden im Basar Khan el-Khalili quellen förmlich von Waren über, die orientalische Art des Shoppings will jedoch geübt sein.

niche) und die **First Mall** (Sh. Giza, nahe dem Zoo).

Khan el-Khalili

⇢ Umschlagkarte hinten, f 3

Sicher die erste und für den Besucher auch unterhaltsamste Einkaufsadresse in Kairo ist der **Basar Khan el-Khalili**. Dichtere Orient-Atmosphäre wird man nirgendwo sonst erleben. Scheinbar unendlich reiht sich Laden an Laden. Angeboten werden: Lederwaren, Goldschmuck, Kleidung, Schuhe, Parfüms, Teppiche, Gardinen, Souvenirs (reichlich Pharaonen-Kitsch), Spielwaren, Elektrogeräte, Obst und Gemüse, Gewürze, Fleisch.

Die Händler laden Fremde gern auf einen Tee, Kaffee oder ein Glas Limonade und auf einen Plausch in ihren Laden oder in die Fabrik um die Ecke ein – auch wenn sie keine Kaufabsicht zeigen. Noch bevor Sie einen Ton sagen, wird man Ihre Nationalität erkannt haben und erzählen, dass man entweder gerade aus dem Urlaub in Deutschland (wahlweise Österreich oder Schweiz) zurückgekommen sei oder dass der Bruder/Onkel/Freund dort arbeitet. Damit ist die Basis für ein Verkaufsgespräch bereits geschaffen.

Wenn Sie tatsächlich etwas kaufen wollen, handeln und feilschen Sie. Sehen Sie die Hälfte oder ein Drittel als Ausgangsbasis der Verhandlungen an. Gegen aufdringliche Schlepper hilft aber nur eines: stur und schweigend weitergehen.

Bab Zuweila steuert man für den Zeltmacher-Basar an, in dem die farbenfrohen Kissenbezüge, Überdecken und Wandteppiche gefertigt und verkauft werden.

Am Abend

Bars und Clubs

Bull's Eye Pub

⇢ Umschlagkarte hinten, nordwestl. a 1

Gemütlicher britischer Pub, der häufig die Bühne für Livemusik ist: Salsa, Sixties, Karaoke.

32, Sh. Jeddah, Mohandessin; Tel. 7 61 68 88

Café Curnonsky ⇢ b 1

Oben wartet eine Bar, im Erdgeschoss befindet sich das empfehlenswerte Vegi-Restaurant **L'Aubergine**.

5, Sayed el-Bakri, Zamalek; Tel. 7 38 00 80

Cairo Jazz Club

⇢ Umschlagkarte hinten, a 1

Zweimal in der Woche spielen Livebands, ansonsten läuft Musik vom Band, zu der man auch jederzeit tanzen kann.

197, 26th of July St., Mohandessin; Tel. 3 45 99 39

El-Morocco

⇢ Umschlagkarte hinten, b 3

Ägyptische Popstars, Fußballhelden und andere Prominente treffen sich hier regelmäßig zum Speisen und Tanzen. Sehen und gesehen werden lautet die Devise. Vorsicht Dresscode: Jeans- und Turnschuhträger bleiben außen vor!

El-Gezira, Gezira (auf dem Restaurantschiff Blue Nile), Nähe Cairo Tower; Tel. 7 35 31 14

MERIAN-Tipp

4 The Whirling Dervishes

Die Show der Tanzenden Derwische ist so beliebt, dass man sich neuerdings schon anderthalb Stunden vorher in die Warteschlange einreihen sollte. Gelegentlich werden Wartemarken verteilt. Zu atemberaubend rhythmischen Klängen und gesungenen Lobpreisungen Gottes wirbeln sich die Sufi-Tänzer ekstatisch in Trance. Der Eintritt ist frei!

Wekalat Al-Ghouri, Sh. Al-Azhar, an der Fußgängerbrücke 50 m westlich der Al-Azhar-Moschee; Tel. 0 12/ 2 91 20 45; Mi, Sa 20 Uhr

⇢ Umschlagkarte hinten, e 3

Hard Rock Café

⇢ Umschlagkarte hinten, b 4

Dekoriert mit den üblichen Rock-und-Pop-Devotionalien, bietet der Club auch sonst globalisiertes Entertainment mit einem Schuss ägyptischen Temperaments. Die Stimmung am Abend ist hervorragend. Regelmäßig Disco, gelegentlich Livebands.

Grand Hyatt Hotel, Corniche El-Nil, Garden City; Tel. 5 32 12 77

Le Tabasco

⇢ Umschlagkarte hinten, westl. a 3

Junge Kreative oder solche, die wenigstens eins von beiden sind, treffen sich ab 22 Uhr in Kairos stilvollster, weil nicht vor britischer Gediegenheit platzender Kellerbar mit abwechslungsreicher, guter Küche. Reservierung nötig, wenn man speisen will.

8, Midan Amman, Mohandessin; Tel. 3 36 55 83

Rithmo

⇢ Umschlagkarte hinten, c 3

Lockere britische Club-Atmosphäre; meist ziemlich voll und laut.

Semiramis InterContinental Hotel, Corniche El-Nil, Tel. 7 97 71 71

Offenkundig stolz auf seine sportliche Vergangenheit ist dieser Kairoer Barkeeper.

The Sakia

⇢ Umschlagkarte hinten, c 3

Fathy Salama und andere Musikgrößen treten hier auf. Dazu gibt es eine Buch- und Audio-Bibliothek, Ausstellungen, ein Kino und Lesungen – einmalig in Ägypten.

Unter dem Flyover Richtung Mohandessin, Zamalek; Tel. 7 36 88 81; www.culturewheel.com; tgl. ab 10 Uhr

Casinos

Fast jedes Fünf-Sterne-Hotel betreibt mittlerweile sein eigenes Casino, das allen außer Ägyptern zugänglich ist. Ägyptische Währung kann in US-$ getauscht werden; Kreditkarten werden akzeptiert. Treue Kunden sind Golfaraber, denen zwar der muslimische Glaube eigentlich Glücksspiele verbietet, bei denen jedoch der ägyptische Staat beide Augen zudrückt.

Cairo Sheraton

⇢ Umschlagkarte hinten, b 3

Midan Galaa, Dokki; Tel. 3 36 97 00

Casino of Austria

⇢ Umschlagkarte hinten, c 3

Semiramis InterContinental, Corniche El-Nil, Downtown; Tel. 7 95 71 71

Mövenpick Casino

⇢ Umschlagkarte hinten, nordöstl. f 3

Mövenpick Hotel Heliopolis, Sh. El-Horreya, Airport Road; Tel. 2 47 00 77

Diskotheken

Etliche Discos lassen nur Paare ein; Singles haben Pech. Der Musikmix ist meist gleich: Arab-Pop, Hits aus US- und Euro-Charts. Geöffnet sind die Dancefloors in der Regel ab 22 Uhr.

Exit ⇢ Umschlagkarte hinten, d 2

Dancefloor über den Dächern der City: Im 11. Stock des Atlas Opera Hotels spielen DJs erstklassigen Soul. Die beste Stimmung ist freitags, die Einrichtung ist schlicht und abgenutzt.

2, Sh. Mohamed Roshdi, nahe Opera Sqare; Tel. 3 91 81 27; tgl. ab 23 Uhr

Seit 1892 existiert die »Pharaonische Apotheke« am Bab el-Khalq Square.

Latex ⇢ Umschlagkarte hinten, c 3
Dauerbrenner im Keller des Nile Hilton Hotel. Die resoluten Türsteher weisen Single-Männer ab.
Nile Hilton Hotel, Corniche El-Nile/Midan El-Tahrir, Downtown; Tel. 5 78 04 44

Simply Red
⇢ Umschlagkarte hinten, nordwestl. a 1
Dancebar mit plüschigem Dekor, Satinkissen, viel Rot und der zweifelsohne kleinsten Tanzfläche der Stadt. Wechselnde Themennächte, zum Beispiel »80s Night« jeden Mittwoch.
2, Sh. Gol Gamal, Seitenstraße der Sh. Gameat El-Dowel El-Arabiya, Mohandessin; Tel. 3 05 72 55

Kulturelle Veranstaltungen

Arab Music Troup (Shirket El-Musika El-Arabiya)
⇢ Umschlagkarte hinten, d 3
Orchester mit Männerchor, betreut vom Kairoer Symphonieorchester. Auftritte im Gomhorriya-Theater.
12, Sh. El-Gumhuriya; Tel. 91 99 56

Cairo Ballet
⇢ Umschlagkarte hinten, westl. a 6
Zum Repertoire des Balletts, das auch an der Oper auftritt, gehören »Don Quijote«, »Giselle« und »Carmen«.
City of Arts, Pyramids Rd., Giza

Cairo Opera
⇢ Umschlagkarte hinten, b 3
Das Einzige, was in Ägypten wirklich pünktlich beginnt, sind die Opernvorstellungen. Mit etwas Glück steht dann Mozarts »Zauberflöte« in arabischer Sprache auf dem Spielplan.
Sh. El-Tahrir, Gezira, unweit des Cairo Tower; Tel. 7 37 06 01; www.operahouse.gov.eg

SERVICE

Auskunft

State Tourist Information
⇢ Umschlagkarte hinten, d 2
5, Sh. Adly; Tel. 3 91 34 54

Touristenpolizei
Tel. 3 90 60 28

Buchhandlungen

AUC Bookshop

⇢ Umschlagkarte hinten, c 3

Umfangreiche Reiseliteratur für den gesamten Nahen Osten, Belletristik und Sachbücher auf Englisch. Der Verlag der American University of Cairo (AUC) ist auch bekannt für ausgezeichnete Fachbücher über den Islam.
113, Sh. Qasr El-Aini, Downtown;
Tel. 7 97 53 77; im Aug. geschl.

Lehnert & Landrock

⇢ Umschlagkarte hinten, d 2

Die Buchhandlung wurde 1924 gegründet und verkauft deutsche, englische, französische und italienische Literatur. Der Österreicher Lehnert war ein passionierter Fotograf. Seine schönsten Bilder werden von alten sanierten Platten handabgezogen und hier ausgestellt und verkauft, mit oder ohne Rahmen. Ein ideales Geschenk.
44, Sh. Sharif, Downtown; Tel.
3 92 76 06

L'Orientaliste

⇢ Umschlagkarte hinten, c 3

Für Lithographien und ausgefallene Drucke die richtige Adresse, teuer.
15, Sh. Qasr El-Nil, Zentrum; Tel.
5 75 34 18; weitere Filiale im Shopping-Annex des Nile Hilton Hotel

Mit Stolz tragen traditionsbewusste Beduinenmädchen die Kleidung ihres Volkes.

Kirchen

Deutsche Evangelische Gemeinde

⇢ Umschlagkarte hinten, westl. a 1

9, Sh. Masgad El-Aqsa, Mohandessin;
Gottesdienste So 12 Uhr

St.-Josephs-Kirche (röm.-kath.)

⇢ Umschlagkarte hinten, b 1

4, Sh. Ahmed Sabry, Zamalek; Messe in Englisch So 18 Uhr

Medikamente

Seif Pharmacy

Apotheke mit 24-Stunden-Dienst und Anlieferung.
Tel. 7 94 26 78

Mietautos

Kairo ist der zentrale Ort für Autovermietungen, One-way-Touren sind nur gegen hohe Aufpreise für die Rückführung möglich.

Avis

Downtown; Tel. 7 93 24 00;
Flughafen; Tel. 2 91 42 88;
Nile Hilton; Tel. 5 78 04 44;
Sheraton Gezira; Tel. 7 36 15 55

Budget

Flughafen; Tel. 2 65 23 95;
Semiramis InterContinental;
Tel. 7 95 71 71, 7 35 00 70

Hertz

Flughafen; Tel. 2 65 24 30
Ramses Hilton; Tel. 5 74 44 00
Heliopolis, Mohammed Ebeid St. 1;
Tel. 2 91 82 44

Smartlimo

151, Corniche el-Nil, Kairo-Maadi;
Tel. 5 24 30 06 und 0 10/5 30 50 70,
Fax 5 24 30 09

Notruf

Feuerwehr: Tel. 1 25
Notarzt: Tel. 1 23

Besonders schön sind in Fayum die Taubenhäuser aus Lehm, die sich als regelrechte Taubenburgen präsentieren. Sie gelten als Wahrzeichen der Oase.

Polizei-Notruf: Tel. 1 22
Verkehrspolizei: Tel. 1 28 und 4 82 50 33

Verkehrsverbindungen

Bahn

Vom Ramses-Bahnhof gehen alle Züge ab: Richtung Alexandria (6–21.30 Uhr stündlich; jeweils mit 1. Klasse), Suezkanal (6–22 Uhr alle 60–90 Minuten), Luxor (10, 12, 20.15, 20.45, 22.45 Uhr; jeweils mit 1. Klasse) und Assuan (7.30, 15.45, 18.45, 19, 19.15, 19.45, 21, 22, 22.15 Uhr; jeweils mit 1. Klasse) sowie im Sommer ein Schlafwagenzug Richtung Marsa Matruh (Mittelmeer). Taxi ab Stadtmitte ca. 5 LE, Hoteltaxen haben feste Tarife.
Zugauskunft: Tel. 5 75 35 55, 7 61 70 33, 5 10 40 99; Wagon-Lit-Schlafwagenzug nach Luxor/Assuan: Tel. 5 74 94 74

Busse

Kairo verfügt über ein dichtes Busnetz. Super-Jet-Busse fahren vom **Mahatet Turguman**, Stadtmitte, hinter dem Al-Ahram Gebäude ab: Richtung Alexandria viertelstündlich 5–1 Uhr; nach Hurghada um 9, 12, 15, 23, 23.30, 24, 0.30 Uhr; Auskunft Tel. 5 76 02 61. Mahatet Abud in Schubra ist Abfahrtspunkt der Alexandria-Linien der West Delta Bus Co., jede Stunde von 7–18 Uhr.

Vom **Sinai-Bahnhof**; Tel. 4 82 47 53, starten die weniger komfortablen Busse der East Delta Bus Co. Richtung Dahab um 8.30, 14, 17.15, 24 Uhr; El-Arish 8.30, 16.30 Uhr; El-Tur/Sharm el-Sheikh 7, 8.30, 10, 14, 16, 17, 20, 23.30, 24 Uhr; Nuweiba/Taba 8, 20.30, 23 Uhr; Katharinenkloster 11.30 Uhr.

Von **El-Kolaly**; Tel. 5 74 28 14, geht es Richtung Ismailya 6–19.30 Uhr alle 45 Min., nach Port Said 6.30–19 Uhr alle 30–45 Min., Suez 6–19.30 Uhr alle 30 Min.

Die Upper Egypt Bus Co. startet ihre Busse am **Mahattit Abud** in Shobra; Tel. 4 31 67 23: nach Assuan 17 Uhr, Luxor 20.30 Uhr, Hurghada 5, 7.30, 9.30, 17, 20.30, 21.15 Uhr, ins Fayum 6–19 Uhr alle 15 Min.

Flüge
Egypt Air fliegt alle wichtigen Orte im Land mehrmals täglich an.
Egypt Air im Nile Hilton Hotel:
Tel. 5 74 73 22, 5 75 98 06;
Downtown Office: 6, Adly St.;
Tel. 3 90 09 99;
Flughafen: Tel. 2 44 14 60, 2 45 02 60, 2 45 44 00

Ziele in der Umgebung

Dahshur

S. 176, B 7

7 km südlich von Sakkara liegen die **Pyramiden von Dahshur**, von denen fünf gut erhalten sind: die Schwarze Ziegelpyramide im Norden, die Rote Pyramide (Kalkstein) von Snofru II., die Weiße Kalksteinpyramide von Amenemhet II., südlich davon die Pyramide des Amenemhet III. und die berühmte Knickpyramide von Snofru. Deutsche Archäologen fanden hier 1995 Gold und Halbedelsteine (Feldspat, Lapislazuli) des Pharao Amenemhet II. Sehenswert ist vor der Ostwand der Roten Pyramide die 3 t schwere Spitze der Pyramide (Pyramidion), einst mit purem Gold ummantelt.
35 km südl. von Kairo

Fayum

S. 176, A 7

1,5 Mio. Einwohner (gesamte Oase)

Die Oase Fayum ist im Gegensatz zu einer wirklichen Oase durch einen natürlichen Nebenarm mit dem Nil verbunden. Dieses fruchtbare Becken erstreckt sich über eine Fläche von ca. 60 x 40 km. Garten Ägyptens wird die 40 m unter Normalnull liegende Provinz genannt, die das Land mit Zuckerrohr, Reis, Mais, Wein, Oliven, Baumwolle und Datteln versorgt. Sehenswert ist **Karanis** mit zwei Tempelruinen aus der Ptolemäerzeit.

In **Crocodilopolis**, heute Vorort der Stadt Fayum, wurden laut den Beschreibungen Herodots in der Antike zahlreiche Krokodile gefüttert und verehrt – in diesem Ort stand auch der Tempel des wohlmeinenden Krokodilgottes Sobek. Bei **Illahun** mündet der Josephsfluss, jener natürliche Nilseitenarm, in den fischreichen **Qarun-See** (Birkat Qarun). Typisch für diese Region sind Holzräder, deren seitliche Tonkrüge wie Baggerschaufeln Wasser schöpfen, weiterleiten und so das Land bewässern.
106 km südwestl. von Kairo

Hotels/andere Unterkünfte

Auberge du Lac
Geschmack hatte er, der Ex-König Faruk. Eine seiner vielen Sommerresidenzen, direkt am Qarun-See errichtet, ist heute ein Hotel, das noch deutlich die königliche Handschrift trägt. Reservierung empfohlen.
Lake Qarun; Tel. 0 84/6 97 11 11 ●●●
CREDIT

Memphis

S. 176, B 6/7

Für diesen Ausflug – idealerweise mit Taxi oder Leihwagen – sollte man sich unbedingt einen ganzen Tag Zeit nehmen. Möglich ist auch der Ritt mit Kamel, Esel oder Pferd, dann ist allerdings Reiterfahrung angebracht. Die Anmietstelle liegt gegenüber dem Mena House Hotel (ca. 50 LE/Tag).

Jahrhundertelang war Memphis die glänzende Hauptstadt Ägyptens, in der die Pharaonen residierten. Hier lag nicht nur der wichtigste Hafen des Landes, sondern neben Babylon die größte Stadt der Antike. Heute sind davon nur noch Ruinen zu sehen, da ihre Bauwerke in späterer Zeit als »Steinbrüche« verwendet wurden. Zu besichtigen sind die **Tempel des Siamun**, des **Ptah** und – ebenfalls in Überresten – der **Palast des Merenptah**. Sehenswert sind außerdem der **Torso des Kolosses Ramses' II.** sowie der **Alabaster-Sphinx**.
16 km südl. von Giza

Die um 2660 v. Chr. errichtete Stufenpyramide des Djoser in Sakkara gilt als erster Monumentalbau Ägyptens und leitete die Epoche der Steinbauweise ein.

Sakkara

S. 176, B 6/7

Sakkara, südlich von Giza gelegen, gilt als großes Freilichtmuseum, das alle Epochen der ägyptischen Geschichte vereint: von pharaonischer bis koptischer Zeit. Sehenswert sind die Stufenpyramide König Djosers, das Grab der Prinzessin Idut, die Unas-Pyramide, die Mastaba des Ptahhotep sowie das Serapeum, eine Tierkultstätte für den Herrn der Fruchtbarkeit.

Die **Stufenpyramide** markiert den Beginn der Steinbauarchitektur. Pharao Djoser erbaute sie um 2660 v. Chr. als erste Pyramide überhaupt; weitere folgten. Außer dem Auftraggeber ist heute auch der sonst nie erwähnte Baumeister bekannt: Imhotep, später zum Gott erhoben, Begründer der Steinbauarchitektur. Imhotep erweiterte den Plan seines Königs, der ursprünglich nur ein schlichtes Grab in Auftrag gegeben hatte. Dreimal vergrößerte Imhotep dieses Grab, und darüber entstand eine vierstufige Pyramide auf quadratischem Fundament. Erst in einem weiteren Schritt wurde das Fundament zum Rechteck und der Bau zur sechsstufigen Pyramide erweitert.

Nahe der Cafeteria liegt das **Serapeum**, ein unterirdisches Grabmal für die als heilig verehrten Apis-Stiere, Symbole der Fruchtbarkeit. Zum Tiergottkult gehörten Mumifizierung und Bestattung in Sarkophagen. Die Deckel wiegen um die 70 Tonnen. Auf den Stelenraum folgt die über 200 m lange Galerie mit den Nischen für die Sarkophage. Sie wurden alle aufgebrochen und ausgeraubt. Nach der Beisetzung eines heiligen Tieres begann für die Priester der mühsame Teil. Sie mussten ein neues Gottkalb auf den Weiden finden, das drei Merkmale aufweist: ein weißes Dreieck auf der Stirn, eine weiße Mondsichel an Hals, Flanken sowie einen Knoten unter der Zunge. War ein solches Tier gefunden, lebte es fortan mit seiner Mutterkuh im Heiligen Stall von Memphis.

25 km südl. von Giza

Alexandria, Mittelmeer und Nildelta

Von Alexandria, »Perle des Mittelmeeres«, geht es zu einsamen Stränden und der Oase Siwa.

Das Fort Qait Bey wurde im 15. Jahrhundert aus den Resten des bei einem Erdbeben eingestürzten Pharos-Leuchtturms – in der Antike eines der sieben Weltwunder – erbaut.

Alexander der Große gründete die Stadt, unter Caesar und Kleopatra erlebte sie ihre erste Hochblüte. Dann brachten die frühen Christen über den Hafen die dritte der Offenbarungsreligionen nach Ägypten. Geblieben ist dem weltoffenen und kosmopolitischen **Alexandria** bis heute der Ruf als »Tor zur Welt«. Kultstatus erlangte die Stadt nochmals, als sich in den ersten Jahrzehnten des vergangenen Jahrhunderts westliche Bohemiens und Edel-Aussteiger am Mittelmeer dem süßen Nichtstun hingaben, Literaten wie Lawrence Durrell und E. M. Foster diese Zeit in großer Literatur, wie dem »Alexandria Quartett«, verewigten. Heute erlebt man eine quirlige Hafenstadt, die gegen Übervölkerung und Verfall kämpft – und trotz allem so unglaublich charmant bleibt. Der Kontrast zum urbanen Moloch zeigt sich im bevölkerungsreichen **Nildelta**, der Kornkammer zwischen Alexandria und Kairo. Wer aber Stille sucht, Sonne, Strand, Meer, der bricht zur westlichen Mittelmeerküste auf, wagt den Trip in die ferne Oase **Siwa**.

Alexandria

→ S. 175, F 1

6,5 Millionen Einwohner
Stadtplan → S. 73
Vorwahl: 03

Von allen orientalischen Städten ist Alexandria, 220 km nördlich von Kairo am Mittelmeer gelegen, sicher am wenigsten von der arabischen Kultur geprägt. In der zweitgrößten Stadt des Landes gibt es keinen berühmten Basar wie in Kairo, stattdessen aber einen sehenswerten **Goldmarkt**. In El-Iskanderiya, wie die Stadt auf Arabisch heißt, hat das Leben sehr viele europäische Züge, nicht zuletzt wegen der zahlreichen Bewohner aus dem europäischen Ausland, allen voran Italiener und Griechen. Das fängt schon recht augenfällig bei der Kleidung an. Nirgendwo sind weniger Frauen verhüllt oder auch nur zugeknöpft gekleidet. Die Toleranz dieser Stadt – im Jahr 332 v. Chr. von **Alexander dem Großen** gegründet – und seiner Bürger ist weithin bekannt.

Alexander der Große hatte die Stadt vor der Insel Pharos gegründet, auf der König Menelaos von Troja kommend seine Heimreise nach Sparta vorbereitete. So schildert es Homer. Schon in den unmittelbar darauf folgenden Jahrzehnten blühte die Stadt als zentraler Umschlagplatz zwischen Abendland und Morgenland. Auch als geistiges Zentrum entwickelte sich Alexandria rasch und zog Wissenschaftler, Philosophen und Gelehrte aus aller Welt an. Der Mathematiker Euklid lebte hier, sein Buch »Elemente« legte das Fundament für die Geometrie. Demetrios, ein anderer Gelehrter, begann mit dem Aufbau der berühmten **Bibliothek von Alexandria**, die einst etwa eine Million Buchrollen umfasste.

Ptolemäus II. ließ 280 v. Chr. den **Leuchtturm von Pharos** erbauen, der – ganz aus weißem Kalkstein – über 1000 Jahre Seefahrern ihren Weg wies. Der Pharos-Leuchtturm, eines der sieben Weltwunder der Antike, stürzte im 14. Jh. ein. Als letzte Ptolemäerin regierte **Kleopatra**, ehe sie 30 v. Chr. Selbstmord beging. Über Alexandria fassten die Christen in Ägypten Fuß. Als erster Bischof soll der **Evangelist Markus** hier missionarisch gewirkt haben. 451 spaltete sich hier die koptische Kirche von der Reichskirche ab. Alexandria ist bis heute Sitz des Patriarchen, des Oberhauptes der koptischen Kirche, derzeit Shenuda I.

Den Garaus machten der Stadt im 7. Jh. die Araber. Mit den Papyri der Bibliothek heizten sie ein halbes Jahr die Bäder der Stadt. Nach diesem Fanal fiel Alexandria in eine Art Dornröschenschlaf, aus dem es erst 1798 von **Napoleon** und später von Mohammed Ali, dem Vater des modernen Ägypten, geweckt wurde. Enttäuscht schrieb der Orientreisende Carsten Niebuhr im 18. Jh.: »... nichts ist übrig, was gesehen zu werden verdiente.«

Beim ausgedehnten Spaziergang durch die Altstadt kann man die unvergleichliche Atmosphäre dieser stark südeuropäisch geprägten Hafenmetropole genießen.

Besonders unter den britischen Besatzern und der Regentschaft König Faruks in den Dreißigerjahren sammelten sich in »Alex« Edel-Aussteiger aus Europa, denen Lawrence Durrell in seinem Roman »Alexandria Quartett« ein realitätsfernes, aber beeindruckendes literarisches Denkmal setzte.

Alex, wie man kurz sagt, zerfällt in zwei Stadtbilder. Am Meer zieht sich die etwa 25 km lange **Corniche** entlang, die noch ein bisschen den einstigen Glanz der stark griechisch beeinflussten Metropole widerzuspiegeln vermag. Im Sommer tummeln sich hier Wochenendurlauber aus Kairo und Langzeittouristen aus den Golfstaaten. Doch die eigentliche Stadt, die Peripherie und das Hinterland zeigen erst das wahre Gesicht der einstmals blühenden Metropole. Die unaufhörlich zuströmenden Arbeit Suchenden vom Land leben in Slums. Die Stadt wirkt wie eine morbide Schönheit, die immer noch tapfer lächelt. Allerdings: Man hat langsam begonnen, die Stadt aufzumöbeln und die Museen zu renovieren. Aber noch ist der Weg weit zur Rettung Alexandrias.

Hotels/andere Unterkünfte

Die genannten Hotels entsprechen internationalem Standard. Bad/WC, Telefon, TV und Minibar sind in den oberen Kategorien selbstverständlich.

Alexandria Renaissance

⇢ S. 73, östl. f 2

Business- und Urlaubshotel direkt an der Corniche. Ein Großteil des gesellschaftlichen Lebens der Stadt läuft hier ab und macht das Ramada ungewöhnlich lebendig: Die Oberschicht feiert hier fast jeden Abend Hochzeiten.
544, Sh. El-Gheish (Corniche), Sidi Bishr; Tel. 5 49 09 35, Fax 5 49 76 90; www.marriott.com/renaissancehotels/default.mi ●●●● CREDIT

Cecil Sofitel ⇢ S. 73, c 2

Britanniens feine Kolonialarchitektur und die gediegene Ausstattung lassen das Herz des Gastes höher schlagen. So öde die Lobby-Caféteria wirkt, so angenehm heimelig ist **Monty's Bar** im ersten Stock. Neben der Rezeption und zum Staunen: Auf einer Messingtafel sind die Unterschriften der prominentesten Hotelgäste eingeprägt: Lawrence Durrell, Somerset Maugham, Winston Churchill, Aga Khan und Omar Sharif.
Midan Zaghlul, Ramle Station; Tel. 4 87 71 73, Fax 4 85 56 55; www.sofitel.com ●●●● CREDIT

Helnan Palestine

⇢ S. 73, östl. f 2

Dieses renovierte Hotel an der Badebucht des Montazah-Palastes, etwa 25 Autominuten vom Zentrum entfernt, war lange Zeit die Nummer 1 in Alex. Ein sehr luxuriöses Haus mit ei-

Alexandria
0
900 m
Montazah-Palast, Bibliothek von Alexandria, Maamura
5
El-Atta Fort
Qait Bey Fort
Hydrobiologisches Museum, Aquarium
El-Anfushi
Moschee Abu el-Abbas
Anfushi Bay
Anfushi-Nekropole
Ras et-Tin-Palast
Shari Ras et-Tin
Ras et-Tin
Shari 26. Julyu
West Harbour
Maritime Station
East Harbour
Es-Silsila Fort
Shatbi-Casino
Shatbi-Nekropole
St. Markus
Moh. Ali
Gold-markt
Midan et-Tahrir
Mansheya
Zanquet el-Sittet
Observa-torium
El-Gumruk
Maritime Station
Shari el-Gazair
Shari Sabaa Banat
Europ. Krhs.
Sh. Saad Zaghlul
Midan Zaghlul
Sh. Safia Zaghlul
Sh. Sidi el-Mitwalli
Sh. el-Attarin
Nabi-Danyal-Moschee
Shari el-Horreya
Römisches Theater
Shari Lumomba
Main Station
Griechisch-Römisches Museum
Shari el-Gheish
Shari 26. Julyu
Shari
Sh. Abd el-Rahman Rushdi
el-Akbar
Sh. Omar Lutfi
El-Ibrahimiya
Shari Bur Said
Sh. Sidi Gabr
Sidi Gabr
Sidi Gabr Station, Montazah-Palast, Abukir, Maamura
Shari esh-Shahid
Sh. Ismail Sirri
Zoo
El-Madra
Galal ed-Disuqi Mukhtar
Shari
Sh. Menasce
Museum der Schönen Künste
Shari Muharram Bey
Kairo, Airport
Universität
Sh. Ibn el-Khattab
Royal Jewellery Museum
Shari el-Khedeiwi el-Auwal
Sh. Bab Sidra
Pompeijus-Säule, Archäolog. Park Kom esh-Shukaffa
El-Mahmudiya
El-Gabbari
Agami, Marsa Matruh
a
b
c
d
e
f
1
2
3
© MERIAN-Kartographie

Die 25 Kilometer lange Corniche ist Strandpromenade und Vorzeigemeile der Stadt.

gener Terrasse. Sonnig liegt in der Bucht gegenüber der Venezia-Strand (Eintritt 60 LE).

Montazah-Palast, El-Corniche, Montazah; Tel. 5 47 35 00, Fax 5 47 33 78 ●●●● CREDIT

Montazah Sheraton

→ S. 73, östl. f 2

Direkt an der Corniche und der Mauer des Montazah-Palastes gelegen. Ein typisches Sheraton. Eigener Strand jenseits der Uferpromenade.

El-Corniche, Montazah; Tel. 5 48 05 50, Fax 5 40 13 31; www.sheraton.com ●●●● CREDIT

Salamlek Palace → S. 73, östl. f 2

Seit 1997 können Sie im ehemaligen Herrensitz König Faruks wohnen. Man logiert in Räumen und Suiten, die zwischen 100 und 1400 US$ je Nacht kosten, und blickt auf das Meer oder den Park. Unbedingt reservieren!

Montazah-Park; Tel. 5 47 79 99, Fax 5 47 35 85; www.sangiovanni.com/elsalamlik/index ●●●● CREDIT

Delta → S. 73, östl. f 2

Neues Hotel für Geschäftsleute und Privatreisende.

14, Champollion St (nahe Alexandria Bibliothek); Tel. 4 86 55 42, Fax 4 86 51 88 ●●● AmEx VISA

Metropole → S. 73, c 2

Sauberes, älteres Hotel in landestypischer Architektur. Das Personal ist freundlich und das Hotel leider oft ausgebucht (Reservierung dringend empfohlen). Kein Alkohol im Hotel erhältlich.

52, Sh. Zaghlul, Ramle Station; Tel. 4 86 14 65, Fax 4 86 20 40 ●●● CREDIT

Acropole → S. 73, c 2

An der Rückseite des Cecil Sofitel befindet sich diese freundliche Familienpension. Lassen Sie sich von der unansehnlichen Fassade des Hauses nicht abschrecken. Man trifft hier jede Menge netter Leute aus aller Welt.

27 Ghorfat El-Tugariyya St. (Midan Zaghlul), Ramle Station; Tel. 4 80 59 80 ●

Spaziergang

Ihren Spaziergang beginnen Sie am besten am **Midan Zaghlul**, wo auch viele Busse und Trambahnen starten. Lassen Sie die Corniche hinter sich, überqueren Sie die Sh. El-Horreya, und schon sind Sie in der Sh. Saad Zaghlul, einer der Hauptstraßen von Alexandria, wo abends ein hautenges Gedränge und Geschiebe herrscht. Hier finden Sie ebenso preiswerte wie etwas teurere Geschäfte (Bekleidung, Schuhe, Parfüms, Elektroartikel – alles allerdings um etwa 10 % billiger als in Kairo). Wollen Sie Schmuck kaufen, dann fragen Sie sich nach Mansheya und dem **Souk el-Dahab**, dem Goldmarkt, durch. Nördlich der Sh. El-Gumhurriya befindet sich ein bunter **Fischmarkt**, auf dem morgens die Hausfrauen einkaufen.

Nahe dem Goldmarkt führt Sie dann der Weg durch Hinterhöfe und verwinkelte Gassen in den **Zanquet el-Sittet**, einen typischen orientalischen Basar, wie man ihn nur noch selten findet. Souvenirs, Kitsch und Trödel gibt es kaum, dafür Kurz- und Kolonialwaren aller Art: Knöpfe, Haarbänder, Kämme, Stoffe, preisgünstige Kleidung. Stoffe werden auf der Stelle zugeschnitten und gesäumt – von Schneidern, die auf uralten Singer-Nähmaschinen kleine Reparaturarbeiten sofort erledigen. Und westlich des Hauptbahnhofs kann man am **Attarin-Flohmarkt** stöbern und dort einfach, aber gut Kofta, Kebab, gefüllte Täubchen und Wachteln essen.

Kein Shopping ohne Theken-Stopp im Coffeeshop: Zweimal gibt es in der Sh. Saad Zaghlul die **Brazilian Coffee Stores**, eine 1929 gegründete Kaffeerösterei. Im Laden werden die Bohnen frisch geröstet, und an der Theke gibt es Espresso und Chocolat glacé.

Sehenswertes

Museen und Sehenswürdigkeiten sind in der Regel von 9–16 Uhr geöffnet, freitags wird häufig von 11–13.30 Uhr geschlossen.

Kom el-Shukaffa → S. 73, a/b 3

Unweit der Pompejus-Säule liegen diese größten und bedeutendsten Grabanlagen, die die Römer im griechisch-römisch-ägyptischen Mischstil in Ägypten geschaffen haben. Sie erstrecken sich über insgesamt drei Stockwerke und beinhalten unter anderem einen Raum für den Leichenschmaus und Familientreffen, eine Grabkapelle sowie aus Stein gehauene Liegebänke und Grabnischen. Die unteren Stockwerke liegen heute, nahezu 1800 Jahre nach ihrer Errichtung der Grabanlagen, zur Gänze unter (Grund-)Wasser.

Sh. Abu Mansura; tgl. 9–16 Uhr;
Eintritt 12 LE

Midan et-Tahrir (Mansheya) → S. 73, b 2

Beherrscht wird dieser lang gezogene Platz vom **Reiterdenkmal Mohammed Alis**, nach dem der Platz früher benannt war. Ferner findet man hier die Markuskirche, die Börse und den Justizpalast. Goldmarkt und Souks sind nur wenige Gehminuten entfernt.

MERIAN-Tipp

5 Bibliothek von Alexandria

Das 190 Mio. US-$ teure Gebäude sieht aus, sagen Kritiker, wie ein notgelandetes Ufo, das so gar nicht in die Skyline der Stadt passe. 160 m misst das Schrägdach, auf der Außenwand sind Schriftzeichen aus aller Welt eingemeißelt. Der Lesesaal für 2000 Besucher steigt in sieben Terrassen auf. 8 Mio. Bücher soll die Bibliothek einmal fassen, bislang sind es ca. 900 000. Gegen Eintritt (25 LE) gelangt man ins angeschlossene Planetarium.

El-Shatby Corniche; Tel. 4 83 99 99;
www.bibalex.org; So–Do 11–19, Fr, Sa
15–19 Uhr → S. 73, östl. f 2

Das Griechisch-Römische Museum ist immer einen Besuch wert, besonders angenehm sind die kühlen Säle in der Glut der Sommerhitze.

Montazah-Palast

S. 73, östl. f 2

Vom Stadtzentrum sind es gut 20 km zum einstigen Königspalast Faruks, der 1892 errichtet wurde. 1925 ließ König Fuad I. ihn im neobyzantinischen Stil erweitern. Große Teile des Palastkomplexes mit ehemals eigenem Bahnhof sind leider nicht öffentlich zugänglich. Doch auf dem zugehörigen, weitläufigen Gelände kann man am Strand baden, im Schlossgarten spazieren oder in den Restaurants rund um die Bucht einkehren.

Montazah; Eintritt in den Park 4 LE

Moschee Abu el-Abbas S. 73, b 1

Diese restaurierte Moschee ist ein Meisterwerk islamischer Architektur. Sie wurde in der zweiten Hälfte des 18. Jh. über dem Grab des muslimischen Heiligen Abu el-Abbas errichtet. Schön ist die reich geschmückte Innenkuppel. Während des Ramadans ist der Vorplatz zentraler Treff der Gläubigen. Bis tief nachts sitzt man in den Cafés, Kinder tollen in Schiffsschaukeln und fahren mit (handbetriebenen) Karussells.

El-Corniche

Pompejus-Säule S. 73, b 3

Vermutlich wurde die Säule im 4. Jh. für den römischen Kaiser Diokletian errichtet, der der hungernden Stadtbevölkerung Essen gespendet hatte. Den falschen Namen bekam sie während der Kreuzzüge, weil man glaubte, hier befände sich das Grab des Pompejus. Die Säule aus rosafarbenem Assuan-Granit ist 27 m hoch.

Sh. Amud es-Sawari; tgl. 9–16 Uhr; Eintritt 6 LE

Qait Bey Fort S. 73, c 1

Der Sultan Qait Bey ließ diese dreistöckige Festung im 15. Jh. errichten. Sie entstand aus den Steinen und an der Stelle des weltberühmten, 140 m hohen **Leuchtturms Pharos**. Dieses Welt-

wunder der Antike, um 280 v. Chr. von König Ptolemäus II. erbaut, stürzte bei einem Erdbeben im 14. Jh. ein. Derzeit werden Pläne diskutiert, vor dem Fort den Leuchtturm mit französischer Hilfe neu zu errichten – als Hotel.
Anfushi Bay; Sa–Do 9–16, Fr 8–11.30, 13.30–17 Uhr; Eintritt 20 LE

Ras-et-Tin-Palast S. 73, a 1
Nur von außen ist dieser Palast zu besichtigen, den Mohammed Ali im 19. Jh. erbauen ließ und der als offizielle Residenz der ägyptischen Könige in Alexandria diente. Der erdrückende Prunk der Innensäle symbolisierte die unumschränkte Macht der Monarchie. So war es beinahe folgerichtig, dass die Revolutionäre König Faruk hier am 26. Juli 1952 seine Abdankungsurkunde unterzeichnen ließen. Heute dient der Palast für Staatsempfänge.
Ras et-Tin (Feigenkap), Anfuschi

Römisches Theater und Underwater Museum S. 73, c 3
Nahe dem griechisch-römischen Museum wurde im Jahr 1964 ein kleines römisches Theater ausgegraben, das in zwölf halbkreisförmig angeordneten Sitzreihen etwa 750 Zuschauern Platz bot. Es ist das einzige Theater dieser Art in Ägypten. In der Freiluftausstellung sind rund 40 Statuen und Sphingen zu besichtigen, die aus dem Hafenbecken und dem Meer vor Alexandria von Unterwasserarchäologen geborgen wurden.
Nördl. der Main Station

Museen

Alexandria National Museum S. 73, d 3
1800 Exponate zur Stadtgeschichte seit prähistorischer Zeit, allesamt erstmals der Öffentlichkeit zugänglich. Beeindruckend: die Ausstellung der von Unterwasser-Archäologen gehobenen Schätze, darunter eine wundervolle Isis-Statue.
Sh. Fouad/Sh. el-Horreya; tgl. 9–16 Uhr; Eintritt 40 LE

Griechisch-Römisches Museum S. 73, c 3
In 23 Sälen werden etwa 40 000 Exponate aus der Zeit von 300 v. bis 300 n. Chr. gezeigt, darunter Marmorstatuetten, Holzfiguren, Werkzeuge, Schmuck, Münzen, Särge, Mumien, Sarkophage, koptische Keramik und Architekturfragmente. Dieses einzigartige Museum veranschaulicht, wie sich damals in und um Alexandria ägyptische Stilelemente mit römischen, christlichen und ptolemäischen verbanden und ergänzten. Ein kleiner Innenhof zum Ausruhen zwischendurch macht den Besuch hier sehr angenehm. Außerdem gibt es im Museumsgarten einen Souvenirladen. Sehenswert sind auch die Rekonstruktionen von vorchristlichen Felsgräbern und der Osiris-Kopf des Antonius.
5, Sh. Al-Mathaf ar-Rumani; Wiedereröffnung nach Renovierung für 2007/2008 geplant

Hydrobiologisches Museum S. 73, b 1
In etwa 50 Aquarien werden Fische, Muscheln, Korallen und Schwämme aus dem Mittelmeer, dem Roten Meer und dem Nil gezeigt. Der Stolz des Museums ist das 16,5 m lange Skelett eines Wales, der in den Dreißigerjahren am Strand von Alexandria gefunden wurde.
El-Corniche, nahe Anfushi Bay; tgl. 9–14 Uhr; Eintritt 20 LE

Museum der Schönen Künste S. 73, c 3
Wer sich für ägyptische Malerei interessiert, dem sei der Besuch dieses nur zehn Minuten vom Hauptbahnhof entfernten Museums ans Herz gelegt. Die meisten Werke stammen aus dem 16. bis 19. Jh. Das Museum bietet auch interessante Wechselausstellungen und organisiert eine Biennale für die Kunst des Mittelmeerraumes.
18, Sh. Menasha; Sa–Do 8–14 Uhr; Eintritt 25 LE

Royal Jewellery Museum
→ S. 73, südl. b 3
Eine ansehnliche Sammlung von Schmuckkostbarkeiten, beginnend mit Stücken aus der Zeit Mohammed Alis bis hin zu Preziosen König Faruks. Wertvollstes Stück ist eine Platinkrone mit 332 Diamanten.
21, Sh. Ahmed Yehia; Sa–Do 9–16, Fr 9–11.30, 13.30–16 Uhr; Eintritt 20 LE

Essen und Trinken

Keine Frage: Die Lage am Mittelmeer bestimmt auch die Speisekarte der Restaurants. Seit einigen Jahren halten sich einige Restaurants auf konstant gutem Niveau. Zahlreiche Cafés und Restaurants reihen sich entlang der Corniche, wobei Sie die etwas besseren in der Nachbarschaft des Midan Zaghlul finden.

China House → S. 73, c 2
Das beste chinesische Restaurant der Stadt befindet sich auf der Dachterrasse des Hotels Cecil Sofitel. Der Blick geht hinunter aufs Meer und den Hafen.
Midan Zaghlul, Ramle Station; Tel. 4 87 71 73 ●●●●

Seagull → S. 73, westl. a 3
An der Straße nach Agami befindet sich dieses Juwel eines Fischrestaurants, das eines der besten ganz Ägyptens ist. Hier bekommt man fangfrischen Fisch, delikate Langusten und Krabben in einem gepflegten Ambiente serviert. Zum Lokal gehört auch ein Mini-Privatzoo, in dem sich die Kinder ihre Zeit vertreiben können. Viele Kairoer fahren eigens für ein nettes Dinner im Seagull nach Alexandria.
El-Maqs, Agami Road; Tel. 4 40 39 18 ●●●●

Adoura → S. 73, b 1
Man wählt den Fisch und bestimmt die Zubereitung selbst.
33, Bairam al-Tonsi St.; Tel. 4 80 04 05; tgl. 0–24 Uhr ●●●

Athineos → S. 73, c 2
Auf der Karte stehen orientalische und französische Gerichte. Bereits um 8 Uhr morgens öffnet das dazugehörige Papillon-Kaffeehaus.
21, Sh. Saad Zaghlul ●●●

L'Ossobuco → S. 73, c 3
Der Begründer legendärer Kairoer In-Lokale wie des Absolute oder des Aubergine folgt auch in Alexandria seinem Erfolgsrezept: das Restaurant unten, die Bar oben im ersten Stock. Die kleine Speisekarte wechselt ständig und mixt mediterrane mit europäischen Einflüssen. Mit etwas Glück kann man Köstlichkeiten wie Falafel mit Mozzarella-Füllung probieren.
14, Sh. El-Horreya; Tel. 4 87 25 06 ●●●

Trianon → S. 73, c 2
Ein elegantes Restaurant, das vor allem wegen seines alljährlichen Sommergastes Nagib Mahfuz, Ägyptens Literatur-Nobelpreisträger, bekannt ist. Ägyptens beste Pralinen verkauft die hauseigene Konfiserie (Eingang um die Ecke). Das Kilo Pralinen kostet hier unter 30 LE.
Sh. Saad Zaghlul, Ramle Station ●●●

Abu Ashraf → S. 73, b 1
Hafenecke mit fangfrischen Spezialitäten aus dem Meer.
28 Safar Pasha (Hafennähe); Tel. 4 81 65 97; tgl. 0–24 Uhr ●●

Down Under → S. 73, südl. c 3
Säfte, Salata, Tortillas, Fingerfood, kein Alkohol – und bestens besucht.
Wataneya Grand Mall, Sharawi St.; Tel. 0 10/1 25 25 02; tgl. 12.30–1 Uhr ●●

Fish Market → S. 73, b 1
Hier bekommt man ausgezeichnete Fischgerichte. Das Personal spricht kaum Englisch– macht nichts, Sie wählen den Fisch selbst an der Theke aus.
Corniche, über dem Tikka Grill; Tel. 4 80 51 19 ●● AmEx VISA

Olé S. 73, südl. d 3
Café und Restaurant, mediterrane Küche mit spanischem Touch.
Green Plaza; Tel. 4 25 84 99; tgl. 12–2 Uhr ●●

Pastroudis S. 73, c 3
Restaurant, Café und Bar in einem ist dieses bereits im Jahr 1923 gegründete Lokal, das seine Berühmtheit Lawrence Durrells Roman »Alexandria Quartett« verdankt – und sie auch wirklich verdient. Unbedingt sollten Sie die hausgemachten Süßigkeiten probieren.
39, Sh. El-Horreya, Ramle Station ●●

Mohammed Ahmed Foul S. 73, c 2
Ein kleines Lokal, das nur durch seine arabischen Goldlettern über dem Eingang ins Auge fällt. Dort soll es, schwören viele, das beste Foul ganz Ägyptens geben.
17, Sh. Shakour Pasha ●

Einkaufen

Die meisten Geschäfte liegen zwischen Midan Zaghloul (Ramle Station) und Midan Tahrir/Mansheya. Shops für Kleider, Parfums, Schuhe und Elektronikartikel findet man eher in der Zaghloul St., während man von Mansheya aus in den sehr preisgünstigen **Gold-Souk** eintauchen kann oder in den **Zanqet el-Sittet**, den engen Basar für Kleidung, Knöpfe, Stoffe, Kämme, Hygieneartikel und jeden nur denkbaren Ramsch und Kitsch. Viele Schneider nähen hier auf vorsintflutlich anmutenden Singer-Nähmaschinen mit Pedalantrieb Kleider und Galabayas nach Maß. Einen Besuch ist auch der tägliche **Attarin-Flohmarkt** nahe dem Hauptbahnhof wert. Es ist vor allem die Attarin St., die Besucher aus aller Welt anlockt, denn die Straße ist berühmt für ihre einzigartigen Antiquitäten. Am lebhaftesten sind die Souks morgens und ab dem späten Nachmittag.

Neuere, moderne Einkaufszentren sind Carrefour, Green Plaza, Wataneya Mall und Zahran Mall.

Am Abend

Das Nachtleben spielt sich auf der Straße, am Strand und in Cafés ab. Discos gibt es, wie überall in Ägypten, fast nur in den großen Hotels, wie et-

Die zahlreichen preiswerten Garküchen und Essensstände gehören wie überall in der islamischen Welt zum typischen Bild der ägyptischen Innenstädte.

Das Kaffeehaus an der Straßenecke ist ein Mittelpunkt des gesellschaftlichen Lebens.

wa der **Black Gold Club** im Ramada Renaissance, das **Aquarius** im Montazah Sheraton und das **Dolphin** im Palestine. Doch Alexandria bietet auch eine ganze Reihe von Nachtclubs mit Livemusik und Bauchtanz. Reservierungen übernimmt in der Regel die Hotelrezeption, die auch mit dem aktuellen Programm vertraut ist. Weitere Tipps:

Far 'n' Away → S. 73, c 3
Die leicht amerikanisch anmutende Bar mit dem seltsamen Dekor (Hammer, Sichel, Tennisschläger, Slalom-Ski) bietet eine gute Tex-Mex-Küche und regelmäßig Discoabende.
Rue de Verdi, Seitenstraße der Sh. El-Horreya; Tel. 4 84 18 81

Monty's Bar → S. 73, c 2
Wer den Lärm von Discos scheut und dafür die Ruhe sucht, findet hier ein ruhiges Plätzchen in gediegener Atmosphäre.
Cecil Sofitel, Midan Zaghlul; Tel. 4 82 71 73; tgl. 18–1 Uhr

Palace Suite Night Club → S. 73, östl. f 2
Nur im Sommer, wenn das Hotel mit Arabern aus den Golfstaaten voll belegt ist, lohnt der Besuch der Shows.
Palestine Montaza Hotel, Montaza Park; Tel. 5 47 35 00; tgl. ab 23 Uhr ●●●

Sayed Darwish Theatre → S. 73, südl. d 3
Alexandrias altes Opernhaus wird nach aufwendiger Renovierung, die 10 Mio. Pfund gekostet haben soll, wieder bespielt. Karten für die Konzerte, Opern- und Ballettaufführungen besser im Vorverkauf besorgen!
22, Sh. Fouad; Tel. 4 83 95 78

Spitfire → S. 73, b 3
Charmante Seefahrer-Bar.
Rue l'Ancienne Bourse; tgl. 12–1 Uhr

SERVICE

Auskunft

Tourist Information → S. 73, c 2
Midan Saad Zaghlul; Tel. 4 80 76 11 und 4 80 79 85

Goethe-Institut/Inter Nationes
⇢ S. 73, südl. b 3
Man spricht hier Deutsch und lehrt es. Das Goethe-Institut bietet aber auch ein Forum für diverse deutsch-ägyptische Kulturveranstaltungen wie Lesungen oder Vorträge.
10, Sh. Batalsa/Rue des Ptolémés, Azarita; Tel. 4 83 98 70, Fax 4 83 48 52; www.goethe.de/alexandria

Post
Hauptpostamt ⇢ S. 73, c 2
Midan Ismail; 8–20 Uhr, danach Nachtschalter; alle anderen Postämter nur 8–15.30 Uhr

Shatby Youth Hostel
⇢ S. 73, östl. f 2
Sauberkeit wird klein geschrieben, laut ist es obendrein. Dafür kostet die Übernachtung nur wenige Pfund. Jugendherbergsausweis mitbringen!
32, Sh. Port Said; Tel. 5 92 54 59

Strände
Alexandria ist auch ein beliebter Badeort – vor allem bei den Ägyptern. Die Küste ist rund 140 km lang. Sie erstreckt sich von Abukir bis Sidi Abd el-Rahman im Westen. Unter strenger Beachtung der Kleiderordnung können Sie an jedem Strand baden gehen, wegen der besseren Wasserqualität jedoch möglichst etwas außerhalb der City. Die schönsten Flecken zum Baden sind die am Montazah-Palast (»Venezia«, Eintritt 60 LE) und die Badeplätze Sidi Bishr, Stanley Beach, Glim und Abukir (→ S. 37).

Tourist Friend Association
Wem an engeren Kontakten mit Ägyptern gelegen ist, dem helfen die »Touristenfreunde« weiter; hier werden auch kompetente Führer für Touren durch Alexandria vermittelt.
Tel. 5 50 15 81 und 5 80 02 62

Touristenpolizei
Am Hafen und am Montazah-Palast; Tel. 6 00 00 und 2 59 77

Verkehrsverbindungen
Busse ⇢ S. 73, östl. f 2
Busbahnhof **Sidi Gabr**; für alle Destinationen bekommt man hier frühestens am Tag vor der Abreise Tickets.

Bahn
Außer dem **Hauptbahnhof** gibt es noch den **Bahnhof Sidi Gabr**, an dem man aus- oder einsteigen sollte, wenn man in die östlichen Stadtteile Alexandrias will oder von dort abreist. Bahntickets werden am Hauptbahnhof und auch in Sidi Gabr einen Tag vorher verkauft. Der Schnellzug »turbini« ist meist schnell ausgebucht. Im Sommer sollten Sie Tickets mehrere Tage vor der Fahrt lösen.

Ziele in der Umgebung

Entlang der Mittelmeerküste westlich von Alexandria erwarten den Gast eine unverbaute Region, glasklares Wasser, türkisblaue Buchten und Palmenstrände. Erste Vier- und Fünf-Sterne-Hotels haben in der Gegend um Al-Alamein und Marsa Matrouh eröffnet. Vorsicht: Viele Küstengebiete wurden von den stets etwas übernervösen ägyptischen Militärs zum Sperrgebiet erklärt. Halten Sie sich deshalb unbedingt an entsprechende Hinweisschilder und Absperrungen!

Abu Mena ⇢ S. 175, F 1

In der Mareotis-Wüste an der Straße nach Marsa Matrouh liegen die Ruinen von Abu Mena. Der heilige Märtyrer Abu Meni wurde hier 296 n. Chr. begraben. In der Folgezeit errichteten die Kopten hier eine Kirche und siedelten sich an. Teile der einstigen Stadt sind gut erhalten, so die **Basilika**, das Taufbecken der **Taufkapelle** und die Grundrisse mancher Straßenzüge. Abu Mena wurde von Harun ar-Raschids Sohn im 9. Jh. zerstört.
50 km südwestl. von Alexandria

Agami und Marina

S. 175, F 1

Für die gut situierten Kreise aus Kairo und Alexandria gibt es im Sommer am Mittelmeer nur ein Ziel: Agami und Marina, ein arabisches Rimini – Ölsardinenenge an den Stränden, Highlife an den privaten und außerhalb gelegenen Ressorts, die man mit öffentlichen Verkehrsmitteln nicht erreichen kann. An der nach Westen verlaufenden Küste setzen sich die Kolonien für die ägyptischen Sommerurlauber fort.

25 km südwestl. von Alexandria

El-Alamein

S. 175, E 2

Entlang der Küstenstraße versperren dicke Mauern den Blick aufs Meer – hier liegen die neuen Ferienkolonien für Ägypter. Auf der anderen Straßenseite wird's geschichtlich. Bis hierher, rund 115 km westlich von Alexandria, drang Hitlers Wehrmacht vor. Im Spätoktober 1942 kam es zum militärischen Showdown, den die Heere der britischen Generäle Montgomery und Alexander gewannen. Durch die Schlacht wurde El-Alamein zum Symbol eines sinnlosen Gemetzels in einem noch sinnloseren Krieg. Ein **Museum** (Truppenbewegungen, Schlachtpläne, Waffen) im Ort erinnert an das Ereignis.

Außerhalb El-Alameins, bei Sidi Abdel Rahman kann man das **Deutsche Ehrenmal** besuchen. Über 4000 Gefallene des Afrikakorps ruhen hier. Rund um den Innenhof des achteckigen Mahnmals reihen sich die Grabkammern. Die Inschrift einer Basaltstele erinnert »dem Gedenken aller, die aus Meer und Wüste nicht geborgen werden konnten« – über 12 000 deutsche Soldaten. Nahe dem Ehrenmal liegt auch der **Soldatenfriedhof** der gefallenen Italiener. Die toten Alliierten wurden in El-Alamein beigesetzt. 700 Gräber finden sich dort.

110 km südwestl. von Alexandria

Hotels/andere Unterkünfte

Charmlife Spa El-Alamein
An der Ghazala Bay gelegenes sehr gelungenes Hotel am Meer.
Tel. 0 46/4 19 00 60, Fax 4 19 00 69; www.charmlifehotels.com ●●●● CREDIT

Museen

El-Alamein Museum
Um das Gebäude stehen originale Panzer und Gefährte aus dem Zweiten Weltkrieg. Drinnen gibt es Schlachtaufstellungen, Tagebücher, Ausrüstung der Soldaten zu sehen, dazu viel Statistiken, Einführung in Taktik und Finessen des Wüstenkrieges, aber auch eine seltsam anmutende Lehrstunde über die Ritterlichkeit der Soldaten aller beteiligten Nationen, die sich nach der Schlacht durchaus über Feindesgrenzen hinweg halfen.
Tgl. 9–16 Uhr

Rashid

S. 176, A 5

Ein mehrtägiger Ausflug ins Nildelta lohnt sich für absolute Ägypten-Kenner! Rosetta, das heutige Rashid, hat einen einsamen, im Grünen gelegenen Strand. Hier mündet der westliche Nilarm ins Mittelmeer. 1822 entzifferte der Archäologe Jean François Champollion (1790–1832) den berühmten **Stein von Rosetta**, jenen Dreisprachenstein, der die Deutung der Hieroglyphen erst ermöglichte.

45 km östl. von Alexandria

Siwa

S. 174, A 3

23 000 Einwohner
Vorwahl: 0 46

Über Marsa Matrouh erreicht man diese paradiesische Oase in der Libyschen Wüste, die in der Antike Heimat des **Orakels von Aghurmi** war. 6 Siwa liegt 20 m unter dem Meeresspiegel und erstreckt sich von Süden nach Norden über 30 km und von Osten nach Westen über 80 km. In Siwa

MERIAN-Tipp

6 Das Orakel von Siwa

Wie ein Magnet zog das Orakel einst die Mächtigen der Antike nach Siwa, genauer nach Aghurmi, dem damaligen Zentrum, unweit des heutigen Siwa-Stadt/Shali. Alexander der Große etwa erfuhr dort, dass er zum Herrn der Welt bestimmt sei und göttliche Verehrung erfahren werde. Für viele Jahrhunderte vergessen, ist die Oase heute sogar das Ziel der ersten Pauschalurlauber. ---> S. 174, A 3

gibt es über 200 Quellen und kleine Seen, in einigen darf man auch baden.

Mit dem Leben und der Geschichte Ägyptens haben Siwas Bewohner nur wenig gemein. Die Abgeschiedenheit hielt Eroberer fern. Das gesamte Heer des Persers Kambyses wurde im 6. Jh. v. Chr. von der Wüste ausgelöscht, noch ehe es auch nur in die Nähe Siwas kam. Bis heute ist das Schicksal der persischen Armee ungeklärt.

Das Wissen über Siwas Geschichte stammt aus einem Manuskript, das die Bewohner von Generation zu Generation fortgeschrieben haben. Zu Beginn des 13. Jh. gab es im Hauptort Aghurmi nur mehr 40 Männer mit ihren Familien. Sie gründeten die neue Siedlung namens Shali (im Siwa-Dialekt »Die Stadt«), die bis heute den Lebensmittelpunkt der Oase bildet.

610 km südwestl. von Alexandria

Hotels/andere Unterkünfte

Adrere Amellal

Öko-Herberge mit schönen Zimmern und Suiten.

Maraki Village; Tel. 4 60 12 99, Fax 4 60 17 99 ●●●

Siwa Paradise

Luxuriöse Zimmer, aber auch einfache Hütten inmitten von Palmenhainen gelegen, ein natürlicher Swimmingpool lädt zum Baden ein.

Sh. Aghurmi; Tel. 4 60 22 89, Fax 4 60 22 86; www.siwaparadise.com ●●● AmEx VISA

Cleopatra Hotel

Passable bis gute Zimmer; günstig.

250 m vom Basar; Tel. 4 60 21 48 ●●

Sehenswertes

Amun-Tempel

Von deutschen Archäologen restaurierter Tempel, von dessen antikem Orakel Alexander der Große sich die Weltherrschaft prophezeien ließ.

Oktoberfest

Jedes Jahr treffen sich beim Oktober-Vollmond Siwas Männer auf dem Berg **Gebel el-Dakrur**, um Streitigkeiten beizulegen.

Service

Tourist Information

Matrouh St.; Tel. 4 60 23 38; Sa–Do 8–14 Uhr

Wüstentouren

Trips in die Wüste vermittelt das Abdu Restaurant.

Von der Stätte des berühmten Orakels, dem Jupiter-Amun-Tempel in Siwa, sind nur noch Ruinen übrig geblieben.

Niltal und Oberägypten

Götter, Gräber, Tempel: In dieser Region liegen die grandiosen Monumente der Pharaonenzeit.

Sphinx im Tempelgelände von Luxor. Dieses den thebanischen Göttern Amun, Mut und Chons geweihte Heiligtum war durch eine Promenade mit dem Karnak-Tempel verbunden.

Luxor, Assuan und **Abu Simbel** sind die berühmten Orte Oberägyptens, wo sich die größten und mächtigsten Pharaonen in Tempeln und Gräbern Denkmäler für die Ewigkeit setzten. Das überwältigende Erbe der alten Ägypter, es raubt einem in der großen Säulenhalle von Karnak, im Tal der Könige, im Grab Tut-anch-Amuns, in Hatschepsuts herrlichem Terrassentempel und auf der Insel Philae schlichtweg den Atem.

Etwas mühsamer erreicht man die Tempel von Dendera, Abydos, Esna, Edfu und Kom Ombo. Der Weg dorthin, am leichtesten per **Nilkreuzfahrt** oder Auto, lohnt sich auf alle Fälle. Bis heute machen Archäologen hier große Funde. 2006 entdeckten deutsche Forscher 23 Statuen der Göttin Sekhmet im Tempel von Amenophis III., davor ein Mumifizierungsdepot im Tal der Könige (Grab Nr. 63).

Luxor und Theben

→ S. 180, C 15

85 000 Einwohner
Pläne → S. 87 und S. 91
Vorwahl: 0 95

Luxor, einer der ältesten Touristenorte der Welt, erlebte in den letzten Jahren dank seines engagierten Gouverneurs eine gelungene Verschönerungskur. Seit Generationen ist man hier auf Besucher eingestellt. Ein Blick genügt, und ein Basarhändler wird Ihre Nationalität erraten, Sie mit einer Wendung in Ihrer Landessprache anreden. Schon der junge Gustave Flaubert war höchst erstaunt, als ihm Mitte des 19. Jh. ein Männlein in mehreren Sprachen seine Dienste anbot.

Seinen Namen wechselte Luxor wie keine andere Stadt Ägyptens. In pharaonischer Zeit hieß die Stadt Waset, die Griechen nannten sie Thebai (nicht zu verwechseln mit dem griechischen Theben). Erst die Araber, die ab dem 7. Jh. das Land einnahmen, gaben der Stadt den Namen El-Uqsor, zu deutsch: die Paläste.

Mit dem Gott Amun, der im Mittleren Reich (2040–1610 v. Chr.) zum Staatsgott erhoben wurde, erlebte Luxor seine Blütezeit und war eine der damals größten und schönsten Städte der Welt. Unter Echnaton verlor Theben im Neuen Reich seinen Rang als Hauptstadt an Amarna; aber **Tut-anch-Amun** stellte Thebens alten Rang sogleich wieder her.

Für Luxor sollte man mindestens vier Tage einplanen, um die großartigen **Tempel von Karnak**, die Stadt Luxor selbst und die berühmten **Gräber in Theben** kennen zu lernen. »Hunderttoriges Theben«, hatte Homer über die Nilstadt geschwärmt. Und was erhalten blieb, ist noch immer imposant.

Der Aufstieg zur Weltattraktion für den Studientourismus begann mit Napoleons Ägyptenfeldzug im Jahr 1798. Im Tross hatte er ein Heer von Wissenschaftlern und Archäologen, die systematisch nach den Stätten der versunkenen Pharaonendynastien suchten. Die Tempel und antiken Monumente sind heute mit der lebendigen Innenstadt Luxors verwachsen. Über den Nil muss man setzen, will man nach **Theben**, ins Totenreich der Pharaonen, gelangen.

Hotels/andere Unterkünfte

Le Meridien → S. 87, südl. b 6

Sehr lebhaftes Hotel in guter Lage, beliebt bei Reisegruppen.

Khaled Ibn Walid St.; Tel. 2 36 69 99, Fax 2 36 56 99; www.lemeridien.com

●●●● CREDIT

Mövenpick Jolie Ville

→ S. 87, südl. b 6

Es ist keine Übertreibung, dieses Hotel auf der Nilinsel Crocodile Island als eine der schönsten Hotelanlagen Ägyptens zu bezeichnen. Die Bungalows liegen inmitten einer tropischen Gartenlandschaft mit zwei großen Pools; Bootsshuttle nach Luxor.

Crocodile Island; Tel. 2 37 48 55, Fax 2 37 49 36; www.moevenpickhotels.com

●●●● CREDIT

Old Winter Palace & New Winter Pavillon Palace ⇢ S. 87, südl. b 6
Den fabelhaft renovierten Altbau aus König Faruks Zeiten bevorzugen Gäste mit einem Faible für nostalgisches Wohnen. Der Garten jedenfalls ist eine Pracht zum Parkwandeln, der Tee-Salon absolut sehenswert.
Corniche el-Nil; Tel. 2 38 04 22; www.sofitel.com ●●●● CREDIT

Mercure Hotel ⇢ S. 87, b 5
Das Komforthotel liegt nahe dem Zentrum von Luxor. Der Coffeeshop lohnt den Besuch.
Corniche el-Nil; Tel. 2 37 33 21, Fax 2 37 0051; www.mercure.com ●●● CREDIT

Windsor Hotel ⇢ S. 87, b 5
In dem gepflegten Haus geht es familiär und locker zu; an der »Terrace Bar« am Pool serviert man fast rund um die Uhr Getränke und Snacks.
Sh. Nefertiti; Tel. 2 37 28 47 und 2 37 55 47 ●●

Nefertiti Hotel ⇢ S. 87, b 6
Auf der Dachterrasse treffen sich Traveller aus aller Welt und genießen den Blick über den Nil, besonders zum Sonnenuntergang. Die Lieblingsherberge von Rucksacktouristen in der Altstadt unweit des Luxor-Tempels ist sauber, und sie ist einfach ausgestattet: Deckenventilator, Gemeinschaftsduschen.
Karnak Temple St.; Tel. 2 37 23 86 ●

Sehenswertes

In Luxor und Karnak kann man die Distanzen zwischen den verschiedenen Tempeln zu Fuß oder mit der Pferdekutsche zurücklegen, über den Nil führen südlich von Luxor eine Brücke und eine **Touristenfähre**, die gegenüber dem Winter-Palace-Hotel ablegt. Etwas nördlich davon findet man die Anlegestellen der billigeren Fähre der Einheimischen. Um sich auf der anderen westlichen Nilseite fortzubewegen, sollte man entweder für die Dauer des Ausflugs ein Taxi mieten, nach dem Übersetzen mit der Fähre auf einem Esel reiten (ein sehr aufreibendes Vergnügen!) oder ein Fahrrad ausleihen (Hotels halten Fahrräder für ihre Gäste bereit).

Anfang 2006 galten folgende Preise: Theben-West: 60 LE, Ramesseum: 40 LE, Tal der Könige 55 LE, Grab Tutanch-Amuns 70 LE, je drei weitere Gräber 40 LE, Tal der Königinnen 50 LE, Hatschepsut-Tempel 50 LE; absolutes Fotoverbot!

Karnak-Tempel ⇢ S. 87, b/c 1
Weit verzweigte Tempelstadt – mit diesem Begriff beschreibt man am besten die Ausmaße der bedeutendsten ägyptischen Monumentalanlage, deren Bauten teilweise 2000 Jahre vor unserer Zeitrechnung entstanden. Immer wieder haben Pharaonen das Heiligtum erweitert, um Höfe, Säulensäle und Tempel zu vergrößern. Das imposanteste Bauwerk von Karnak ist der **Große Amun-Tempel**, erbaut von Ramses II. Bevorzugt ließ er sich als tollkühner Kriegsheld darstellen, der den Feind abschlachtet, als Liebling der Götter. Diese Motive finden sich auf dem Pylon.

Sehr beeindruckend ist der Weg zum **Heiligen See**, der durch die verschiedenen Tempelbezirke (Reichsgott Amun, Chons) führt und erahnen lässt, mit welcher Energie die Pharaonen einander beim Ausbau Karnaks übertrumpfen wollten.

Zu den Weltwundern zählte einst der **Große Säulensaal** mit über 130 jeweils 24 m hohen Rundsäulen. Ohne Führer sollte man diesen Tempel nicht besichtigen (Eintritt 20 LE). Eindrucksvoll ist auch die Abendführung »Sound & Light«, die mit Lichteffekten und in Form eines historischen Hörspiels die Geschichte des Tempels erläutert und auf einer Tribüne über dem Heiligen See endet.
Tgl. 7–17.30 (Winter), 7–18.30 Uhr (Sommer); Eintritt 20 LE; Sound & Light:

Luxor und Karnak
0
450 m
Tempel des Month
Tempel des Ptah & Sakhmet
Großer Amuntempel
Tempel Sethos' II
Tempel Ramses' II
Heiliger See
Shari el-Karnak
Tempel Ramses' III
Chons-Tempel
Tempel Amenophis' II
Tempel des Osiris & Ipet
Karnak
Sphingen-Allee
Tempel Amenophis' III
Tempel der Mut
Heiliger See
Tempel Ramses' III
Airport, Kairo
Shari Nahr el-Nil
(Corniche)
Mabad el-Karnak
Shari el-Matar
Nile (Nil)
Shari Ahmos
Shari
Luxor-Museum
Theben-West, Grab der Nefertari, Tal der Könige
Tourist Ferry
Tourist Ferry
Luxor
Shari Salah Salem
Shari Hatshepsut
Shari Ahmos
Sh. Yusef Hassan
Sh. Mustafa Kamel
Sh. el-Muntaza
Shari Bur Said
Shari en-Nikheili
Shari Cleopatra
Shari el-Asayta
Sphingen-Allee
Luxor-Tempel
Abu-el-Haggag-Moschee
Station
Shari el-Mahatta
Sheraton Luxor
Crocodile Island, Assuan
©MERIAN-Kartographie

Das Grab des Tut-anch-Amun ist trotz des Besucherandrangs (noch) sehr gut erhalten.

Tel. 37 22 41; Mi, So in Deutsch (Winter 17.45, Sommer 19 Uhr); Eintritt 55 LE

Luxor-Tempel → S. 87, b 6

Dieser von Amenophis III. um das Jahr 1500 v. Chr. erbaute Tempel der Gottheiten Amun, Mut und Chons wurde 1882 von französischen Archäologen ausgegraben. Mit 260 m Länge und einer Breite von 50 m ist er einer der größten Tempel der Welt. Auch hier hat sich Ramses II. verewigt. 74 Säulen gaben einst dem großen Hof sein Gesicht. Opulente Reliefs erzählen im darauf folgenden Säulengang von Prozessionen, von Volksfesten mit Musik und Tanz. Und im nächsten Hof zeigen die Reliefs Alexander den Großen, der sich wie alle Besatzer Ägyptens zum Pharao krönen ließ.

Der Besuch des Tempels beginnt am nördlichen Pylon, wo Ramses-Statuen den Eingang flankieren. In der Kapelle der Pharaonin Hatschepsut finden sich Reliefs, die den Eingangsbereich dieses Tempels in Flaggenschmuck zeigen. Nektanebos I. verband einst Luxor- und Karnak-Tempel mit einer großartigen, 3 km langen widderköpfigen **Sphingen-Allee**.

Tgl. 7–22 (Sommer), 7–21 Uhr (Winter); Eintritt 45 LE

Memnon-Kolosse → S. 91, e 4

Knapp 18 m hoch sind die beiden Sitzfiguren des Amenophis III., die einst den Eingang seines Totentempels bewachten. Beide Kolosse sind aus Sandstein, der die Namensgraffiti vieler Besucher der Antike aufweist, unter anderem auch von Kaiser Hadrian. Die Kolosse waren bereits damals berühmt, weil sie angeblich »sangen«, sobald die Sonne auf sie schien. Damals unergründlich, heute erklärbar: Der Temperaturunterschied brachte den Sandstein der Statuen an einer Rissstelle zum »Singen«. Jüngst entdeckten ägyptische und deutsche Archäologen eine dritte Statue.

Nur etwa 50 m von den beiden Memnon-Kolossen entfernt lag die Statue im schwarzen Schlamm. Die Forscher legten Wade, Knie, Oberschenkel, Arme und einen massiven Oberkörper frei. Entdeckerin Hurig Sourouzian: »Der Koloss ist in der Antike umgestürzt, dann vom Sand verdeckt worden. Einst war er Totenwächter einer riesigen Tempelanlage wie seine steinernen Zwillingsbrüder.«

Theben-West

Ramesseum S. 91, e 3

Dem Reichsgott Amun war der **Totentempel Ramses' II.** geweiht, einst eines der bedeutendsten Bauwerke Thebens, heute jedoch nur noch als Ruine erhalten. Vor der Nordwestmauer sieht man noch die Überreste einer einst riesigen Ramses-Statue aus Rosengranit, deren Zeigefinger alleine mehr als 1 m misst.

Theben-West; Eintritt 20 LE

Tal der Könige S. 91, d/e 1/2

7 Das berühmteste Gräberfeld ganz Ägyptens liegt auf der Westseite des Nils hinter einer Bergkette. Die insgesamt 63 Gräber, Ausgangspunkt der Toten für die Reise ins Jenseits, waren mit Schmuck, Gold und handwerklichen Kostbarkeiten überhäuft. An den Wänden finden sich noch heute Instruktionen für das Totenreich sowie Abbildungen der Geister und Götter der Unterwelt.

Die Stollengräber im unwirtlichen Massiv der Berge Thebens lösten die Pyramiden als Gräber ab, da jene den Pharaonen zu Recht als nicht sehr sicher erschienen. Auf eine Stele in seinem Grab ließ ein Pharao später verzweifelt seinen größten Wunsch für das Jenseits einmeißeln: »niemanden sehen und niemanden hören«.

Hier also sollte den Grabräubern, wenn es schon bei den Pyramiden nicht gelang, das Eindringen in die königlichen Gräber, das Stören der Totenruhe unmöglich gemacht werden. Es gab Irrwege, geheime Kammern, Falltüren- und -blöcke. Die Stollen der Gräber reichen bis zu 200 m weit und über 100 m tief in den zerklüfteten Kalkstein des Bergmassivs.

Doch schon bald mussten Könige umgebettet werden. Dass viele Relikte erhalten blieben, verdankt man dem Pharao Pinodjem. Er ordnete an, Schätze und Mumien aus den Gräbern an einem geheimen Ort zu verstecken. Zwar wurde auch diese mittlerweile berühmte Cachette neben dem Hatschepsut-Tempel geplündert, zum Glück erst im 19. Jh. Viele Diebesstücke aus der Cachette konnten durch die Zeitnähe geborgen oder wieder ausfindig gemacht werden.

Nur etwa ein Drittel der Gräber ist zur Besichtigung freigegeben. Regelmäßig werden nach dem Rotationsprinzip einzelne Gräber geschlossen, um sie zu restaurieren. Die Feuchtigkeit durch die Ausdünstungen der Besucher greift die Malerei an und zersetzt die tausende Jahre alten Farben.

Zu den wichtigsten Grabanlagen zählen die von Thutmosis III., Amenophis II., Ramses I., Sethos I., Ramses III., Ramses VI. und Ramses IX. Zu den kleinsten, aber faszinierendsten Gräbern gehört das 1922 von Howard Carter entdeckte Grab Tut-anch-Amuns.

Grab 9, Ramses VI.: meisterlich die Decke, ein astronomisches Himmelszelt.

Grab 17, Sethos I.: aufregender noch als Tut-anch-Amuns Grab. An den Wänden Totenrituale, Hymnen an den Gott (1. Korridor), Sonnengott Re in 75 verschiedenen Darstellungen (2. Korridor), Sethos mit den Göttern (3. Korridor), Fahrt der Sonne in das Reich der Toten (Grabkammer); den Fallschacht beachten! Er sollte Grabräuber aufhalten.

Grab 62, Tut-anch-Amun: Nirgendwo wurden bislang größere Schätze gefunden als im Grab dieses vergleichsweise unbedeutenden Pharaos. Von den vier vergoldeten Holzschreinen befindet sich allein der äußere hier im Grab mit der Mumie des Pharao. Die Wände verweisen auf Riten des Totenkults (Mundöffnung, Götteropfer, Beisetzung).

Theben-West

Tal der Königinnen → S. 91, d 3
Etwa eineinhalb Kilometer südwestlich des Tals der Könige liegt das so genannte Tal der Königinnen, der »Ort der Schönheit«, wie diese mehr als 70 Gräber einst hießen. Die meisten von ihnen sind inzwischen leider verfallen, bis auf das **Grab der Nefertari**. Keine der Grabstätten ist so gut erhalten wie diese, die der große Ramses II. für seine Lieblingsfrau Nefertari (»Die Schönste der Schönen«) schaffen ließ. Es ist zeitweise, teils sogar über Monate geschlossen. Man erkundigt sich am besten vor Ort nach den Öffnungszeiten.

Im Alter von 16 Jahren, so schwärmte Ramses, »besorgte mir mein Vater einen königlichen Harem der Schönheiten, vergleichbar mit dem seines Palasts«. Im Harem nahm Prinzregent Ramses Nefertari zur Hauptfrau. Als Ramses 1260 v. Chr. das 30. Jahr seiner Regentschaft feierte, war Nefertari bereits gestorben. Für sie schuf der Pharao das schönste aller Gräber Ägyptens. Nahezu 3300 Jahre lang betrat niemand das Grab, außer einigen Plünderern und, nach der Entdeckung im Jahr 1904, Scharen staunender Archäologen und Restauratoren.

Die Stellung Nefertaris im ägyptischen Reich und im Herzen Ramses' muss außerordentlich gewesen sein. Nefertari begleitete ihren Gemahl bei allen religiösen Prozessionen und fungierte auch als politische Beraterin. Ramses bestand sogar darauf – was höchst ungewöhnlich für einen gottgleichen Pharao war –, dass sie gemeinsam mit ihm auf den Tempelreliefs abgebildet wurde. Von den meisten Königinnen weiß man heute nicht einmal mehr die Namen.

Um die Malereien zu schonen, war die Zahl der täglichen Besucher (es lebe der Schwarzmarkt) auf 150 reglementiert worden, und man durfte maximal zehn Minuten in der Anlage verweilen – wobei obendrein 150 LE zu entrichten waren.

Tempel der Hatschepsut → S. 91, e 2
Als Terrassentempel wurde diese prächtige Anlage in einen Felsen hineingebaut. Der Tempel stammt aus dem 15. Jh. v. Chr. und wurde von Hatschepsut zu Ehren mehrerer Gottheiten erbaut. Sehenswert sind insbesondere die Reliefs am Portikus, die allerdings zum Teil in recht bedauerlichem Zustand sind. Bemerkenswert:

Der Totentempel der Hatschepsut in Deir el-Bahari entstand in 15-jähriger Bauzeit.

Die Achse dieses und des Tempels von Karnak auf der anderen Nilseite verläuft in exakt der gleichen Linie, mit nur minimaler Abweichung.

Über das Schicksal von Hatschepsuts, einer der ganz wenigen Pharaoninnen, ist nicht allzu viel bekannt. Hatschepsut heiratete nach dem Tod ihres Vaters Thutmosis I. zur Sicherung der Macht ihren Halbbruder Thutmosis II. Doch der starb früh und hinterließ als Nachfolger einzig Thutmosis III., den Sohn einer Nebenfrau. Um die Herrschaft zu übernehmen, war Thutmosis III. zu jung.

22 Jahre übernahm Hatschepsut das Amt. Ihren gerechten Anspruch auf die Würde der Pharaonin ließ sie in vielen Reliefs mit Verweis auf ihre göttliche Abstammung dokumentieren. Hatschepsut bescherte Ägypten eine kulturelle Hochzeit ohne Kriege. Wie die Pharaonin endete, ist ungewiss. Möglicherweise wurde sie von

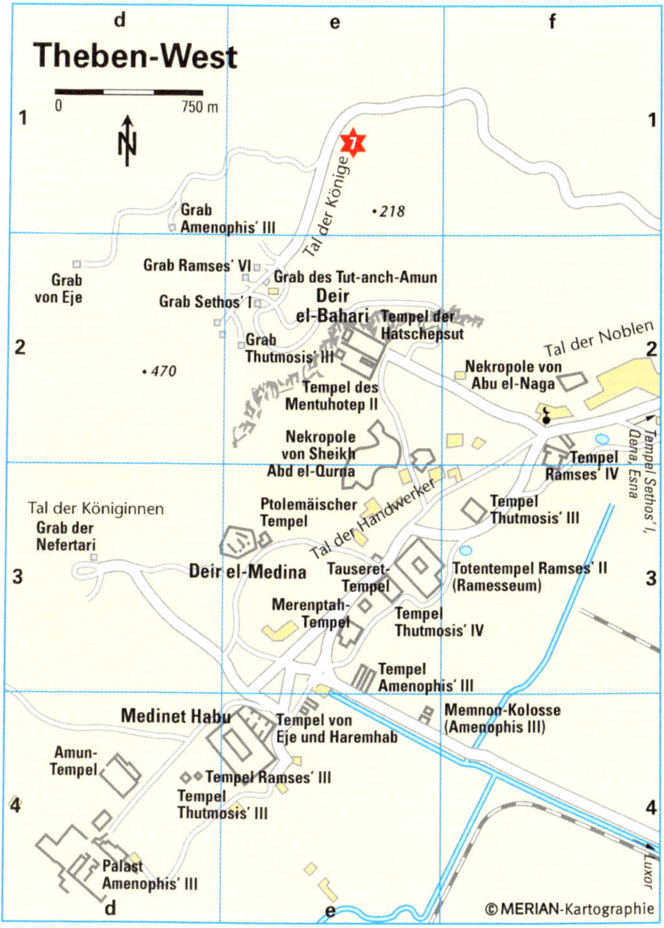

Schlichtweg überwältigend sind die Dimensionen der Tempelanlage von Karnak.

Stiefsohn Thutmosis III. aus dem Weg geräumt. Er, Thutmosis III., ließ jedenfalls den Namen der Stiefmutter tilgen und durch seinen eigenen überschreiben, womit er nach dem pharaonischen Glauben auch die Person im Jenseits ausgelöscht hatte.

Theben-West; Eintritt 40 LE

Museen

Luxor-Museum

→ S. 87, b 4

Etwa 130 Exponate aus Luxor und Umgebung zeigt das Museum an der Nilpromenade. Zu sehen sind u. a. Kalksteinreliefs, Stelen, Figuren und Illustrationen. Ganz besonders hervorzuheben sind die jüngeren Funde aus dem Tempel von Luxor.

Gleich am Eingang erwartet einen der kolossale Kopf Amenophis III. aus rotem Granit, einst Teil einer Statue. Zu den schönsten Exponaten zählen: die kolossale Granitbüste König Sesostris III., die den König mit ungewöhnlich menschlichen, nicht gottgleichen Zügen darstellt. Sehr schön ist auch die Quarzit-Sitzstatue Amenophis' III. mit dem Krokodilgott Sobek; Ramses II. tilgte den Namen Amenophis und ließ seinen eigenen einmeißeln.

Das Obergeschoss beherbergt Beerdigungsbarken Tut-anch-Amuns in detailgetreuen Modellen. Aus dem Amun-Tempel von Karnak stammt das faszinierende Relief mit Musikanten und Akrobaten, die zu einer religiösen Festivität ihre Künste darbieten.

Die »Neue Halle« des Museums widmet sich ausschließlich den Funden aus der 1989 entdeckten Luxor-Cachette. Wunderbare Exponate: die Kobra-Statue, die Figur Amenophis' III. und die Sitzstatue Amuns und Muts.

Tgl. 9–13, 17–22 (Sommer) bzw. 9–13, 16–21 Uhr (Winter); Eintritt 55 LE

Mumien-Museum

→ S. 87, südl. b 6

Hier gibt es nur eine einzige menschliche Mumie. Alle anderen Exponate sind Tiere: Katzen, die Bastet darstellen, die Göttin der Freude, Fische, die den Gott der Wiedergeburt symbolisieren. Aus Kom Ombo stammt das Krokodil, das heilige Tier des Sobek. Zu sehen sind auch die Werkzeuge (Haken, Meißel, Skalpelle, Spatel, Pinzetten), mit deren Hilfe die Mumifizierer einst die Einbalsamierung der Leichname bewerkstelligten.

Tgl. 9–13, 17–22 (Sommer) bzw. 16–21 Uhr (Winter); Eintritt 35 LE

Essen und Trinken

Orientalische ebenso wie europäische Küche der Spitzenklasse servieren alle internationalen Hotels in Luxor, sowohl à la carte als auch als Menü – und meist vom Büfett. Pro Person muss man sowohl für das Mittag- als auch das Abendessen ohne Getränke mit jeweils 30 bis 45 LE rechnen. Um einiges günstiger sind dagegen die Restaurants im Ort; hier einige Tipps:

1886 → S. 87, südl. b 6
Französisch angehauchte Küche im Hotel Winter Palace. Kerzenlicht, ein Klavierspieler – wunderbar.
Corniche el-Nil; Tel. 2 38 04 22; unbedingt reservieren! ●●●● CREDIT

Miyako → S. 87, südl. b 6
Im bislang einzigen Japaner in Oberägypten werden an Teppan-Yaki-Tischen die Gerichte vor den Augen der Gäste zubereitet. Die Küche ist exzellent. Während der Happy Hour (tgl. 17–19 Uhr) gibt es 30 % Discount auf Speisen und Getränke. Sushi-Bar.
Sonesta St. George Hotel, Corniche el-Nil; Tel. 2 38 25-75, -76, -77, -78 ●●●● AmEx DINERS VISA

Fellah's Tent → S. 87, südl. b 6
Immer dienstags kommt man per Feluke zum Dinner in das orientalische Zelt des Mövenpick Jolie Ville.
Crocodile Island; Tel. 2 37 48 55 ●●●

Green Palace → S. 87, a/b 1
Ägyptische Standardgerichte, libanesische Vorspeisen, Fischstäbchen oder Steak und Pizza – alles hervorragend zubereitet. Lassen Sie sich nicht vom schmucklosen Neubau abschrecken! Besonders lohnt das Dinnerbuffet.
Karnak Temple St.; Tel. 2 37 35 94 ●●

Tut-anch-Amun → S. 87, südl. b 6
Täglich Gemüse- und Fleischgerichte, erstklassig die Süßspeise »Om Ali«.
Corniche el-Nil ●

Restaurants auf dem Nil
Mehrere Schiffe laufen zum Lunch oder Dinner aus und steuern den Tempel von Dendera an. Wunderbar für eine Schnupperkreuzfahrt geeignet:

Le Lotus Restaurant (Novotel) → S. 87, südl. b 6
Neben dem empfehlenswerten Restaurant gibt's auch eine sehr beliebte Disco an Bord.
Corniche el-Nil; Tel. 2 38 09 23 ●●●● CREDIT

Luxor Sheraton Nile Cruiser → S. 87, südl. b 6
Corniche el-Nil; Tel. 2 37 45 44 ●●●● CREDIT

Einkaufen

Der **Souk**, das Marktviertel und Geschäftszentrum, befindet sich nahe dem Bahnhof: ein Sammelsurium von Läden, die von der Sudan-Zwiebel bis zur Galabaya alles verkaufen.

Am Abend

Der Abend beginnt, wie fast überall in ägyptischen Städten, mit einem ausgiebigen Bummel durch das Geschäftszentrum, den Souk. Discos und Bars findet man einzig in den großen Hotels. Singles, sofern es sich nicht um Hotelgäste handelt, werden häufig abgewiesen; desgleichen ergeht es Jeansträgern.

Luxor Hilton Casino → S. 87, südl. b 6
Das einzige Casino in Oberägypten. Roulette, Black Jack, einarmige Banditen. Einlass tgl. 20–3 Uhr; nur für Ausländer, Pass mitbringen!
New Karnak; Tel. 2 37 49 33

Murphy's Irish Pub → S. 87, südl. b 6
Schönes Pub.
Gawazat St.; Tel. 2 38 81 01

Pub 2000 → S. 87, südl. b 6
Meist ganz gut besucht, Happy Hour.
Khaled Ibn Walid St.; Tel. 2 37 00 76

St. Joseph Bar → S. 87, südl. b 6
Zur Happy Hour (22–23 Uhr) herrscht reges Treiben.
St. Joseph Hotel; Tel. 2 38 17 07

The King's Head Pub → S. 87, südl. b 6
Die meisten Gäste sind Briten und Holländer, Deutsche kommen eher selten hierher, trotz Löwenbräu-Biers und trotz der fünf deutschen Fernsehkanäle. Der Wirt hat sich darauf eingestellt: Jeden Sonntagmittag gibt

Farbenspiele der ganz besonderen Art bietet ein Streifzug durch den Gewürzbasar von Luxor.

es ein Roastbeef & Yorkshire Pudding Special, ansonsten Burger, Pommes, indische Küche, knapp 30 verschiedene Cocktails sowie Billardtische und an den Wänden Dart-Scheiben. Rund um die Uhr geöffnet!
Sh. Khaled Ibn el-Waled; Tel. 2 37 12 49

Tutotel Disco S. 87, südl. b 6
Eine der ganz wenigen Diskotheken Luxors, die sich nicht in einem der Fünf-Sterne-Hotels befindet.
Sh. Salah ed-Din, unweit des Hotels Novotel; Tel. 2 37 79 90

SERVICE

Auskunft
Tourist Information im Touristen-Basar S. 87, südl. b 6
Corniche el-Nil; Tel. 2 38 20 18

Buchhandlung
Aboudi Book Shop S. 87, südl. b 6
Im Touristen-Basar, nahe dem Winter Palace Hotel gelegen, gibt es in diesem Book Shop Bücher in deutscher, englischer und französischer Sprache.
Corniche el-Nil; Tel. 2 37 33 90; tgl. 9–22 Uhr, Fr Mittag geschl.

Camping
Rezaiky Camp b 4
Nahe dem Karnak-Tempel. Pool, Restaurant, Bar und Fahrradvermietung.
Tel. 2 38 14 00

Kirche zur Heiligen Familie
Gottesdienst in italienischer Sprache.
Sh. Karnak Temple; So 9 und 18 Uhr

Polizei S. 87, b 1
Tel. 2 38 20 06

Sound & Light im Karnak-Tempel
Nächtlicher Rundgang durch die 2000-jährige Geschichte des Götterbezirks. Deutsche Show: Sonntag 18 Uhr (Winter), 20 Uhr (Sommer).
Tel. 2 37 22 41; www.sound-light.egypt.com

Touristenpolizei S. 87, südl. b 6
Tel. 2 37 38 45, 2 37 21 20

Ziele in der Umgebung

Eine Vielzahl von Reisebüros und Agenturen bietet Ausflüge an, für die meist eine Buchung zwei Tage im Voraus bei der Hotelrezeption genügt. Allerdings: Bei den Tagesausflügen nach Assuan und Abu Simbel handelt es sich meistens mehr um Torturen als um Touren.

Bitte beachten Sie: Auf eigene Faust sollte man ohne Erfahrung keine Wüstentour versuchen! Die Wüste kann mörderisch sein. So empfehlenswert für Tempelbesuche Individualausflüge sind, so dringend ist für die Wüste eine organisierte Tour anzuraten. Aus Furcht vor Anschlägen können derzeit bestimmte Touren ohnehin nur nach Anmeldung bei der Polizei durchgeführt werden. Informationen gibt es vor Ort.

Abydos

S. 180, B 15

150 km nilabwärts von Luxor liegt **El-Balyana**, das häufig gleichgesetzt wird mit den 10 km entfernten Anlagen von Abydos – zur Zeit der 5. Dynastie (2700 v. Chr.) eine Art Zentralfriedhof Ägyptens. Hier vermutete man den Gott des Totenreiches Chontamenti, hier fand das religiöse Jahr in Wallfahrten und Mysterienspielen seinen Höhepunkt. Unbedingt sehen sollte man die **Tempel Sethos' I.** und **Ramses' II.** und das **Osireion**, ein Scheingrab. Der Totentempel von Sethos I. gehört zu dem Großartigsten, was die ägyptische Baukunst hervorgebracht hat. Von Sethos I. begonnen, von Ramses II. vollendet – zwölf Höfe liegen vor dem Allerheiligsten, das aus sieben Kapellen besteht. An den Wänden: Kultbilder der Götter.

150 km nordwestl. von Luxor

Dendera

S. 180, C 15

Der **Tempel von Dendera** war der Liebesgöttin Hathor geweiht. 1200 Jahre nach den Anlagen von Abydos wurde mit dem Bau begonnen, an dem noch römische Kaiser, darunter Nero, mitwirkten. Zu sehen sind ein Dutzend Krypten, detaillierte Wandbilder zum Neujahrsfest, ein Geburtshaus sowie Reste eines römischen Sanatoriums.

Zum Dach des Tempels führt eine Treppe, deren Wände die Geschichte dieser Stufen erzählen. Am Neujahrstag zog eine Prozession mit einer Hathor-Statue auf das Dach. So vereinigte sich nach ägyptischem Glauben Hathor bei Sonnenaufgang mit den Strahlen ihres Vaters, des Sonnengottes Re. Zur Besichtigung der Krypten sollte man eine Taschenlampe mitnehmen (Eintritt 35 LE).

70 km nördl. von Luxor

Edfu

S. 180, C 16

34 000 Einwohner

Der **Horus-Tempel** aus dem 3. Jh. v. Chr. gilt als einer der besterhaltenen Tempel jener Zeit, auch wenn Christen die Reliefs aus religiösen Gründen beschädigten. Geweiht war das Heiligtum am westlichen Nilufer dem falkenköpfigen Horus, seiner Gemahlin Hathor und dem Sohn Harsomotu. Am Tempeleingang befindet sich ein kleines Restaurant, daneben eine Campmöglichkeit (Eintritt 35 LE).

100 km südl. von Luxor

Der gut erhaltene große Pylon des Horus-Tempels in Edfu hat eine Breite von 68 Metern.

Assuan

→ S. 182, C 18

415 000 Einwohner
Stadtplan → S. 99
Vorwahl: 0 97

Mit dem Flugzeug mögen zwischen Kairo und Assuan nur eineinhalb Stunden liegen, in Wirklichkeit sind es jedoch Welten. Assuan wird wie Kairo vom Nil durchflossen, aber das westliche Ufer ist bereits reine Wüste. Der einst bei Engländern als **Winterkurort** beliebte Ort scheint den Menschen aufgrund des Klimas ein Leben im Zeitlupentempo aufzuzwingen. Den gebremsten Aktivismus merkt der Besucher auch daran, dass man hier weit weniger beharrlich als anderswo den Fremden Bakschisch abjagen und Dienste antragen will. Das liege, spotten die Kairoer, nur daran, dass die **Nubier**, wie die Südägypter heißen, vor der Hitze zu Lasten des Geschäfts kapituliert hätten – weswegen es auch kaum jemanden aus Kairo nach Assuan verschlägt, außer er muss unbedingt dorthin.

Durch den **Staudammbau** von Sadd el-Ali (1960–1971) verdreifachte sich die Bevölkerung in nur zehn Jahren auf 350 000 Menschen. Dies erklärt, weshalb das heutige Assuan einen recht modernen Eindruck macht, wobei die Planer erfreulicherweise darauf geachtet haben, dass Alt und Neu ohne eklatante Stilbrüche miteinander verschmelzen; Ausnahmen wie der Betonturm des Mövenpick-Hotels bestätigen auch hier die Regel.

Die meisten Reisenden sind jedoch wenig an der modernen Stadt interessiert, sondern folgen der Spur der Pharaonen. Für die alten Ägypter hatte Assuan symbolische Bedeutung: Hier, am vermeintlichen Ursprung des Nils, schien die Welt zu enden – oder zumindest verhinderten die **Nilkatarakte**, dass von Süden her Feinde eindrangen. Aus den **Steinbrüchen** der Umgebung holten die Pharaonen mit Barken den Granit, aus dem sie ihre Prachtbauten schaffen ließen. Für Aga Khan war Assuan der schönste Fleck der Welt. Er ließ sich 1957 auf einem Berg am Westufer beisetzen.

Hotels/andere Unterkünfte

Pyramisa Isis Island Hotel

→ S. 99, a 3

Der Bau ist etwas klotzig ausgefallen, dafür ist der Ausblick von den komfortablen Zimmern wunderbar.

Isis Island; Tel. 2 31 74 00, Fax 2 31 74 05

●●●● CREDIT

Mövenpick Elephantine Island Resort

→ S. 99, b 2

Das 2006 renovierte Fünf-Sterne-Hotel liegt auf der Nilinsel Elephantine und gehört zu den komfortabelsten Häusern des Landes. Fährverkehr zur Altstadt von Assuan.

Elephantine Island; Tel. 2 30 34 55, Fax 2 31 35 38; www.moevenpickhotels.com

●●●● CREDIT

Old Cataract Sofitel Hotel

→ S. 99, b 3

Das Luxushotel Old Cataract, gleich neben dem New Cataract gelegen,

MERIAN-Tipp

7 Felukenfahrt auf dem Nil

Nirgends bietet sich eine Bootsfahrt auf dem Nil mehr an als in Assuan. Eine Segelpartie, selbst nur für ein paar Stunden, gehört zu den schönsten Erlebnissen, wenn man nilaufwärts segelt und zum Sonnenuntergang wieder nach Assuan zurückkehrt. Wenn Sie mehr Zeit haben, dann sollten Sie die drei- bis viertägige Felukenfahrt bis Luxor buchen. Bei den Preisverhandlungen vereinbaren Sie, ob und wie lange Sie etwa in Kom Ombo, Edfu und Esna an Land gehen. Leisten Sie nur eine Anzahlung, so gering wie möglich – das erleichtert die Reise. Zu zahlen sind mindestens 10 LE pro Stunde. → S. 182, C 17/18

diente bereits Agatha Christie als Ort der Inspiration. Die Terrasse kann man einfach nur traumhaft nennen – mit dem Ausblick auf den Nil, die Feluken und das Aga-Khan-Mausoleum am gegenüberliegenden Ufer. Wer hier nicht absteigt, sollte wenigstens auf der Terrasse den Sonnenuntergang erlebt haben. Unvergesslich! Von 15–19 Uhr werden auf der Terrasse nur Hotelgäste bedient! Dazu immer: Mindestverzehr 15 LE pro Person.
Sh. Abtal et-Tahrir; Tel. 2 31 60 00, Fax 2 31 60 11; www.sofitel.com ●●●● CREDIT

Basma Hotel S. 99, a 4
Der moderne, eher schmucklose Bau beherbergt das einzige Hotel Oberägyptens, das konsequent Umweltstandards einhält. Dafür beschäftigt es einen Öko-Manager und wurde mit dem Green Globe ausgezeichnet. Von den Zimmern, dem Pool und den Terrassengärten genießt man einen traumhaft schönen Blick auf Assuan, den Nil und die Berge.
Gegenüber vom Nubischen Museum; Tel. 2 31 09 01, Fax 2 31 09 07 ●●● AmEx MASTER VISA

Isis Corniche Hotel S. 99, c 2
Wunderbar zwischen Corniche und Nil gelegen, die zugehörige Trattoria serviert sehr gute italienische Küche.
Corniche; Tel. 2 31 51 00, Fax 2 31 55 00 ●●● CREDIT

Ramses S. 99, c 2
Das Hotel liegt verkehrsgünstig in Bahnhofsnähe und ist sehr gepflegt.
Sh. Abtal et-Tahrir; Tel. 2 30 40 00, Fax 2 31 57 01 ●●

Hathor S. 99, b 3
Ein beliebtes Haus, das Rucksackreisende gern weiterempfehlen.
Corniche; Tel. 2 31 45 80 ●

Jugendherberge S. 99, c 2
Ordentlich, nahe am Bahnhof.
Abtal al-Tahrir St.; Tel. 2 30 23 13, 2 30 22 35 ●

Am westlichen Nilufer in Assuan erheben sich die Berge über den Bootsliegeplätzen.

SPAZIERGANG

Den Bummel durch Assuan beginnt man am besten an der **Corniche**, gegenüber der Anlegestelle der Hotelfähre zur Insel Elephantine am Isis-Hotel. Zwei Parallelstraßen weiter hat man bereits die **Sh. el-Souk** erreicht, das Geschäftszentrum, wo sich Laden an Laden reiht: handgeknüpfte Teppiche mit nubischen Motiven, Gewürzhändler, Metzgereien, Spielwaren, Souvenirs. Die Händler sind, im Vergleich zu den Kollegen in Luxor, weitaus freundlicher und unaufdringlicher.

Kleidung aus Baumwolle kauft man am besten bei Nadir Kaldas in der Sh. el-Sayidda Nafiza (Hosen, Hemden). Falls Sie den Malvenblütentee »Karkadeh« bereits lieben gelernt haben, sollten Sie bei einem der Gewürzhändler, die Sie alle paar Meter finden, ein Päckchen der getrockneten Teeblätter kaufen. Die beste Qualität kommt aus dem nahe gelegenen Sudan und ist hier am billigsten zu erstehen. In der Nachbarschaft der bereits erwähnten Fähranlegestelle liegt das Kaufhaus Benziun, wo von der Waschmaschine bis zum Lockenwickler im bunt gemixten Sortiment alles zu bekommen ist.

Sehenswertes

Alle Sehenswürdigkeiten Assuans sind in der Regel täglich mindestens von 9–16 Uhr geöffnet; die Eintrittspreise liegen bei 10 LE aufwärts.

Aga-Khan-Mausoleum ⋯› S. 99, a 3
Aga Sir Sultan Mohammed Schah (1877–1957) war das Oberhaupt der Ismailiten, einer schiitischen Sekte. Der Aga gilt als Nachkomme von Mohammeds Tochter Fatima. Sein äußerlich eher schlicht wirkendes Sandstein-Mausoleum, oberhalb der Bootsanlegestelle am Westufer des Nils und über der Villa der Begum gelegen, ist wegen der nächtlichen Beleuchtung abends am schönsten. Seit Juni 1997 ist auf Anordnung der 2001 verstorbenen Begum, die hier an der Seite ihres Mannes ruht, das Mausoleum für Besucher geschlossen.

MERIAN-Tipp

8 Sound & Light

Ein historisches Hörspiel unter freiem Himmel, visualisiert mit Lichteffekten – der abendliche Besuch der Insel **Philae** und des **Tempels Agilkia** ist ein Muss, wenn man schon in Assuan ist. Von 380 v. Chr. bis 180 n. Chr., also 560 Jahre lang, wurde an Philae gebaut, erweitert, erneuert. So viel Baulust konnte nur eine beliebte, weil vielseitige Göttin auslösen: Isis, Gottheit von Erde, Wasser, Mond, Unterwelt, Patronin der Ehe und der Liebe. Es gibt täglich zwei Vorstellungen.

Vorführung in deutscher Sprache:
So 20 Uhr (Sommer), So 18.30 Uhr (Winter); Eintritt 55 LE ⋯› S. 182, C 18

Botanische Insel (Kitchener-Insel) ⋯› S. 99, b 2
Botanikfans dürfen dieses tropische Paradies nordwestlich der Elephantine-Insel nicht versäumen. Neben Palmen, Oleander, Bougainvillea und Malven wachsen hier auch riesige Mahagonibäume, Brot- und Muskatsowie Trompetenbäume. Die Insel gehörte bis 1916 dem Oberbefehlshaber der anglo-ägyptischen Armee Lord Kitchener.

Elephantine-Insel ⋯› S. 99, a/b 2/3
Auf der Insel entstand vor über 5000 Jahren eine der ersten Siedlungen Ägyptens, deren Hafen man Assuan nannte. Im südlichen Teil der Insel fanden Archäologen Mauern eines **Tempels der Göttin Satet**, die als Göttin des Wassers verehrt wurde. Nordwestlich des Tempels sieht man die Überreste eines im Alten Reich errichteten **Tempels für den Fürsten Hekaib** sowie den **Jahwe-Tempel von Jahu**. Heute dominiert optisch leider einer der wenigen stadtplanerischen Fehltritte: der Betonturm des Mövenpick-Hotels, das neben der Fähre eigene Schiffe im Pendelverkehr mit der City unterhält. Am Ufer bei der Anlegestelle befindet sich ein **Nilometer**, das auf Marmortafeln den Pegelstand des Nils anzeigt und das schon im 1. Jh. v. Chr. vom griechischen Geographen Strabon erwähnt wurde. Man erreicht die Insel vom Philae-Hotel und vom Cataract-Hotel mit Fähren.

Kalabsha-Tempel ⋯› S. 182, C 18
Die gesamte Tempelanlage wurde ab 1961 im Auftrag der Bundesrepublik Deutschland auf dem Schiffsweg 30 km nach Norden verlegt und befindet sich heute 15 km südlich von

Assuan. Der Tempel, der dem Hochdamm weichen musste, war einst dem nubischen Gott Mandulis (entspricht dem ägyptischen Horus) geweiht. Auch der Isis-Kult hatte hier eine Tempelstätte, die über beachtliche Ausmaße verfügte.

Von einem Missgeschick zeugt der Pylon mit dem Haupttor, der versehentlich und entgegen den Berechnungen der Architekten leicht schräg zur Tempelachse gebaut wurde. Bemerkenswert: Die noch erhaltenen Säulen des Hofes tragen feine, meisterliche Kapitelle. Großartig auch die Reliefs der Vorhalle: Horus als Kind und Gott, Isis und Thot. Gut erhalten sind ebenso die Reliefs an den Wänden des inneren Tempelumgangs, zu sehen etwa Oktavian (Kaiser Augustus) in der Kleidung der Pharaonen.

Tgl. 7–18 Uhr; Eintritt 12 LE

Philae S. 182, C 18

Als Insel gibt es Philae eigentlich nicht mehr, da sie zu Gunsten des Hoch-

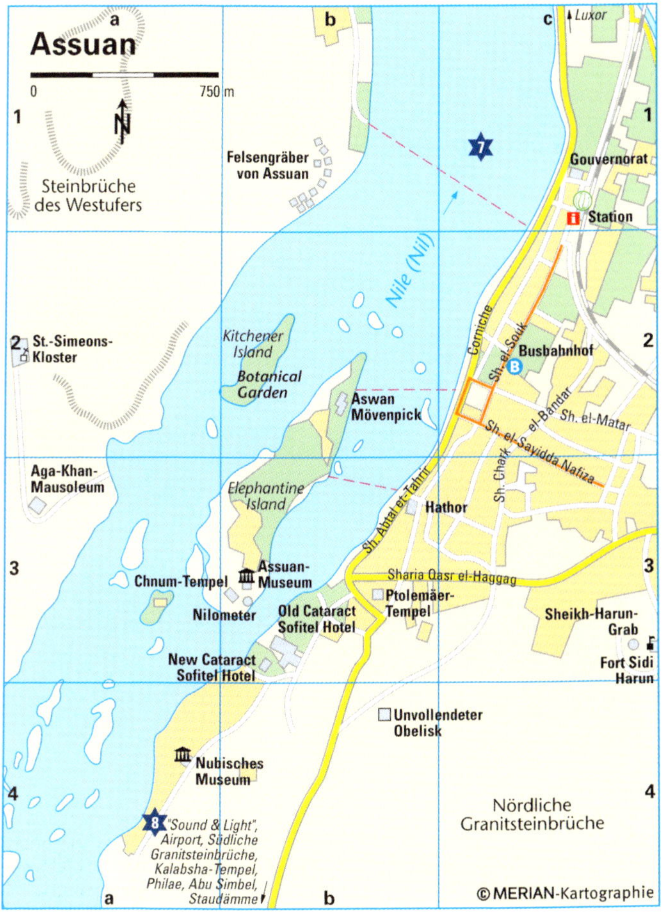

Dichtes, sattes Grün bedeckt die Kitchener-Insel, einen Garten Eden inmitten des Nil.

damms den Fluten des Nils geopfert wurde. In einer Rettungsaktion der UNESCO wurde die Tempelanlage 1979 Stein für Stein auf die Nachbarinsel Agilkia versetzt. Prunkstück der Anlage ist der **Isis-Tempel**, von dem ein Säulengang zum Pavillon des Nektanebos führt (➝ MERIAN-Tipp, S. 98; Route, S. 147).

Sadd el-Ali-Hochdamm

S. 182, C 18

Mit der Einweihung des Assuan-Hochdamms 1971 durch Präsident Anwar el-Sadat wurde eines der größten technischen Bauwerke Ägyptens in Betrieb genommen. Der neue Hochdamm liegt 10 km südlich des um 1900 erbauten Staudamms. Der Stausee (Buhairat Nasir) erstreckt sich über eine Länge von 550 km und hat eine Breite von 5–20 km. Der Wasserspiegel liegt 180 m über dem Meeresspiegel. Wegen der immensen Ausmaße des Sees mussten mehr als 100 000 dort ansässige Nubier umgesiedelt werden. Viele Denkmäler wurden versetzt, während man zahlreiche andere Monumente an Ort und Stelle stehen lassen musste. Manche der **Unterwasser-Tempel** können heute – je nach Wasserpegel – per Boot besichtigt werden.

Mittlerweile hat sich gezeigt, dass der neue Hochdamm nicht nur Vorteile, nämlich keine Überschwemmungen, mehr Bewässerungsland und bessere Ernten, mit sich bringt, sondern auch gewaltige ökologische Nachteile hat. In der Umgebung des Staudamms hat sich das Klima grundlegend verändert. Durch die erhöhte Feuchtigkeit kommt es beispielsweise gelegentlich zu schweren Regenfällen. Das »technische Herz« des Staudamms kann besichtigt werden.

St.-Simeons-Kloster

S. 99, a 2

Das St.-Simeons-Kloster aus dem 6. Jh. ist das größte koptische Kloster Ägyptens. Geweiht war es dem Lokalheiligen Anba Saaman, der im 5. Jh. lebte. An den Wänden kann man noch heute Malereien mit Christus und den Aposteln als Motiv sehen. Das Kloster, das von den Mönchen im 13. Jh. verlassen wurde, erstreckte sich über zwei Terrassen am Felshang des

Westufers. Zu Fuß erreicht man die Klosterruine vom Aga-Khan-Mausoleum aus in etwa 30 Minuten.

Unvollendeter Obelisk

⇢ S. 99, südl. b 4

Einige Kilometer südlich von Assuan liegen mehrere alte Steinbrüche aus der Pharaonenzeit. Dort befinden sich zwei unvollendete Sarkophage, eine unvollendete Statue des Osiris und ein 42 m hoher, ebenfalls unvollendeter Obelisk. Er wurde wegen mehrerer Risse im Gestein nicht fertig gestellt. Der Steinbruch wurde über 3000 Jahre lang benutzt und vermittelt einen guten Eindruck davon, wie schwer die altägyptischen Arbeiter schufteten.

Museen

Assuan-Museum ⇢ S. 99, b 3

Funde, die bis in die Epoche vor dem Jahr 4000 v. Chr. reichen. Außerdem Waffen, Keramik und Statuen aus dem Alten Reich sowie der griechisch-römischen Epoche.

Elephantine-Insel; tgl. 8–18 (Sommer) bzw. 8–17 Uhr (Winter); Eintritt 10 LE

Nubisches Museum ⇢ S. 99, a 4

Zweifellos das schönste Museum Ägyptens. In 1200 Exponaten lebt Nubiens Geschichte auf, von der prähistorischen Zeit bis zur Islamisierung. Wunderschön ist eine handgroße Isis-Statue, die den jungen Gott Horus nährt. Nubien, das alte ägyptische Wort für Gold, erstreckte sich als Reich bis tief in den Sudan, gehörte lange zur verdrängten Geschichte Ägyptens. Großartig ist die Gouverneurs-Galerie des Museums; Bauern hatten die zersplitterten Statuen 1933 durch Zufall unter einem Acker entdeckt.

Sh. Abtal et-Tahir; tgl. 9–13, 18–22 (Sommer), 9–13, 17–21 Uhr (Winter); Eintritt 35 LE

Essen und Trinken

Das Restaurantangebot – Hotels ausgenommen – in Assuan ist spärlich, zumal für den Reisenden, der sich kaum an kleinere Restaurants heranwagt. Am schönsten sitzt man in einem der Restaurants an der Nilpromenade, vor den dümpelnden Feluken, meist mit Blick auf die Elephantine-Insel und das beleuchtete Aga-Khan-Mausoleum.

1902 ⇢ S. 99, b 3

Im Jahr 1902 wurde das »1902« eröffnet, das Restaurant im Old Cataract Hotel. Hier kann man gepflegt speisen und die Atmosphäre des großzügigen, im indischen Stil gehaltenen Restaurants genießen. Reservierung ist zu empfehlen, Mindestverzehr für Nicht-Hotelgäste: 150 LE.

Sh. Abtal et-Tahrir; Tel. 2 31 60 00 ●●●● CREDIT

Aswan Moon ⇢ S. 99, c 2

Gegenüber der Bank Misr gelegen, bietet das große Restaurant reichlich ägyptische Spezialitäten, köstliche Hamburger und Alkoholika. Der Service ist jedoch ziemlich schleppend.

Corniche; Tel. 2 31 61 08 ●

Aswan Panorama ⇢ S. 99, c 2

Schräg gegenüber dem Egypt Air Office an der Corniche gelegen. Gute ägyptische Küche, große Teeauswahl.

Corniche ●●

El-Masri ⇢ S. 99, c 2

Nahe der Sh. el-Souk findet man dieses Lokal, das etwas teurer ist als die Restaurants der Corniche. Aber die kleine Speisekarte (Kebab, Kofta in diversen Variationen) hat es in sich. Bestes Fleisch, sorgfältig zubereitet – eher eine Seltenheit in Ägypten.

Sh. Matar; Tel. 2 30 25 76 ●●

Am Abend

Wegen des Nachtlebens reist wohl niemand nach Assuan. Trotzdem: In allen großen Hotels gibt es Nachtclubs. Das Programm ist meist gleich: abwechselnd Bauchtanz und nubische Folklore. Zu moderner Musik, meist aus den Euro-Charts, tanzt man in den Hoteldiscos. Wer laute Pubstimmung liebt, ist im **Pub & Disco** im New Cataract Hotel (Tel. 31 60 01) richtig. Fetzige Musik, nette Leute – auch was für allein Reisende. Der Alkohol fließt reichlich, aber sogar in der Hauptsaison ist es manchmal gähnend leer.

Hathor-Disco → S. 99, c 2
Isis Corniche Hotel; Tel. 2 31 52 00

Shasha Disco/The Pub → S. 99, b 3
Gute Musikkneipe.
New Cataract Hotel; Tel. 2 31 60 01

Osiris Disco → S. 99, a 3
Guter Platz zum Tanzen; Arab-Pop und internationale Hits.
Isis Island Hotel; Tel. 2 31 74 00

Service

Auskunft

Tourist Information → S. 99, c 1
Im Bahnhof; Tel. 2 32 32 97

Bahn → S. 99, c 1
Die Telefone der Zugauskunft und der Schlafwagen-Reservierung sind ständig besetzt oder es geht niemand ran.

MERIAN-Tipp

9 Karawanenlager

Wenige Kilometer westlich von Abu Simbel ziehen regelmäßig die Kamelkarawanen aus dem Sudan vorbei, die den Großteil ihres 40-Tage-Marsches bereits hinter sich haben. Seit Urzeiten kommen die einhöckrigen Dromedare aus dem Süden über den **Darb el-Arba'ein**, den »Weg der 40 Tage«, nach Ägypten. Etwa 20 km außerhalb Abu Simbels an der Straße nach Assuan stößt man auf einfache Hütten aus Strohballen und Blechtonnen. Hier halten die Karawanen vor dem Weiterzug nach Daraw, die Tiere werden gefüttert. Gegen Bakschisch schöne Fotomotive. → S. 182, A 19

Lieber selbst zum Bahnhof gehen oder die Hotelrezeption mit der Buchung beauftragen!

Camping → S. 99, südl. b 4
In der Nähe der Steinbrüche mit dem unvollendeten Obelisken

Touristenpolizei
Tel. 2 31 64 36

Ziele in der Umgebung

Abu Simbel → S. 182, A 19

Die mehr als 3000 Jahre alte **Tempelanlage von Ramses II.** liegt 280 km südlich von Assuan. Erbaut wurden die beiden Tempel dicht am Nil, als Machtdemonstration des Pharao, der den großen Ramses-Tempel Amun-Re und Re-Harachte weihte, während der kleinere **Hathor-Tempel** der Göttin Hathor und Nefertari, der Ehefrau Ramses' II., geweiht war.

Seit 1968 stehen die beiden Tempel knapp 200 m weiter landeinwärts und 60 m höher, nachdem sie wegen des Staudammbaus in dreijähriger Arbeit Stein für Stein versetzt worden waren. Dafür mussten die Tempel in 20-Tonnen-Blöcke zersägt, abgetragen und zum neuen Standort verfrachtet werden. 40 Mio. US$ kostete das Unternehmen, mehr als 17 000 Blöcke wurden bewegt. Ein internationales Baukonsortium mit 40 Ingenieurteams setzte das von der UNESCO geleitete Projekt in die Tat um. Dabei wurde auch auf eine mathematische Meisterleistung von Ramses II. geachtet, nämlich das Lichtspiel der aufgehenden Sonne (zu sehen immer am 22. Feb. und 22. Okt.).

Die ersten Strahlen fallen an diesen Tagen ab 5.58 Uhr durch das Eingangsportal und einen 65 m langen Gang genau so in das Allerheiligste, dass der Gott Ptah keinen einzigen Strahl abbekommt, die Götter Amun

Imposant erhebt sich die Tempelanlage Ramses' II. bei Abu Simbel, die 1968 vor den Fluten des Assuan-Stausees gerettet und 200 Meter landeinwärts versetzt wurde.

und Re-Harachte je sechs Minuten im Licht sitzen und Ramses II. schließlich zwölf Minuten im Sonnenlicht erstrahlt. Zwischen den Kolossen (20 m hoch), die alle Ramses darstellen, führt das Portal in den Tempel mit zwei Pfeilerhallen. Die Wandbilder verherrlichen Ramses; seit 2000 gibt es auch hier eine Sound & Light Show. Beide Tempel dokumentieren die Macht, die sich im 13. Jh. in der Person des Pharao vereinte.

Abu Simbel war einst von großer Bedeutung als Tor zu Nubien und zum restlichen afrikanischen Kontinent. In Nubien, das einen Goldtribut an Ramses II. abzuführen hatte, lagen die Goldminen, die Quellen des ägyptischen Wohlstands. Abu Simbel signalisierte in seiner Monumentalität: Fordere keiner den Pharao heraus!

Für die Anreise nach Abu Simbel empfiehlt sich das Flugzeug. Plätze sind in der Wintersaison rechtzeitig zu buchen. Reisegruppen bleiben meist nur für wenige Stunden in Abu Simbel, das aber durchaus zu einer Übernachtung in einem der beiden Hotels einlädt. Der Eintritt zum Tempel beträgt 50 LE.

280 km südwestl. von Assuan

Hotels/andere Unterkünfte

Abu Simbel Seti Hotel

Es ist das einzige Hotel in Tempelnähe mit beeindruckendem Blick auf den riesigen Nasser-Stausee – und auch sonst empfehlenswert: Natursteinbungalows, die sich behutsam in die Landschaft einfügen, geräumige klimatisierte Zimmer, Swimmingpool.

Abu Simbel; Buchung und Informationen über Kairo; Tel. 0 97/7 36 98 20, Fax 7 35 24 19 ●●● AmEx VISA

Nefertari

Wer ein paar Tage Ruhe sucht, der liegt in dieser großzügig angelegten Hotelsiedlung mit ihren kleinen Bungalows goldrichtig.

Abu Simbel; Tel. 0 97/40 05 09 und 40 05 01 ●● AmEx VISA

Daraw

S. 182, C 17

44 km nördlich von Assuan findet nur mehr gelegentlich der **Kamelmarkt** statt, der auch für Besucher zugänglich ist. Daraw ist der größte Markt dieser Art in Ägypten und der beste Ort, um sudanesischen Kameltreibern zu begegnen, die mit ihren Karawanen in 40 Tagen hierherziehen (→ MERIAN-Tipp, S. 28). Die Tiere, oft erschöpft von der Reise, werden erst als Arbeitstiere an Bauern verkauft, um später im Schlachthof zu enden.

40 km nördl. von Assuan

Kom Ombo

S. 182, C 17

70 000 Einwohner

Berühmt wurde das Gebiet nördlich von Assuan, weil ungefähr 100 000 Nubier wegen des Staudammbaus ihre Siedlungen verlassen mussten und in den Sechzigerjahren hierher umgesiedelt wurden. Man legte die Dörfer in der gleichen geografischen Ausrichtung zueinander wie in Nubien. **Kom Ombos Tempel** aus der ptolemäischen Ära liegt außerhalb der Stadt über dem Nil. Als Doppeltempel stellt er eine Einmaligkeit dar: Kom Ombo war zwei Göttern gewidmet, dem Krokodilgott Sobek und dem falkenköpfigen Haroëris. Die Gleichwertigkeit Sobeks und Haroëris' floss in die Struktur des Tempels ein, man baute ihn symmetrisch: links der Teil für Haroëris, rechts für Sobek. Jedem Gott gehörte ein eigenes Allerheiligstes.

Der Sobek-Kult Ägyptens kennt verschiedene Varianten. Während der Krokodilgott Sobek in der Oase Fayum als höchster Gott verehrt wurde, galt das Krokodil in Oberägypten als Erscheinungsform des einfachen Gottes Seth. Die Verehrung des Krokodils, wie sie unübertroffen in Kom Ombo geschah, sollte die gefährlichen Nilbewohner milde stimmen.

Auf den Säulenstümpfen im Hof erkennt man noch farbige Reliefs, die den römischen Kaiser Tiberius (14–37 n. Chr.) zeigen, wie er den Göttern Lotusblumen, Kühe, Wein, Brot opfert. Durch verschiedene Vorsäle gelangt man zu den Resten der Allerheiligsten von Sobek und Haroëris.

50 km nördl. von Assuan

Freundlichen Tempelwächtern begegnet man nicht überall, die bei Kom Ombo zeigen sich jedoch von der nettesten Seite.

8 Nilkreuzfahrt – Den Göttern entgegen

Eine Schiffsreise auf dem längsten Fluss der Welt ist ein unvergessliches Erlebnis.

Der Nil ist bis heute eine der wichtigsten Verkehrsadern Ägyptens. Im heißen Hochsommer – in der touristischen Flaute – liegen die meisten Schiffe in der Werft. Sie werden dort überholt und gewartet. Nilkreuzfahrten in den klimatisch angenehmen Monaten (Sept./Okt. bis April/Mai) verlangen dagegen Buchungen weit im Voraus. Den Nil kann man sowohl flussabwärts als auch flussaufwärts befahren. Zwischen Assuan und Kairo erstreckt sich die längste Fahrt auf 12 Tage. Sehr beliebt ist auch die Teilstrecke Luxor–Assuan (3–4 Tage). Um die 650–1500 € kosten diese Reisen (Flug inkl.). Wer vor Ort in Kairo bucht, ist mit 4 Nächten/3 Tagen ab 300 € oder weniger dabei.

Etliche Nilkreuzfahrten bieten sogar einen Balkon vor jeder Kabine, fast alle einen kleinen Pool auf dem Sonnendeck. Abgelegt wird von Luxor, wo an der Nilpromenade die weißen Riesenpötte in Zehnerreihen nebeneinander vertäut sind. Man läuft, wenn man auf das äußerste Schiff eingebucht ist, erst einmal durch neun andere Kreuzer. Aber keine Sorge – wieselflinke Gepäckträger reißen einem schon am Ufer die Koffer aus der Hand und verschwinden über die Gangway im ersten Schiffsbauch.

Kleiderordnung: locker & bequem

Nilreisen sind keine schicken Kreuzfahrten wie auf den Weltmeeren, bei denen einen adrette Stewards hofieren und der Käpt'n zum Captain's Gala-Dinner lädt. Smoking und Cocktailkleider wären hier das falsche Outfit, nicht nur weil die »Rais« selbst, die Präsidenten, wie sich ägyptische Kapitäne nennen, als Dienstkleidung oft einen Wickelturban und die »Galabaya« bevorzugen, den traditionellen Kleidrock. Beim Dinner im Restaurant ist den Herren lediglich langes Beinkleid empfohlen – »nix kurze Hose«, wie es eine Reiseleiterin gerne erklärt, bevor sie vor jeder Nahrungsaufnahme außerhalb des Schiffes warnt.

Nilschiffe sind die bequemste Art, einige der abgelegenen Tempel zu erreichen: das ptolemäisch-römische Esna, geweiht dem Schöpfergott Chnum; den Horus-Tempel von Edfu (→ S. 95); Kom Ombo (→ S. 105), Heiligtum des krokodilköpfigen Gottes Sobek.

Eine Fahrt auf dem Nil hat die Beschaulichkeit eines Bummelzuges. Das Schiff zieht nach Luxor gemächlich vorbei an satten grünen Feldern, auf denen Wasserbüffel den Pflug ziehen; vorbei an Dörfern, von denen aus Kinder johlend winken. Frauen schrubben im Nil ihre Wäsche. Und die Kellner an Bord servieren Fruchtcocktails und Tee. Je weiter die Fahrt nach Süden geht, umso mehr frisst sich die Wüste an den Nil heran, verdrängt kräftiges Ockergelb fahler werdendes Grün. Nur mehr einzelne Dattelpalmen säumen das Ufer, hinter dem die Luft über der Wüste flimmert. Und die Kapitäne liefern sich auf einzelnen Streckenabschnitten kleine Wettrennen im Mofa-Tempo.

Der schwimmende Basar

Nur einmal wird die Beschaulichkeit gestört, wenn vor der Fahrt durch die einzige Schleuse, die alle Schiffe sieben Meter hebt, Händler in kleinen Booten angepaddelt kommen und seitlich anlegen. Galabayas fliegen von den Nussschalen auf dem Nil aufs Oberdeck, während die Händler wild durcheinander rufen: »good price«, »very cheap«. Eingerollte Geldscheine fliegen in die entgegensetzte Richtung. Ein schwimmender Jahrmarkt. Eine Galabaya, das impft jeder Reiseleiter schon bei Fahrtantritt ein, die braucht der Nilreisende. Denn am Abschiedsabend ist meist die Galabaya-Party angesagt. Eine dralle Bauchtänzerin zeigt viel Haut und Busen und wippt auf hohen Absätzen mit den Hüften. Bei der anschließenden Polonaise durch den Salon und über die Außendecks sind meist ältere Herren am eifrigsten dabei. Mutige Galabaya-Verweigerer verkrümeln sich dann erfahrungsgemäß an die Bar.

So erreicht man schließlich Assuan (→ S. 96). Für die Ägypter der Antike hatte der Ort symbolische Bedeutung. Hier wähnte man den Ursprung des Nils. Herodot berichtete, bei Assuan lägen die Berge Knophi und Mophi. Dort entspringe der Nil in zwei Quellen. Eine fließe nach Süden, die andere nach Norden durch Ägypten. Als der Grieche dann vor Ort selbst forschte, fand er zwar die Quellen nicht, dafür aber die sichere Erkenntnis, dass der Nil wohl von weither komme – wegen der Hitze und der Wüste leider unerreichbar weit.

Eine Nilkreuzfahrt ist zweifellos die stilvollste Art, das Land zu bereisen.

Sharm el-Sheikh und der Sinai

Hier empfing Moses die Zehn Gebote. Heute pilgern Urlauber zu den Traumstränden des Sinai.

In der sichelförmigen Naama Bay befindet sich die Amüsiermeile von Sharm El-Sheikh – im Vordergrund das Hard Rock Café.

An der Küste des Golfes von Aqaba liegen die großen Badeorte des Sinai: Sharm el-Sheikh, Dahab, Nuweiba und Taba. Jeder dieser Plätze hat seinen eigenen unverwechselbaren Charakter. **Sharm**, wie man kurz sagt, ist das pulsierende Zentrum mit den höchsten Besucherzahlen, quirligem und kunterbuntem Nachtleben. In **Dahab** ist es ruhiger, vergleichsweise beschaulich. Die Freaks, die den Ort berühmt gemacht haben, sind inzwischen Richtung Nuweiba abgezogen. Dort gibt es immer mehr Camps und Hüttendörfer, aber auch die aus dem Erdboden gestampfte Hotelansiedlung namens **Taba Heights**.

Für den Urlauber ist der Sinai aber nicht nur wegen des Meeres, der Tauch- und Surfreviere spannend. Im Zentralsinai wandelt man auf historischen Spuren. Am kleinen Bistum des **Katharinenklosters** erhebt sich der **Mosesberg**. Nach biblischer Überlieferung empfing dort Moses von Gott die Zehn Gebote. Die Besteigung des Berges sollte man nicht verpassen, und auch für einen Ausflug in die Wüste oder zu einer Oase bietet es sich an, dem Meer gelegentlich den Rücken zu kehren. Es lohnt sich!

Sharm el-Sheikh

S. 117 E 13

31 000 Einwohner
Vorwahl: 0 69

Auf der breiten mehrspurigen Peace Road fährt man ins Zentrum von Sharm el-Sheikh. Peace, Frieden – genauer das Ringen um eine Lösung im Nahostkonflikt rückte Sharm el-Sheikh immer wieder als Austragungsort von **Gipfeltreffen** in den Fokus des Weltinteresses. Frieden herrscht noch immer nicht, aber der Ort nutzte die kostenlose Publicity, um – neben Hurghada – zum wichtigsten Ort des ägyptischen Badetourismus aufzusteigen. Zu den früher zahlenmäßig dominierenden Touristen aus Italien, Deutschland, Österreich, der Schweiz und Israel sind inzwischen Urlauber aus dem übrigen Arabien und der Levante dazugekommen. Zudem finden sich mehr und mehr Besucher aus Skandinavien sowie den baltischen und osteuropäischen Ländern ein – das merkt man spätestens im pulsierenden Nightlife.

Sharm el-Sheikh war über Jahrhunderte hinweg nur ein Beduinen- und Fischerdorf. Die moderne Geschichte beginnt 1967. In der Folge des Sechs-Tage-Krieges von Israel besetzt, wurde mit dem gesamten Sinai auch Sharm, wie es kurz genannt wird, israelisch. Armeepioniere, später Sporttaucher und Campingurlauber erkannten den Reiz dieses Fleckens an der Südspitze des Sinai. Der wirkliche Aufstieg zum Tourismusmagnet konnte aber erst mit der Rückgabe des Sinai an Ägypten 1982 beginnen. In den ersten Jahren schlugen fast nur Camper ihre Zelte neben frei laufenden Kamelen auf, wo heute Fünf-Sterne-Hotels mit Pool, mit importiertem Rasen und Palmen die ovalförmige Naama Bay säumen.

Etwa 29 000 Touristenbetten zählte der Ort 2006. Bis zum Jahr 2010 sollen es mehr als 60 000 sein. Um alleine die Masse der An- und Abreisenden bewältigen zu können, wird derzeit ein neuer internationaler Flughafen vollendet, der das momentane Chaos bei Ankunft und Abreise beenden soll.

An der **Naama Bay**, zuletzt grundlegend erneuert und verschönert, flaniert man am Abend in einer charmanten Fußgängerzone mit Cafés, Kneipen und Restaurants von McDonald's bis zum Libanesen. Die Gegend um den Rundbau des Naama Shopping Centers ist der ideale Platz für den Abend vor dem Aufbruch in die Disco-Nacht, die für ausdauernde Nachtschwärmer erst mit dem Sonnenaufgang endet.

Die Tage gehören hier aber eindeutig dem Strand und dem Meer.

Die Kioske der perfekt organisierten örtlichen Wassersportindustrie fordern die Strandurlauber zu Trips mit dem Glasbodenboot auf, zum Wasser- und Jetski, zum wilden Gruppenritt auf der Wasserbanane, zum Kitesurfen oder zum Flug mit dem vom Motorboot gezogenen Gleitschirm.

HOTELS/ANDERE UNTERKÜNFTE

Sharm el-Sheikh ist der teuerste Badeort Ägyptens. Individualtouristen zahlen ungleich mehr als das Gros der Pauschalurlauber. Günstigere Unterkünfte liegen meist weit vom Strand entfernt.

Domina Prestige Coral Bay
Geräumiges Haus; in der hoteleigenen Beautyfarm unterzieht der Gast seinen geschundenen Körper diversen Wellness-Kuren (u. a. Thalasso).
Sheikh Coast Bay; Tel. 3 60 16 10, Fax 3 60 08 43; www.dominacoralbay.com ●●●● CREDIT

Four Seasons
Das Spitzenhotel von Sharm el-Sheik, die Zimmer sind anspruchsvoll möbliert. Fantastischer Blick über die Straße von Tiran.
1, Four Seasons Boulevard; Tel. 3 60 35 55, Fax 3 60 30 50; www.fourseasons.com/sharmelsheikh ●●●● CREDIT

Hyatt Regency
Eines der schönsten und modernsten Hotels von Sharm, weitläufige Anlage, große, komfortable Zimmer, Riesenpool mit kräftigem Strömungskanal; Strand und Meerzugang sind allerdings etwas klein ausgefallen.
The Garden's Bay; Tel. 3 60 12 34, Fax 3 60 36 00; www.sharm.hyatt.com ●●●● CREDIT

Hilton Fayrouz
Liebevoll gepflegte und gehegte, idyllische Gartenanlage; geräumige Bungalows mit Gartenterrasse.
Naama Bay; Tel. 3 60 01 37, Fax 3 60 10 43; www.hilton.com ●●●● CREDIT

Marriott Beach Resort Sharm
Das Hotel hatte bei unserem jüngsten Besuch leider ein Management, das offenbar weder der Schulung und Freundlichkeit des Personals noch der Qualität der Zimmer sonderliche Beachtung schenkt.
Naama Bay; Tel. 3 60 01 90, Fax 3 60 01 88; www.marriott.com ●●●● CREDIT

The Ritz Carlton
Geheizter Swimmingpool in den frischeren Wintermonaten. Im Spa Ölbäder à la Kleopatra, in unmittelbarer Nähe ein 18-Loch-Golfplatz.
Om el-Seed; Tel. 3 66 19 19, Fax 3 66 19 20; www.ritzcarlton.com/resorts/sharm_el_sheikh ●●●● CREDIT

Sonesta Beach Resort
Kleiner Strand, schöne Schwimmbecken. Der Service ist vorzüglich.
Naama Bay; Tel. 3 60 07 25, Fax 3 60 07 33; www.sonesta.com/egypt_sharmresort ●●●● CREDIT

Conrad International
Alle Zimmer mit Blick aufs Meer; das hauseigene Riff ist gut zum Schnorcheln geeignet.
Ras Nasrani; Tel. 3 67 05 85, Fax 3 67 05 80; www.conradhotels.com ●●●● CREDIT

Mövenpick Jolie Ville Sharm
Das Hotel ist eine riesige Anlage; Gäste aus der »Sports Area« jenseits der Hauptstraße erreichen den Strand erst nach einem Fußmarsch. Bei der Zimmerbuchung besteht man folglich besser auf Unterbringung in der »Front Area«. Der Strand ist leider sehr klein geraten.
Naama Bay; Tel. 3 60 01 00, Fax 3 60 01 11; www.moevenpick-hotels.com ●●● CREDIT

Cataract Layalina
An der Fußgängerzone gelegen. Nett ausgestattete Zimmer, mit kleinem Privatstrand.
Naama Bay; Tel. 3 60 02 80, Fax 3 60 02 82 ●●● CREDIT

An der malerischen Naama Bay reiht sich ein luxuriöses Hotel an das andere.

Camel Hotel
Familiäre Atmosphäre, zentral gelegen, ruhig. Behindertengerechte Zimmer vorhanden. Die Tauchlehrer des Camel Dive Centers bilden auch Behinderte aus.
Naama Bay; Tel./Fax 3 60 07 00; www.cameldive.com ●● CREDIT

Falcon al-Diar Hotel
Saubere und günstige Zimmer; schöner Swimmingpool.
Naama Bay; Tel. 3 60 08 27, Fax 3 60 08 29; www.falcon-hotels.com ●●

Pigeon's House
Einfaches, sehr gemütliches Haus; oft von Jugendgruppen belegt; besser frühzeitig reservieren.
Naama Bay; Tel. 3 60 09 96, Fax 3 60 09 55; E-Mail: pigeon@access.com.eg ●●

Shark's Bay Beduin Home
Das Hüttendorf ist eine der wenigen Alternativen zu den teuren Fünf-Sterne-Hotels; eigene Tauchschule.
Shark's Bay; Tel. 3 60 09 41, Fax 3 60 09 43; www.sharksbay.com ●

Youth Hostel
Günstig und gut.
Auf dem Hügel nahe dem Aida Beach Hotel; Tel. 3 66 03 17 ●

Essen und Trinken

Sharm el-Sheikh hat ein mit jeder Saison reichhaltiger werdendes Angebot an Gastronomie. Selbstverständlich sind neben den typisch ägyptischen Schnellimbissen auch McDonald's, Pizza Hut und Kentucky Fried Chicken mit Fastfood-Restaurants vertreten. Die Lokale sind täglich von 12–15 und 18–24 Uhr geöffnet.

Beach Restaurant
Man wählt den fangfrischen Fisch an der Theke aus und legt auch noch die Art der Zubereitung fest. Das Personal hilft mit guten Tipps; Reservierung empfohlen.
Naama Bay, Hilton Fayrouz; Tel. 3 60 01 37 ●●●● CREDIT

Beduinen präsentieren im Naama Shopping Center ihre kunsthandwerklichen Arbeiten.

El-Fanar
Einer der besten Italiener im ganzen Orient. Zum Dinner kommt man erst nach 20 Uhr – Plätze reservieren!
Ras Umm Sid; Tel. 3 66 22 18 ●●●●
CREDIT

Kokai
An der Uferpromenade tischt man japanisch-polynesische Spezialitäten in Form köstlicher Fleisch- und Fischgerichte auf. Fisch wird nach japanischer Art am Tisch zubereitet. Reservieren!
Naama Bay, im Ghazala Hotel; Tel. 3 60 01 50 ●●●● CREDIT

Sala Thai
Dieses Dinner-Restaurant sollte man nicht verpassen: klassische Thai-Küche im stilvollen Ambiente. Reservierung erforderlich.
The Garden's Bay, im Hyatt Regency Hotel; Tel. 3 60 12 34 ●●●● CREDIT

Andrea
Filiale des beliebten Kairoer Ausflugsrestaurants, spezialisiert auf ägyptische Vorspeisen und Grillgerichte.
Naama Bay, gegenüber Hard Rock Café; Tel. 3 60 09 72 ●●●

Byblos
Sowohl Vorspeisen (»mezze«) als auch Hauptspeisen sind gut und reichlich.
Naama Bay, gegenüber Hard Rock Café; Tel. 3 60 08 20 ●●● AmEx VISA

Le Tabasco
Fast täglich wechselnde Speisekarte.
Naama Bay, über dem Hard Rock Café ●●● AmEx VISA

Tam-Tam Oriental Café
An der Promenade der Naama Bay hat man die seltene Gelegenheit, gute ägyptische Hausmannskost kennen zu lernen, dazu ägyptische Musik.
Naama Bay, Ghazala Hotel; Tel. 3 60 01 50 ●●

EINKAUFEN

Alle größeren Hotels haben ihre eigenen Boutiquen, die aber fast immer hoffnungslos überteuert sind. Geschäfte jeder Art findet man rund um die Fußgängerzone der Naama Bay.

Wichtigster Tipp: Niemals den Schleppern folgen, die einen in obskure Werkstätten und Fabriken locken wollen; dort bekommt man nur Ramsch aufgeschwatzt. Und nie vergessen: feilschen, feilschen, feilschen!

Größter Einkaufsmarkt ist der 24/7 Supermarkt, rund um die Uhr geöffnet, jeden Tag. Im Angebot sind Lebensmittel ebenso wie PC-Zubehör (El Hadaba; Tel. 3 66 33 39; www.247 supermarket.com).

Am Abend

Am Tag in der Sonne brutzeln, nachts bis zum frühen Morgen ins Nightlife tauchen – das ist Sharm pur.

Alf Leila wa Leila »Tausendundeine Nacht«

Vergnügungspark und Shopping Mall in arabischer Architektur. Nach zwei Shows (21.30 und 23 Uhr; So auf Deutsch) für Pferde- und Kameldressuren beginnt die Disco für alle.

Tel./Fax 3 66 31 10; tgl. ab 18.30 Uhr

Black House Disco

Populärer Tanzladen im Rosetta Hotel, meist sehr voll, sehr gute DJs.

Tel. 3 60 18 88; tgl. ab 23 Uhr

Cactus

Der Besuch lohnt erst ab Mitternacht; Single-Männer haben keinen Zugang.

Naama Bay, Mövenpick Hotel

Eislaufen

Eislauf und Hockey bei Discomusik im Concorde El Salam Hotel.

White Knight Beach; Tel. 3 60 14 60; tgl. 10–23 Uhr

Ghibli Raceway/Gokart-Bahn

Auf vier Pisten brettert man mit Helm und Gokart-Flitzern in die Kurven.

Naama Bay nahe Hyatt Hotell; 12-1 Uhr

Hard Rock Café

Wie in aller Welt: laute Musik, schnelles Essen, gute Drinks.

Naama Bay; Tel. 3 60 26 65; tgl. ab 16 Uhr

MDM

Sharm macht sich inzwischen einen Namen als Party-Zone, auch dank des MDM-Clubs; hier wird bis zum Morgengrauen getanzt.

Naama Bay, nahe Fußgängerzone

Mojo Lounge

Ruhige Thai-Lounge mit weißen Sofas, großer Terrasse, gedämpfter Musik – und vorzüglichem Essen.

Iberotel Lido; Tel. 3 60 26 03 16

Pacha/Bus Stop

Sharms Top-Club. Regelmäßig Pool- und Schaumpartys, dazu »House Nation Parties« (Eintritt 125 LE).

Sanafir Hotel; Tel. 3 60 01 97, Fax 3 60 01 96; www.pachasharm.com; tgl. ab 21 Uhr

Pirates Bar

Beliebte Bar; manchmal schon kurz vor Sonnenuntergang gut besucht.

Naama Bay, Fayrouz Hilton; tgl. ab 11 Uhr

Sinai X-treme Park

Trampoline, Sandsurfen, Paintball, Bungee Rocket (von 0 auf 165 km/

MERIAN-Tipp

10 The Echo Temple – Desert Stage

Die Macher dieses Events waren selbst überrascht vom Erfolg. Einmal wöchentlich, derzeit freitags, bringen sie ab 23 Uhr die Wüste mit Techno, House und furiosem Pop zum Beben. Dann zucken die Lichtblitze vor der Bergkulisse, wird an mehreren Bars bis zum Morgengrauen gefeiert. Da der Echo Temple etwas abgelegen liegt, gibt es vom Marriott Hotel sowie vom Karamanah Hotel, beide in der Naama Bay, ab 23 Uhr einen Bus-Shuttle-Service dorthin, der am frühen Morgen auch die letzten Gäste wieder nach Sharm zurückbringt.

4 km von Naama Bay; Tel. 0 10/ 5 69 99 60 → S. 117, E 13

Std. in 1,3 Sekunden). Tagsüber Kinderbetreuung.
Naama Bay nahe Hyatt Hotell;
Tel. 6 69 69 68; 14-2 Uhr

Service

Touristeninformation
Government Building; Tel. 3 60 01 70;
Sa–Do 8–13 Uhr

Touristenpolizei
Naama Bay; Tel. 3 66 03 11
Marina Sharm; Tel. 3 66 06 75

Dekompressionskammer für verunglückte Taucher, Sharm el-Sheikh Hyperbaric Chamber
International Hospital; Tel. 3 66 08 93-5;
24-Std.-Notruf: Dr Magdi Zakaria;
0 12/2 15 21 96; Dr Mohammed el-Houfy;
66 08 93/5

Verkehrsverbindungen

Busse
Von Sharm el-Sheikh fahren tgl. mehrmals komfortable Super-Jet-Busse, Auskunft: Tel. 3 60 16 22. Weniger bequem sind die alten Busse der **East Delta Bus Company** (Tel. 3 60 06 00); Abfahrt Richtung Kairo um 7, 8, 10, 13, 16.30, 23.30, 24 Uhr, Dahab 8, 9, 15, 17 Uhr, Nuweiba 9, 17 Uhr, Katharinenkloster 8 Uhr, Suez 9, 11 Uhr, Taba 9 Uhr, Ismailiya 12, 23.30 Uhr; Anschluss Suez, Port Said, Delta.

Flüge
Egypt Air fliegt mehrmals tgl. nach Kairo, Sa und Do nach Luxor. Auskunft und Reservierung beim Egypt Air Office (Mövenpick Hotel; Tel. 3 60 03 14; City Office Sharm el-Sheikh; Tel. 3 60 10 56).

Leihwagen
Mietwagen sind nicht ganz billig. Vor dem Urlaub über Internet Preise vergleichen! Oneway-Anmietung ist nur gegen sehr hohen Aufpreis möglich.
Avis, Sonesta Beach Resort; Tel. 3 60 09 79;
Budget, Coral Bay Hotel; Tel. 3 60 16 10;
Max Europcar, Fayrouz Hilton; Tel. 3 60 01 40

Taxis
Taxifahrten auf dem Sinai sind mangels Wettbewerbs teuer; in Sharm el-Sheikh bezahlt man für kurze Strecken selten weniger als 20 LE. Minibusse und Sammeltaxen fahren von Sharm el-Sheikh in alle Richtungen.

Fähre
Zwischen Sharm el-Sheikh und Hurghada verkehrt im Fährverkehr ein Schnellkatamaran, Infos und Tickets bei **Travco** (Tel. 3 66 07 64). Die Fähre Sharm–Aqaba (Jordanien) bringt zweimal die Woche 656 Passagiere und maximal 58 Fahrzeuge von/nach Aqaba (Arab Bridge Maritime Company – www.arabbridge.com.jo; Buchung: Tel. 3 66 07 64).

Ziele in der Umgebung

Dahab

S. 177, F 8

12 000 Einwohner

Dahabs Strand glitzert und funkelt im Sonnenlicht an vielen Stellen wie Gold – daher hat der Ort seinen Namen. Dahab bedeutet im Arabischen »Gold«. Berühmt ist der Ort bei Tauchern für das legendäre **Blue Hole**, bei Surfern für seine windreichen Reviere und bei Reisenden mit Allergien gegen Fünf-Sterne-Hotels und einem Faible für das relaxte Leben, das hier ungleich langsamer abläuft als im turbulenten Sharm el-Sheikh. Auf übermäßigen Luxus legt niemand gesteigerten Wert.

In den Ortsteilen Mashraba und Masbat pocht das touristische Leben. Entlang der Uferpromenade reihen sich Restaurants, Minisupermärkte, Souvenirläden, Camps, Hotels, Internetcafes und Tauchschulen. Dahabs Assalah Bay ist mit ihren Palmen eine der schönsten Buchten des Sinai, gesäumt von Cafés und Restaurants.

Eine schwierige Piste führt zum **Gebel Sukhn** durch tiefe Schluchten, durch die unwirtlichsten und zugleich

Die Surfer Bay bei Dahab. Das Leben ist hier viel beschaulicher als im quirligen Sharm.

faszinierendsten Berglandschaften des Sinai. Zum Meer hin öffnet sich das Wadi mit einer langen Geröllzunge, über die man die an der Küste (Dahab–Nuweiba) verlaufende Piste erreicht: Richtung Süden erwartet einen nach 5 km eine kleine Bucht, an der man ohne Problem im Schlafsack oder Zelt übernachten kann.
93 km nördl. von Sharm el-Sheikh

Hotels/andere Unterkünfte

Bis auf wenige luxuriöse Hotels sind die Unterkünfte einfach und preiswert. Etliche Camps bieten Matratzenlager bzw. schlichte Zimmer oder Bambushütten, Gemeinschafts-Sanitäranlagen und meist auch Gemeinschaftsküche.

Hilton Dahab Resort
Komfortabler Bungalowkomplex mit Blick über die Lagunen. Tauch- und Wassersportcenter, Driving Range, Putting Green.
Dahab City; Tel. 3 64 03 10, Fax 3 64 04 24; www.hilton.com ●●●● CREDIT

Coralia Club Dahab
Sehr gutes Hotel, nette, aber schon etwas ältere Zimmer. Der Strand ist fantastisch, eigene Tauchschule.
Dahab City; Tel. 3 64 03 01, Fax 3 64 03 05; www.accor.com ●●●● CREDIT

Swiss Inn Golden Beach
Das Hotel liegt an derselben schönen Bucht wie Hilton und Novotel Coralia und hat ein gutes Surfcenter.
Dahab City; Tel. 3 64 00 54, Fax 3 64 04 70; www.swissinn.net ●●●● CREDIT

Ganet Sinai Hotel
Geräumige Zimmer, schöner Strand, Surfcenter.
Assalah; Tel. 3 64 04 40, Fax 3 64 04 41; www.ganetsinai.com ●●●

Nesima Resort
Das Hotel, unter deutscher Führung, war viele Jahre ein Geheimtipp. Die Zimmer sind komfortabel, der kleine Pool mit Bar und Blick aufs Meer ist ein nettes Plätzchen zum Entspannen. Rechtzeitige Buchung unerlässlich.

Nahe Touristenbasar; Tel. 3 64 03 20, Fax 3 64 03 21; www.nesima-resort.com
●●● AmEx VISA

Ali Baba Hotel
Gemütliches Hotel, geräumige Zimmer.
Assalah; Tel. 3 64 05 04, Fax 3 64 08 49; www.alibabahotel.net ●●

Neptune Hotel Red Sea Relax
Sehr schönes und sauberes Hotel an der Fußgängerbrücke, die über das Wadi führt. Gutes Restaurant.
Corniche; Tel. 3 64 13 09, Fax 3 64 13 08; www.red-sea-relax.com ●●

Blue Beach Club
Freundliche, geräumige und helle Zimmer; mit Sonnenterrasse und eigenem Strand.
Assalah; Tel./Fax 3 64 04 11 ●

Inmo Hotel
Kleineres Resort mit Hausriff und Tauchschule.
Mashraba; Tel. 3 64 03 70, Fax 3 64 03 72
● MASTER VISA

Essen und Trinken

An der Touristenbucht reiht sich Café an Café, Restaurant an Restaurant (geöffnet tgl. bis ca. 24 Uhr, teilweise auch länger); angeboten werden meist einfache, preiswerte Gerichte. Bier gibt es nahezu überall. Gewarnt sei vor einem Getränk: ägyptischer Schnaps! So viel Aspirin kann keiner schlucken, wie man gegen diesen Kater bräuchte! Besonders empfehlenswerte Lokale sind:

Crazy House
Preiswertes Bier, gute Musik, netter Barmann, ein hervorragender Ort zum Fischessen.
Masbat, neben dem Tota ●●

Lakhbatita
Quer durch Ägypten sammelte der Besitzer Antiquitäten (Kommoden, Türen), dekorierte sein Restaurant mit einem wirren Durcheinander (arabisch: »lakhbatita«), wie Einmachgläsern, von der Decke hängendem Knoblauch. Am Meer servieren die Wirtsleute Fisch; generell kein Alkohol.
Corniche; Tel. 3 64 13 06 ●●

Nesima
Exzellentes Restaurant im Nesima Hotel, wenige Schritte südlich des Basars. Nur durch die Promenade vom Meer

Wie eine Trutzburg liegt das Katharinenkloster in einer Senke des schroffen Sinaigebirges. Gut 20 orthodoxe Mönche kümmern sich um die Erhaltung dieses Refugiums.

getrennt, isst man Fisch- und Fleischgerichte, genießt die frische Brise.
Nahe Touristenbasar; Tel. 3 64 03 20; tgl. 12–15, 19–23 Uhr ●● AmEx VISA

Tota's Restaurant & Bar
Die Schiffsattrappe ist eines der ältesten Disco-Bar-Restaurants am Ort, seit 1983 ein beliebter Platz für das Sundowner-Bier, Pizza und Burger.
Am Beginn der Fußgängerzone; Tel. 3 64 00 14 ●●

EINKAUFEN
Im kleinen Souk bekommt man die weit geschnittenen, bunten Dahab-Hosen, Beduinenschmuck und -kleidung, bedruckte Hai-T-Shirts, pharaonische Souvenirs und in den Supermärkten Proviant, an Bankomaten Geld und in Internet-Cafés rund um die Uhr Zugriff auf seine Mails.

SERVICE
Keine Touristeninformation; gute Infos bei www.dahab.net.
Touristenpolizei
Tel. 3 64 01 88

Katharinenkloster

S. 177, E 8

9 Im Zentralsinai liegt der historische Höhepunkt, den die Halbinsel Sinai zu bieten hat: St. Katharina, das älteste Kloster der Christenheit. Man bewegt sich auf den Spuren der Bibel. Nach dem Alten Testament sprach Gott hier zu Moses und offenbarte ihm die Zehn Gebote. Das Kloster liegt knapp 4 km vom Ort Catherin/Katrien entfernt.
220 km nördl. von Sharm el-Sheikh

HOTELS/ANDERE UNTERKÜNFTE
Catherine Plaza
Komfortables Hotel mit Pool, Restaurants, Billard, Mountainbike-Verleih.
Vor dem Ortseingang Milga; Tel. 3 47 02 88, Fax 3 47 02 92; www.cit-eg.com ●●● AmEx VISA

St. Catherine Tourist Village
Bungalowdorf; gutes Hotel, beliebt bei Reisegruppen.
Wadi el-Raha; Tel. 3 47 03 24, Fax 3 47 03 74 ●●● AmEx VISA

Monastery Guesthouse St. Catherine
Modernisiertes Klosterhotel; zweckmäßig eingerichtete Zimmer.
Direkt am Kloster; Tel. 3 47 03 53 ●●

Ecolodge Sheikh Awad
Rund 20 km entferntes Camp. Für Wegführung anrufen.
Tel. 3 47 00 32 ●

ESSEN UND TRINKEN
Ikhlas
Einfache Küche.
Nahe der Bäckerei; Tel. 3 47 04 55 ●

SEHENSWERTES
Katharinenkloster
Namensgeberin des von der UNESCO zum Weltkulturerbe erklärten Klosters ist ein Mädchen aus Alexandria, das Anfang des 4. Jh. während der Christenverfolgung den Märtyrertod starb und lange Zeit eine der populärsten Heiligen war. **Katharina**, in der Überlieferung als klug und schön beschrieben, versuchte sogar Kaiser Maximanus von der Götzenverehrung und seinem heidnischen Glauben abzubringen – ihr Todesurteil. Bei der öffentlichen Enthauptung floss aber nicht Blut, so die Legende, sondern Milch aus ihrem Körper. Ein Stück der Marmorsäule, an die Katharina gebunden gewesen sein soll, findet sich in der Klosterkapelle. Der Überlieferung nach brachten Engel den Leichnam Katharinas auf den Gipfel des Berges, der später nach ihr benannt wurde. Er ist der höchste Berg Ägyptens, liegt südlich des Mosesbergs.

Erste Eremiten lebten bereits um 300 n. Chr. am Berg Sinai, dem **Mosesberg**. Der zum Christentum konvertierte Kaiser Konstantin und seine Mutter Helena, die 327 zur Stelle des Brennenden Dornbusches gepilgert waren, stifteten im Jahr 330 am Fuß des Berges Sinai eine der Gottesmutter geweihte Kapelle und lösten mit ihrer Reise eine wahre Pilgerwelle aus. Im 6. Jh. wurde auf Anweisung Kaiser Justinians, des Erbauers der Hagia Sophia in Istanbul, eine schützende Befestigung errichtet – wie man bis heute sieht: Der Bau ist mehr ein Fort als ein klassisches Kloster.

Das Kloster, es gehört zur griechisch-orthodoxen Kirche, ist das älteste ununterbrochen von Mönchen bewohnte Kloster der Christenheit. Seine Unabhängigkeit drückt sich im immerwährenden Status als eigenständiges, wenn auch kleinstes **Bistum** der Welt aus. Die Mönche, die traditionell aus verschiedenen Ländern stammen, sind Griechen, Syrer und Armenier, Amerikaner, Ägypter. Ihre Unfreundlichkeit gegenüber touristischen Besuchern ist bekannt.

Dem **Schutzbrief** des Propheten Mohammed verdankt das Kloster bis heute seine unversehrte Existenz. 15 Jahre, bevor sich der Islam über ganz Arabien ausbreitete, war der Prophet Mohammed als Reisender im Kloster zu Gast und von den Mönchen höchst zuvorkommend behandelt worden. Da der frühe Islam auf Zwangsmissionierung verzichtete, stellte der Prophet ein Schutzschreiben für das Kloster aus. Besiegelt mit seinem Handabdruck sicherte er den Erhalt der geistlichen Stätte und die Glaubensfreiheit der Mönche zu. Eine Kopie dieses Dokuments findet man am Eingang des Klosters bei den Stufen im Gewölbe. Verbunden mit dem Bau einer Moschee auf dem Klostergelände war somit sichergestellt, dass kein islamischer Krieger das Kloster je anzugreifen wagte, von Räuber-Beduinen mal abgesehen.

Für Besucher ist nur ein kleiner Teil des Klosters zugänglich. Vom Eingang führt eine Gasse nach links zum **Brennenden Dornbusch** und nach rechts zur **Basilika Justinians**. In der Nische sieht man einen stillgelegten Brunnen, dessen Quelle schon Moses benutzt haben soll. Das Wasser gilt als geweiht. Über der Quelle beherbergen die Mönche ein **Museum** mit einigen der 2000 Heiligentafeln aus der Ikonengalerie des Klosters, die als wichtigste Einzelsammlung der Welt gilt.

Die **Basilika Justinians** (Grundfläche 40 x 20 m) betritt man durch die

Auf dem Berg Sinai soll Moses die Gesetzestafeln in Empfang genommen haben.

Ikonen-Vorhalle. Die Apsis über dem Hauptaltar, ein frühchristliches Mosaik, zeigt die Verklärung Christi auf dem Berg Tabor. Um Jesus im Zentrum gruppieren sich Moses und Elias, zu seinen Füßen liegend der Apostel Petrus sowie seitlich kniend Jakob und Johannes. Über dem Doppelfenster ist Moses am Brennenden Dornbusch sowie beim Empfang der Zehn Gebote dargestellt. Die Zehn Gebote sind in dieser frühen Darstellung interessanterweise als Rollen, nicht als Steintafeln gemalt. Von der Basilika gelangt man zu dem von einer Mauer geschützten Brennenden Dornbusch, einer Blasenstrauchart, die auf dem Sinai insgesamt nur in zwölf Exemplaren vorkommt.

Außerhalb des Klosters liegt der Garten (Oliven, Aprikosen, Orangen, Gemüse), den eine Bergquelle bewässert. Zentrales Gebäude ist das **Beinhaus** mit den Skeletten verstorbener Mönche. Nur die frisch Verstorbenen werden für etwa ein Jahr auf einem kleinen Durchgangsfriedhof neben der Kapelle in der Erde bestattet, bis die Leichname skelettiert sind. Im Beinhaus werden die Knochen auf einen Haufen geschichtet, die Schädel auf einen anderen – so weit es sich um einfache Mönche handelt. Die sterblichen Überreste der Bischöfe bleiben dagegen ganz.

Mo–Do, Sa 9–12 Uhr; Eintritt frei

Katharinenberg (Gebel Katherina)

Sportliche Berggeher lockt der spektakuläre Ausblick vom Gipfel des Katharinenbergs (2642 m) westlich des Mosesbergs. Der Blick reicht bei gutem Wetter vom Golf von Suez bis über den Golf von Aqaba hinweg in die Nachbarländer Jordanien und Saudi-Arabien. Ungefähr fünf Stunden dauert der Aufstieg, etwa drei der Abstieg. Engel betteten hier nach der Überlieferung den Leichnam der Märtyrerin Katharina zur Ruhe. Den Pfad legte ein Mönch in Erfüllung eines Gelübdes an.

Innerhalb der Klostermauern ist auch der »Brennende Dornbusch« zu bestaunen.

Mosesberg (Gebel Musa)

Der 2285 m hohe Mosesberg (Berg Sinai) gilt sowohl Christen als auch Muslimen und Juden als heilig. Was hier nach dem Auszug der Israeliten aus Ägypten wirklich geschah, kann die Bibelforschung bis heute nicht schlüssig erklären. Wie auch immer: Vom **Berg Horeb** spricht das Alte Testament im Kontext mit dem Berg, an dem sich die Israeliten verloren, als sie um das Goldene Kalb tanzten, während Moses die Gebote empfing.

Ab 2 Uhr morgens bricht man vom Fuß des Berges auf, um auf dem Gipfelplateau den Sonnenaufgang zu erleben. Den Mosesberg kann ein geübter Geher also in rund drei Stunden besteigen.

SERVICE

Mountain Tours Office

Beduinenführer, gute Tipps, Genehmigungen – alle wichtigen Infos gibt es hier.

Tel. 3 47 04 54

Nabq Bay

S. 181, E 13

Nördlich von Sharm el-Sheikh entsteht an der Nabq Bay ein neues Touristenzentrum (geplante Fertigstellung 2007). Hilton und SAS Radisson sowie ein Laguna Vista residieren hier. Der große Vorteil dieser Bucht: Anders als in Sharms Naama Bay weht hier immer ein kühlender Wind.

30 km nördl. von Sharm el-Sheikh

Hotels/andere Unterkünfte

Magic Life Imperial

Von allen Clubs dieser Kette ist dies einer der besten und bei den Magic-Life-Gästen einer der beliebtesten. Die Animateure des All-inclusive-Clubs sind freundlich, nicht aufdringlich. Das Sportangebot ist hervorragend.

Nabq Bay; Tel. 0 69/3 71 00 50, Fax 0 12/2 42 88 07; www.magiclife.com

●●●● CREDIT

Nationalpark Ras Mohammed

S. 181, E 13

Das Meer an der Südspitze des Sinai ist sauber und klar, der Korallenwuchs gesund und dicht und der Besuch dieses weltweit einmaligen Ortes ein Muss. Die kleine, nur etwa 3 km lange Halbinsel Ras Mohammed (400 qkm) wurde zum Kernstück des »Ras Mohammed Marine National Park Project« am Südzipfel der Sinaihalbinsel. Die Europäische Union sponserte das Projekt mit knapp 800 000 Mio. €.

Eine markante Bucht teilt Ras Mohammed in zwei Teile. Rund um das Ras existieren rund 150 Korallenarten, die zwischen 75 000 und 20 Mio. Jahre alt sind. In den Gewässern um die Landzunge leben tausende Fischarten, die sowohl von der Suez-Schifffahrt als auch von Tauchern bedroht sind. Was leider langsam verkommt, ist das Informationszentrum (tgl. 9 Uhr bis Sonnenuntergang).

5 km südl. von Sharm el-Sheikh

Nationalpark Wadi Nabq

S. 181, E 13

Der Naturschutzpark nördlich von Sharm el-Sheikh liegt an einer Küste mit feinen Sandstränden und Palmen. Hier findet man den größten Mangrovenwald des Sinai. Vor der Küste liegen in der Straße von Tiran etliche Schiffswracks. Im Jahr 1992 wurde das 600 qkm große Areal zum Naturschutzgebiet erklärt. Sowohl von Norden als auch von Süden rücken Hotelanlagen immer näher an die Grenzen dieses einmaligen Biotops heran. Mangroven finden sich nur im flachen Strandbereich tropischer Küsten. Stelzwurzeln bilden im und über dem Wasser ein dichtes Geflecht. Die Wurzeln sind im Stande, Salzwasser zu filtern und das Salz über die Blätter auszuscheiden.

30 km nördl. von Sharm el-Sheikh

Wadi Connection

S. 177, E 8

Dieser abenteuerliche Ausflug eröffnet dem Reisenden eine wunderbare Landschaft aus goldgelben Sandsteinformationen. Sie sollten allerdings eine Übernachtung in der Wüste einplanen.

90 km nördl. von Sharm el-Sheikh

Nuweiba

S. 177, F 7

23 000 Einwohner
Vorwahl: 0 69

Nuweiba ist ein seltsam zergliederter Ort ohne echtes Zentrum, bestehend aus drei Ortsteilen: im Süden Hafen und Hilton Hotel, nördlich die City mit dem kleinen Basar, Supermärkten, einigen Cafés und Restaurants, dann der Ortsteil Tarabin und die Strände der Hüttencamps, die sich über 50 km bis Taba Heights ziehen. Nuweibas großes Manko: Es gibt keine malerische Bucht, keine Fußgängerzone, nichts, was andere Badeorte reizend und charmant macht. Dennoch: Zum Urlauben ist Nuweiba sehr, sehr erholsam. Das haben inzwischen viele Leute entdeckt, die statt Dahab nun die Camps ansteuern, die sich hier über viele Kilometer Richtung Norden bis Taba Heights erstrecken.

Hotels/andere Unterkünfte

Domina Elaria Nuweiba Hotel & Resort (früher: Helnan Hotel)
Bungalowanlage mit großzügigem Strand. Es gab heftige Beschwerden, dass unter dem neuen Management im Foyer ab und an lautstarker Disco-Betrieb bis tief in die Nacht abgeht.
Nuweiba City; Tel. 3 52 06 01, Fax 3 52 06 10; www.dominahotelsresorts.com ●●●● CREDIT

Hilton Coral Resort
Eine Hotelanlage, grün wie ein blühender Garten, mit feinsandigem Strand. Schöne Zimmer, guter Service, hervorragendes Büffet.
Nuweiba Port; Tel. 3 52 03 20, Fax 3 52 03 27; www.hilton.com ●●●● CREDIT

Steigenberger Taba
Weitläufiges Sporthotel mit komfortablen Zimmern, allerdings eindeutig unter dem international üblichen Steigenberger-Standard.
14 km nördl. Nuweiba; Tel. 3 56 02 00, Fax 3 56 02 24; www.steigenberger.de ●●●● CREDIT

La Sirène
Gemütliches Hotel mit Sandstrand. Das von Deutschen geführte Tauchcenter genießt einen sehr guten Ruf.
Zwischen Nuweiba City und Hafen; Tel./Fax 3 50 07 01 ●●● AmEx VISA

Sallyland Tourist Village
Ruhiges, angenehmes Bungalowdorf.
20 km nördl. Nuweiba; Tel. 3 53 03 80, Fax 3 53 03 81 ●●●

Tropicana
Komfortables Hotel, großer Pool, weiter Strand. Fragen Sie nach All-inclusive-Angeboten!
Nuweiba Port; Nähe Hilton Hotel; Tel. 3 52 10 56/7/8, Fax 3 52 10 22; www.tropicanahotels.com ●●● AmEx VISA

Bawaki Beach Hotel
Schönes Strandhotel, nettes Personal, Meerwasser-Pool.
18 km nördl. Nuweiba; Tel. 3 50 04 70, Fax 3 50 04 71 ●●

Die Südspitze des Sinai wurde zum Nationalpark Ras Mohammed erklärt.

Club Aquasun und Aquasun Ghazaly
Große, einfache Zimmer. 2 km eigener Strand, Wüstensafaris buchbar.
30 km nördl. Nuweiba; Tel. 3 53 03 92; www.clubaquasun.com ●●

El-Waha Tourism Village
Schöner Sandstrand, geräumige Chalets. Für Budget-Reisende einfachere Bungalows, außerdem Campingmöglichkeit nahe dem Meer.
Nuweiba City; Tel. 3 50 04 20, Fax 3 50 04 21; www.elwahavillage.com ●●

Habiba Camp
Kleines Hüttenhotel, in Nuweiba bekannt für sein gutes Strandrestaurant.
Nuweiba City; Tel. 3 50 07 00, Fax 3 50 03 39; www.sinai4you.com/habiba ●●

Maagana Camp
Einfaches, aber schönes Hüttencamp.
15 km nördl. Nuweiba; Mobil-Tel. 0 12/ 7 95 24 02 ●●

Sultana Village
Einfaches Hüttencamp; ab 40 US$.
Nuweiba City; Tel. 3 50 04 90, Fax 3 50 04 91; www.sinai4you.com/sultana ●●

Sehenswertes

Coloured Canyon
Eine der berühmtesten Schluchten Ägyptens: Der Sandstein schimmert je nach Tageszeit in Weiß und Gelb und vielen Rottönen, für die die Sinaibeduinen zur Beschreibung Dutzende Worte haben. Die Anfahrt über die Oase Ain Furtaga und das Wadi Nekheil endet 2 km vor dem Ziel. Ab dann muss man zu Fuß weiter. Das Wadi verjüngt sich und ist an manchen Stellen ab jetzt nur mehr 1 oder 2 m breit. Die über die Jahrtausende stark erodierten Sandsteinmassive wirken mit ihren 60 m Höhe durch die Enge noch viel höher, als sie wirklich sind.

Den Canyon kann man mit Beduinenführer auf unterschiedlichen, teils schwierigen Wanderwegen erkunden. Wer will, kann dies auch auf dem Rücken eines Kamels tun (→ Routen und Touren, S. 154). In Nuweiba werden auch Jeeptouren angeboten.

Essen und Trinken

Han Kang
Koreanische Küche in Nuweiba – eine willkommene Abwechslung.
Gegenüber Domina Hotel; Tel. 3 50 09 70; tgl. 10–1 Uhr ●●

Mataamak
Frühstück, Mittagessen, Abendessen, und alles ist gut.
Habiba Camp; Tel. 3 50 07 00 ●●

Cleopatra
Ägyptische Küche: Vorspeisen und Gegrilltes.
Gegenüber Domina Hotel; Tel. 3 50 50 03 ●●

Dr. Shishkebab
Schmackhafte ägyptische Vorspeisen und Grillgerichte.
Souk; Tel. 3 50 02 73; tgl. 9–24 Uhr ●●

El-Sohbagia Coffee Shop
Die Fassade ist schrill bemalt: Spielkarten, Zocker, Backgammon, dazu ein Taubentürmchen – drinnen Kaffeehaus-Standard.
Neben Han Kang, gegenüber vom Domina Hotel; tgl. am Abend

Service

Keine Touristeninformation.
Tourist Police nahe Domina Hotel; Tel. 3 50 02 31, City-Tel. 3 50 04 01

Aktivitäten

Kamelreitschule & Safaris
Günstigste Kurspreise in Verbindung mit Hotelbuchung.
Im Habiba Camp; Tel. 3 50 07 00, Fax 3 50 03 39; www.sinai4you.com/habiba

Maagna Camp
Schöne Kamelsafaris organisiert Ibrahim vom Maagna Camp nördlich von Nuweiba.
Mobil-Tel. 0 12/7 95 24 02

Wohnen in Strohhütten direkt am Strand: das Basata Camp zwischen Nuweiba und Taba.

Ziele in der Umgebung

Ain Khudra

→ S. 177, F 7

Nur wenige Beduinen leben in der Oase Ain Khudra, zu der man von der Hauptstraße nach Nuweiba aus wandern kann. Die Wanderung dauert hin und zurück etwa eineinhalb Stunden; Beduinen zeigen den Weg. Belohnung am Ziel: Aus der Tiefe sprudelt klares, kühles Quellwasser. Es lässt hier sogar Weintrauben und Melonen reifen.
30 km südwestl. von Nuweiba

Ain Umm Ahmed

→ S. 177, F 7

Diese Oase sieht aus wie gemalt und gehört zu den wenigen, die vom Tourismus eher unbehelligt geblieben sind. Ain Umm Ahmed lohnt auch eine Übernachtung. An der »Quelle der Mutter Ahmeds«, wie der Name übersetzt heißt, leben einige wenige Beduinen, die sich über Besucher sehr freuen. Am Wasser entlang kann man bis zum 3 km entfernten Wadi el-Ain wandern, wo um eine Quelle Akazien wachsen. Den nahen Berg Ras el-Qelb (999 m hoch) dürfen nur Kletterer unter Führung eines Beduinen besteigen.
40 km westl. von Nuweiba

Nationalpark Ras Abu Galum

→ S. 181, E 13

An der Küste schöne Strände, im türkisfarbenen Meer unberührte Korallenriffe und an Land weitgehende Wildnis; seit 1993 ist Ras Abu Galum ein Naturschutzpark. Besonders protegiert sind neben Flora und Fauna vor allem die Lebensräume der Beduinen, die hier in mehreren Siedlungen leben.
25 km südl. von Nuweiba

Taba

→ S. 177, F 7

Der Grenzort zu Israel wurde in den vergangenen Jahren nicht nur konsequent begrünt, er gewinnt allmählich an Charme. Taba wurde als letzter Ort erst 1989, sieben Jahre nach Rückkehr des übrigen Sinai zu Ägypten, von Israel zurückgegeben. Die beiden Länder hatten darüber gestritten, ob Taba schon Sinai oder noch Negev sei. Schließlich zahlte Ägypten knapp 40 Mio. US-$ Entschädigung, und im April 1989 wurde die Grenze um 100 m nach Norden verlegt: Damit gehörte Taba endgültig zu Ägypten.

Das israelische Sonesta Hotel wurde plötzlich ägyptisch und unter neuem Management zum Taba Hilton, das wiederum als Verhandlungshotel für die Nahost-Friedensgespräche zwischen Israel und der palästinensischen Regierung berühmt wurde und 2004 Ziel eines Bombenanschlags war.
63 km nördl. von Nuweiba

Hotels/andere Unterkünfte

Hilton Nelson Village
Berühmt geworden als Tagungsort israelisch-palästinensischer Unterhändler; schöner Pool, gepflegter Strand.
Taba; Tel. 3 53 01 40, Fax 35 78 70 44; www.hilton.com ●●●● CREDIT

Tobya Boutique Hotel
Heimeliges Komforthotel mit Strand, 91 Zimmer und Suiten.
Taba, Taba International Road, km 2; Tel. 3 53 02 75; 3 53 02 69; www.tobyaboutiquehotel.com ●●●● CREDIT

Salah el-Din Hotel
Gegenüber der Pharaoneninsel. Die schöne Anlage und der wunderbare Ausblick sind das Beste hier.
Taba; Tel. 3 53 03 40 und 3 53 03 42, Fax 3 53 03 43 ●●● AmEx VISA

Basata Village
Keine Disco, gemeinsames Essen, Schlafen in Strohhütten oder unter freiem Himmel – das ist die erfolgreiche Idee des Deutsch sprechenden Sherif Ghamrawy, der vom ökologisch sanften Tourismus beseelt ist.
55 km nördl. v. Nuweiba; Tel. 3 50 04 80, Fax 3 50 04 81; www.basata.com ●●

Essen und Trinken

Casa Taba
Am Strand des Taba Hilton, einer der Top-Italiener in Ägypten.
Tel. 3 53 03 00; tgl. ab 18 Uhr; reservieren! ●●● CREDIT

Service

Mietwagen
Max Rent Car & Transport
Mietwagen und Shuttlebusse.
Zentral-Reservierung: Tel. 3 63 03 33; Taba Heights: Tel. 3 58 02 34

Auf der Pharaoneninsel bei Taba erhebt sich eine mittelalterliche Kreuzritterburg.

Taba Heights S. 177, F 7

Entlang der Küstenstraße von Nuweiba nach Taba entsteht eine Reihe neuer Hotel- und Bungalowanlagen. Das auffälligste und teuerste Tourismusprojekt startete 2000 an der Küstenstraße, soll 2006 vollendet sein: Taba Heights. Das Schwesterprojekt von El-Gouna wird nach Fertigstellung eine autonome Hotelstadt sein, samt Golfplatz, Business Center, Internet-Cafés, Spas, Fitnessstudios, Tauch- und Surfschulen – und natürlich mit Hotels ab der gehobenen Mittelklasse aufwärts (www.tabaheights.com).
63 km nördl. von Nuweiba

Hotels/andere Unterkünfte

Hyatt Regency Taba Heights
Sehr schön und teuer sind die Chalets rund um die künstliche Lagune, günstiger die Zimmer des weitläufigen Hotelgeländes mit mehreren Poolanlagen. Der Service entspricht durchweg dem gehobenen Hyatt-Standard. Die Bar im Haupthaus dient zugleich als Diskothek. Shuttlebusse verbinden das Hyatt Regency mit dem Wassersportzentrum **Waterworld** (www.redseawaterworld.com; Tauchen, Segeln, Surfen, Parasailing).
Taba Heights; Tel. 58 02 34, Fax 58 02 35; www.taba.regency.hyatt.com ●●●● CREDIT

Marriott Taba Heights
Gleiche Fünf-Sterne-Klasse wie das Hyatt, aber architektonisch eine nicht ganz so ansprechende Anlage; im Komfort kaum ein Unterschied.
Taba Heights; Tel. 58 01 00, Fax 58 01 09; www.marriott.com ●●●● CREDIT

Sofitel Taba Heights
Von allen Zimmern Blick über den Golf von Aqaba, sehr flach abfallender Strand, vielfältiges Sportangebot. Eine Sternenkuppel krönt das Hotelfoyer.
Taba Heights; Tel. 3 58 08 00, Fax 3 58 08 08; www.sofitel.com ●●●● CREDIT

Die moderne und exklusive Hotelanlage des Hyatt Regency in Taba Heights.

Sehenswertes

Pharaoneninsel
Die kleine Insel mit Namen Gezira el-Fara'un, übersetzt Pharaoneninsel, hat mit den Pharaonen nicht viel zu tun. Die pharaonischen Expeditionen, die in Jahresabständen zu den Türkis-Schürfgebieten kamen, legten hier an. Im Übrigen war die Insel, zu der man übersetzen kann, vermutlich Teil des biblischen Hafens Ezion-Geber des Salomon gewesen sein. Gesichert ist aber, dass der islamische Feldherr Salah el-Din (Saladin) im Jahr 1170 den Kreuzrittern diese Insel abnahm, darauf die heute renovierte Festung erbaute, die er Mekka-Pilgern als Rastplatz überließ.

The Fjord
Wunderschöne Badebucht in einem Naturschutzgebiet, 15 km südl. von Taba. Über dem Fjord kleines Café mit tollem Blick.

Hurghada und das Rote Meer

Tauchen, Surfen, Schnorcheln, Badespaß – in und um Hurghada wird Wassersport groß geschrieben.

Ideal für Badeurlauber und Erholungsbedürftige: Hurghada am Roten Meer mit seinen weiten weißen Sandstränden zählt inzwischen mehr als eine Million Besucher pro Jahr.

Hurghada war lange Zeit das einzige nennenswerte Zentrum des Tourismus an Ägyptens Rotmeerküste. In seiner Ausdehnung bleibt es auch weiterhin unübertroffen. Nirgends gibt es mehr gute Sterne-Hotels als hier. Doch es gibt neue Orte. **El-Gouna** ist eine disneyhafte Hotelstadt, die ein ägyptischer Tycoon ersann und 22 km nördlich von Hurghada an einer Bucht verwirklichte. Südlich von Hurghada findet man außer dem bekannten Ort **Safaga** eine Reihe von neuen Destinationen. Die entferntesten liegen fast an der sudanesische Grenze.

Mag Hurghada für Sonne, Spaß und Nachtleben bis zum Abwinken stehen – je weiter südlich man sich begibt, umso beschaulicher wird das Urlaubsangebot. Leute, die Ruhe suchen, und Taucher, die neue, nicht völlig übertauchte Riffe genießen wollen, trifft man in den Regionen um **Quseir** und **Marsa Alam**, wo neben wenigen luxuriösen Hotels viele angenehme Hüttendörfer und so genannte »Ecolodges«, Öko-Camps, entstanden sind. Historisch hat die Rotmeerküste an Sehenswürdigkeiten v. a. die beiden **Klöster** des hl. Antonius und des hl. Paulus zu bieten, beide sind zweifellos einen Tagesausflug wert.

Hurghada → S. 181, D 13/14

45 000 Einwohner
Stadtplan → S. 129
Vorwahl: 0 65

Dieser Badeort am Roten Meer, rund 400 km südlich von Suez, wurde wesentlich durch einen General der ägyptischen Armee geprägt, der im Jahr 1978 zum Gouverneur der Provinz um Hurghada ernannt wurde. Das war damals nicht gerade der attraktivste Posten in Ägypten, zumal El-Ghardaka, wie Hurghada auf Arabisch heißt, ein selbst von Allah verlassener Fischerort zu sein schien. Doch das wollte jener tatendurstige General namens Affifi ändern. Zuerst organisierte er die Fischer, damit ihnen die großen Firmen aus Kairo und Alexandria nicht mehr die Preise diktieren konnten. Dadurch erbrachte der Fischfang plötzlich Gewinn. Und den legte der General anschließend in Süßwasser-Pipelines und in der Stromversorgung an, was erneut die Gewinne steigerte.

Auf diese Weise war die Infrastruktur geschaffen, um das zu nutzen, was man kostenlos von der Natur bekommen hatte: das Rote Meer, ein **Paradies für Taucher**; den Wind – ideal zum Surfen; die Sonne, die traumhaft warme Temperaturen für Badeurlauber garantiert. In Hurghada sollte Ägyptens »anderer« Tourismus entstehen, das erholsame Kontrastprogramm für den Studientouristen. Im Lauf der Jahrzehnte wurden verslumte Teile der Stadt neu aufgebaut und der Gürtel der Touristenclubs nach Süden ausgedehnt. Umstritten war aber das Vorhaben, den Bereich der Clubs und Hotels auf die gesamte Küste auszuweiten. Wie auch immer, Hurghada erstreckt sich heute über rund 40 km – ein Bauende ist nicht absehbar.

2

Der Ort hat durch den Massentourismus leider viel von seinem früheren Charme verloren, die Leute viel von ihrer Freundlichkeit gegen Geschäftemacherei eingetauscht. Und auch ökologisch hat Hurghada die besten Zeiten bereits hinter sich. Viele der Riffe um die vorgelagerten Inseln Giftun und Magawish sind nur mehr kümmerliche Zeugen einer einst blühenden Unterwasserfauna. Trotz alledem ist Hurghada ein beliebtes Ferienziel und der am besten ausgebaute Badeort an der Festlandsküste des Roten Meeres. Und selbst Kritiker müssen zugestehen: In Sachen Architektur können sich die neueren Hotels meist sehen lassen. Es gibt etliche Häuser, deren Anlagen gekonnt mit Elementen orientalischer Architektur spielen, mit Erkern, Arabesken, mit kräftigen Farben.

Hotels/andere Unterkünfte

Conrad International

⋯> S. 129, südl. c 2

Hotel der Hilton-Gruppe, mit Pool, reichlich Grünanlagen und schönen Villas an der eigenen Bucht.

Hotel-Corniche; Tel. 3 44 32 50, Fax 3 44 32 58; Reservierung über Kario; Tel. 02/5 80 80 00, Fax 5 80 81 81; www.hilton.com ●●●● CREDIT

Oberoi Sahl Hasheesh

⋯> S. 129, südl. c 2

So ein Hotel erwartet man in Hurghada nicht: Wohnen wie in einem Märchen aus Tausendundeiner Nacht im exklusiven Luxushotel in arabisch-islamischem Stil. Die teuren Privatsuiten haben einen eigenen Pool. Wundervoller, fast 1 km langer Strand mit Steg, der übers Riff führt und den Einstieg zum Schwimmen, Schnorcheln, Tauchen ermöglicht. Viele Flitterwöchner buchen hier; für Familien mit Kleinkindern weniger gut geeignet.

Südl. Sheraton Road; Tel. 3 44 07 77, Fax 3 44 07 88; www.oberoihotels.com ●●●● CREDIT

Jasmin Village ⋯> S. 129, südl. c 2

Komfortable Natursteinbungalows am hauseigenen Strand. Das Freizeitangebot ist überwältigend, Surfen, Tennis, Squash, Kinderspielplatz mit Zoo, Fußballplatz und einer der besten Tauchschulen am Roten Meer. Die Benutzung der Clubanlagen **Aladdin Beach** und **Ali Baba** ist im Preis bereits inbegriffen.

Hotel-Corniche; Tel. 3 44 64 42, Fax 3 44 64 41; E-Mail: info@jasmin-diving.com; 430 Zimmer ●●● CREDIT

Magawish Village

⋯> S. 129, südl. c 2

Bungalowanlage mit angeschlossener Surf- und Tauchschule, Tennisplätzen, Pool – und, so sagen die Surfer, dem besten Wind von ganz Hurghada. Als besonderen Service bietet das Hotel tagsüber einen kostenlosen Kindergarten; Babysitter für den Abend stehen gegen Bezahlung bereit.

Hotel-Corniche; Tel. 3 44 26 21, Fax 3 44 64 26; www.magawish.com ●●● CREDIT

The Grand Resort

⋯> S. 129, südl. c 2

Farbenreiche orientalische Architektur, stattliche Zimmer – prima für Familien (angeschlossener Kids Club).

Hotel-Corniche; Tel. 3 44 74 85, Fax 3 44 37 50; www.redseahotels.com ●●● CREDIT

Das Luxushotel Oberoi Sahl Hasheesh bedient sich durchgängig islamischer Stilelemente.

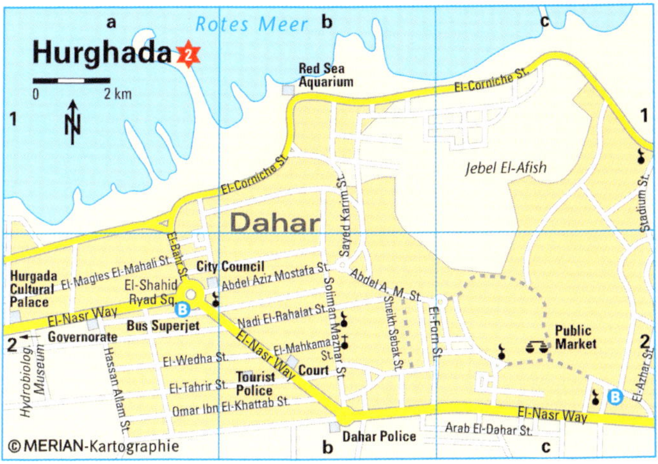

Sehenswertes

Red Sea Aquarium → S. 129, b 1
Kleines, privates Aquarium nahe des Three Corners Village. Nur für Leute interessant, die weder als Schnorchler noch mit dem Glasbodenboot unter Wasser waren. Das Aquarium ist leider in einem erbärmlichen Zustand.
6, Sh. Corniche; tgl. 9–23 Uhr; Eintritt 5 LE

»Sindbad« Glasbodenboot → S. 129, südl. c 2
Auf 22–25 m Tiefe sinkt das Glaskabinen-U-Boot und eröffnet auch Nichttauchern einen Einblick in die fantastische Unterwasserwelt.
Sindbad Resort, Hotel-Corniche; Tel. 3 44 46-88, -89, -90; tgl. ab 9 Uhr mehrere Trips; ca. 45 US$ bzw. 200 LE

Museen

Hydrobiologisches Museum → S. 129, nordwestl. a 2
Im Museum am nördlichen Ortseingang werden Flora und Fauna des Roten Meeres gezeigt, zum Teil in großen Meerwasseraquarien.
Tgl. 9–17 Uhr; Eintritt 15 LE

Essen und Trinken

Die meisten Hurghada-Urlauber essen im Hotel, wo sich europäische und orientalische Fisch- und Fleischbuffets abwechseln. Fischliebhaber kommen hier voll auf ihre Kosten.

Bordiehn's Restaurant & Villa Kunterbunt → S. 129, südl. c 2
Kamelsauerbraten mit Spätzle, Lachs, Steak – bei Koch Thomas Bordiehn gibt's das alles.
Arabic Beach Resort; Tel. 3 54 87 90, Fax 3 54 48 88; www.bordiehn.com
●●●● CREDIT

Fish Market → S. 129, südl. c 2
Den besten Fisch weit und breit wählt man selbst vom Buffet aus und sagt dem Chef, wie er zubereitet wird.
InterContinental Hotel; Tel. 3 44 69 11
●●● CREDIT

Tuscany → S. 129, südl. c 2
Dieser Italiener ist bekannt für seine gut gelagerten Weine – vor allem auch bei im Ort lebenden Ausländern.
Marriott Hotel; Tel. 3 44 69 50 ●●●

Al-Masri → S. 129, südöstl. c 2
Das Mutter-Restaurant in Luxor ist für seine gegrillten Kebabs und Kofta berühmt. Fast so gut ist diese Filiale.
Midan Sigala; Tel. 3 44 33 98; tgl. 17–24 Uhr ●●

Die hell erleuchteten Minarette der Großen Moschee beherrschen den Abendhimmel über Hurghada.

Felfela → S. 129, südl. c 2
Traditionelle ägyptische Küche; lecker und preiswert.
Sheraton Road; Tel. 3 44 24 11;
tgl. 10–2 Uhr ●●

Portofino → S. 129, b 1
Fischgerichte, ägyptisch oder italienisch zubereitet.
Sh. Dr. Sayed Qaraiem; Tel. 3 54 62 50;
tgl. 12–15, 19–24 Uhr ●●

Einkaufen

Im Ortszentrum finden sich diverse Läden, die Gold- und Silberschmuck, Handarbeiten und Souvenirs anbieten – allerdings maßlos überteuert. Vorsicht bei der Verwendung von Kreditkarten: Einige Geschäfte fälschen den Kaufbeleg und rechnen überhöht ab. Heben Sie Ihren Durchschlag auf und prüfen Sie zu Hause genau nach.

Am Abend

Hurghada besitzt ein lebhaftes Nachtleben, v. a. in den Hotels. Beliebt sind die **Jungle Disco** (Grand Hotel) und **The Dome** (Hotel InterContinental).

Alf leila wa leila → S. 129, südl. c 2
Pharaonisch-beduinisches Disney mit Shows, Restaurants und Arena.
Am südl. Ortsende Hurghadas

Black Out → S. 129, südl. c 2
Populäre Disco, die sich mit Schaumpartys einen Ruf erarbeitet hat.
Ali Baba Palace; Tel. 0 12/2 21 77 34;
tgl. ab 23 Uhr

Calypso → S. 129, südöstl. c 2
Nachts sieht das beleuchtete Calypso aus wie ein Raumschiff. Im Inneren: Dach-Biergarten, Pub und Flirt-Disco.
Hadaba St., zw. Dahar und Sigala;
Tel. 0 12/2 57 28 78; tgl. 0–24 Uhr

Liquid Lounge → S. 129, südl. c 2
Coole Strandbar. Tanzpartys fast jeden Abend ab ca. 22 Uhr.
El Tabira Beach; Tel. 0 12/3 82 06 94

Papa's Bar → S. 129, südl. c 2
Lokalverbund mit **Rossis Pizza**, beliebt bei in Hurghada lebenden Ausländern, fast jeden Abend ein Tipp.
Sheraton Road; Tel. 0 10/5 12 90 51;
tgl. ab 17 Uhr

Papa's Beach Club → S. 129, südöstl. c 2
Von 22 Uhr bis zum Morgen: schon lange der In-Platz Hurghadas, wenn man unter freiem Himmel trinken und am Strand tanzen will. DJs aus Europa, oft mit wahrlich wilden Gogos.
Sigala, nahe Eifel Hotel; Tel. 3 44 41 46

Pharaonic Go-Kart → S. 129, südl. c 2
Tolle Piste für die Mini-Flitzer.
Nähe Magawish Village; 12–24 Uhr

The D.O.M. → S. 129, südl. c 2
Seit Jahren beliebte Disco.
InterContinental Hotel; tgl. ab 23 Uhr CREDIT

SERVICE

Auskunft

Tourist Information S. 129, südl. c 2

New Hurghada, gegenüber vom Grand Hotel; Tel. 3 44 44 20

Buchladen

Pyramid Book Shop S. 129, südl. c 2

Zeitungen, Zeitschriften und außerdem viel Unterwasser- und Taucher-Literatur in Englisch, Deutsch und Französisch, alles sehr teuer.

Jasmin Village; Hotel-Corniche

Dekompressionskammer für verunglückte Taucher

Hurghada Navy Hyperbaric and Trauma Center (Marines Hyperbares- und Unfallzentrum) S. 129, südl. c 2

Am Touristen-Hafen; Tel. 3 44 91 50; 24-Std.-Notruf: Dr. Ahmed Saber; Tel. 3 44 91 50; Dr. Mohaymen; Tel. 3 44 91 50

Kirche

El-Anba Shanuda S. 129, b 2

Fr und So finden katholische Gottesdienste statt.

Mietwagen

Budget

Im Marriott Hotel; Tel. 3 44 69 50, -53; im Sofitel Hotel; Tel. 3 44 72 61

Surfen

Surfcenter finden sich in allen größeren Hotels. Tipp:

Pro Center Tommy Friedl

Jasmine Village; Tel./Fax 3 44 64 50; www.tommy-friedl.de/spot.htm

Tauchen & Schnorcheln

Alle größeren Hotels oder Tauchschulen bieten Kurse an. Es gibt ungefähr fünf Dutzend Tauchschulen. Eine der besten:

James & Mac Giftun Beach Resort S. 129, südl. c 2

Tel. 3 46 30 03, Fax 3 46 21 41, Mobil-Tel. 0 12/3 11 89 23; www.james-mac.com

Verkehrsverbindungen

Busse

Mehrmals tgl. in alle Richtungen; bequeme Super-Jet-Busse nach Kairo und Alexandria.

Auskunft: Tel. 3 54 47 22

Mehrmals tgl. nach Luxor und Assuan.

Auskunft: Tel. 3 54 75 82

Flüge

Tgl. Flüge der Egypt Air nach Kairo; mehrmals wöchentlich Flüge nach Sharm el-Sheikh, Alexandria.

Auskunft: Egypt Air; Tel. 3 44 07 88 und 3 44 35 98

Fähre

Ein Schnellkatamaran verbindet Hurghada mehrmals wöchentlich mit Sharm el-Sheikh.

Buchung: Eid Travel; Tel. 3 54 51 47

Sammeltaxen

Tgl. mehrmals in alle Richtungen.

Ziele in der Umgebung

Antonius- und Paulus-Kloster S. 176/177, CD 8

Ca. 3 Autostunden von Hurghada entfernt liegen in den Bergen der Wüste die beiden ersten Klöster Ägyptens, die noch heute von Mönchen bewohnt sind. Das eine ist Antonius dem Großen (geb. 251 in Oberägypten) geweiht, dem Einsiedler und »Vater des Mönchtums«, Schutzpatron, Helfer und Tröster der Verfolgten. Die Lage in den zerklüfteten Bergen ist atemberaubend. Das andere Kloster, nicht minder imposant, wurde Anfang des 6. Jh. gegründet und ist dem hl. Paulus von Theben (228–343) geweiht, der sich hier ab dem 16. Lebensjahr vor der Verfolgung durch die Römer versteckte – 80 Jahre lang. Ein Rabe und zwei Löwen, so die Legende, brachten ihm täglich Brot. Nach der Überlieferung wurde er vom hl. Antonius begraben.

Übernachten kann man an der Küste im Badeort Ain Sukhna (komfortabel: **Palmera Beach Resort**; Tel. 0 62/2 41 08 16, Fax 2 41 08 25; günstig: **Ain Sukhna Village**; Tel. 062/232 84 44).
ca. 250 km nordwestl. von Hurghada

El-Gouna

S. 181, D 13

3000 Einwohner

Der Ort liegt 22 km nördlich von Hurghada zwischen dem Küstengebirge und dem Roten Meer. Die Hotels und Privatvillen sind in Pastelltönen gestrichen, die Architektur ist traditionellen Beduinenhäusern angeglichen. Künstlich angelegte Lagunen durchziehen die aus der Wüste gestampfte Stadt. Das Meer eignet sich nicht zum Tauchen. Ideal für Pool-Urlauber.

Gounas »Schöpfer« ist der ägyptische Bau-Tycoon Samih Sawiris. Er schuf dieses Feriendorf mit künstlich angelegten Lagunen aus dem Sand. Die Architekten Alfredo Freda und Michael Graves, schon bei Disney in Orlando tätig, haben dem Ort einen kräftigen Hauch von Disneyland verliehen. Mittlerweile werden ihr leichter Stil sowie die leuchtenden Farben – bis dahin in Ägyptens Hotelarchitektur nicht zu finden – vor allem in Hurghada und auf dem Sinai kopiert. Der Urlauber hat in El-Gouna also nicht das Gefühl, in einer x-beliebigen Bettenburg zu wohnen, die so auch auf den Kanaren stehen könnte. Er soll den Orient erleben, ihn spüren.

El-Gouna also ist ein Versuch, Architektentraum und Erfordernisse einer abgeschlossenen Touristensiedlung, samt Krankenhaus, Schule, deutsch-ägyptischer Hotelfachschule und kleinem Flughafen, unter einen Hut zu bringen. **Kafr el-Gouna**, das »alte« Ortszentrum, strahlt Fußgängerzonen-Atmosphäre aus, hat Kopfsteinpflaster, einen kleinen Basar, Künstlerviertel, Restaurants und Bars – alles sehr mediterran. Im malerischen Jachthafen **Abu Tig Marina** (125 Anlegeplätze) liegen Segelboote, Motorboote, Jachten aus den USA, Gibraltar und Norwegen. Unter den Arkaden rund um die Marina ist eher teures Shopping angesagt.
30 km nordwestl. von Hurghada

Hotels/andere Unterkünfte

In El-Gouna gibt es derzeit 14 Hotels, von der Luxuskategorie bis zum gemütlichen Gästehaus; weitere Hotels sind im Bau. Nicht alle Hotels haben einen eigenen Strand, Gäste können jedoch andere Hotelstrände nutzen.

Anklänge an Disneyland: die künstlich aus dem Boden gestampfte Hotelstadt El-Gouna.

Captain's Inn
Gästehaus mit Ausblick auf den Jachthafen. Auch das nahe gelegene **Turtle's Inn** mit gleichem Management bietet einen wunderbaren Blick über die Marina, stilvoll und modern.
El-Gouna; Tel./Fax 3 58 01 70, -1 71;
E-Mail: captain_turtle@orascom.net
●●●● CREDIT

Steigenberger Golf Resort
Luxus pur in Gounas bestem Hotel. Entworfen von Stararchitekt Michael Graves in Form eines nubischen Dorfes samt angeschlossenem wunderbaren 18-Loch-Golfplatz.
El-Gouna; Tel. 3 58 01 40, Fax 3 58 01 41;
www.el-gouna.steigenberger.de ●●●●
CREDIT

Dawar el-Omda Swiss Inn
Schwere Vorhänge, Mosaikböden, antike Möbel, kleiner Pool, sehr gelungenes Hotel!
El-Gouna; Tel. 3 54 50 60/2/3, Fax
3 54 50 61; www.swissinn.net ●●● CREDIT

Sehenswertes

Aquarium
Hier wird die Fischwelt des Roten Meeres präsentiert: Napoleonfisch, Moränen, Hummer, Papageienfische, Rochen, dazu Babykrokodile (vom Nil).
Tgl. 12–23 Uhr; Eintritt 35 LE

Gouna-Rundfahrt mit dem Boot
Der Gast erfährt auf diesen Trips mehr über die Geschichte, den Gründer und die Architektur des Ortes.
Infos: Hotelrezeption; Fahrt 30 LE

Museen

Gouna Museum
Das Museum zeigt Kopien von ägyptischen Altertümern.
Tgl. 10–14, 17–19 Uhr; Eintritt 10 LE

Essen und Trinken

Die Auswahl ist vielfältig: Von Mezze, den typischen Vorspeisen, bis hin zu Steak au poivre, Lobster und Würstchen gibt es alles. Hotelgäste können am »Dine Around El-Gouna«-Programm teilnehmen, d. h. die Küche der anderen Hotels versuchen; tgl. 13–16, 19–24 Uhr. El-Gouna hat die zentrale Telefonnummer 0 65/35 49 70 -2, -3, -9; innerhalb von El-Gouna wählt man eine Durchwahl.

Baa Khao
Gute Thai-Küche.
El-Gouna; Tel. 3 54 45 01 ●●●● CREDIT

Orient 1001
Libanesische und ägyptische Küche.
El-Gouna; Tel. 3 54 56 06 ●●●● CREDIT

Bleu Bleu
Exzellenter Fisch, ägyptische Salate.
El-Gouna; Tel. 77 9 28 ●●● CREDIT

Le Deauville
Elegantes französisches Bistro-Restaurant, Eigentümer ist Tarek Sherif, Sohn von Omar Sherif.
El-Gouna; Tel. 21 00 ●●● CREDIT

Pro Tours
Wüstensafaris mit Kamelkarawanen und einem Beduinendinner.
El-Gouna; Tel. 21 75; E-Mail protours@
ohh.com.eg ●●● CREDIT

Spaghetteria Del Porto
Pannacotta und Tiramisu, Schinken und hausgemachte Spaghetti.
El-Gouna; Tel. 7 79 63 ●●● CREDIT

Wüsten BBQs
Trips in die Wüste mit Barbecue und Beduinen-Show.
Peak Safari, Mobil-Tel. 010/1 41 31 36
●●● CREDIT

Kiki's
Italienische Küche. Von der Dachterrasse Blick auf Lagune und Strand.
El-Gouna; Tel. 24 07 ●● CREDIT

Einkaufen

El-Gouna hat Dutzende Shops. Im kleinen Basar **Kafr El-Gouna** kann man Gold und Silber kaufen, Lederwaren, orientalische Schals, Kerzenständer, esoterische Amulette, Galabayas und kleine Parfümflaschen aus Glas, in verschiedenen Größen, Formen und Farben. Wenige Gehminuten entfernt gibt es Reisemagazine, Postkarten und Landkarten, außerdem Klamottenläden und einen Supermarkt. **Cotton Club** hat schöne Baumwollkleidung. In **Abu Tig Marina** shoppt man exklusiv Markenartikel, etwa Calvin Klein und Giorgio Armani.

Unbedingt besuchen sollte man **Oasis for Perfumes** im Tamr Henna: kräftig rote und dunkle Holzpaneele, Parfümflaschen in allen Größen und Farben, pure Essenzen, von Amber bis Sandelholz. Die Düfte heißen »Geheimnis der Wüste«, »Omars Duft für besondere Nächte«. Bevor Omar einen Duft vorschlägt, macht er erst einmal eine Schnupperprobe. Wenn er den Geruch der Haut eingesogen hat, kreiert er einen ganz persönlichen Duft. Die Essenz reibt er dann in die Haut ein. Sehr charmant.

Am Abend

Das Hoteldörfchen El-Gouna bietet ein reges Nightlife. Man beginnt gegen 19 oder 20 Uhr mit dem Dinner, dann geht's ab in Cafés und Bars.

Aladin Casino
Einarmige Banditen, Roulette, Blackjack.

Barten
Flippige Bar, alles in Knallrot.

Billards Bar
Billard bis 3 Uhr morgens im Captain's Inn Hotel.

Kino
Renaissance Cinema Complex
Jeden Abend um 18, 21 und 24 Uhr drei Blockbuster-Filme.

Le Tabasco – Bar/Bistro
Entspannte Atmosphäre, gute Musik auf zwei Ebenen, drei Terrassen.

Beach Partys am Mangroovy Beach
Sandstrand mit Volleyballfeld; am Abend steigen Beach-Partys mit BBQ, Lagerfeuer und Musik.

Palladium Disco Party
Open-Air-Disco mit modernster Lasertechnik. Hits aus den internationalen Charts. Donnerstags ist Ladies' Night, freitags der Tag für Hits aus den Siebziger- und Achtzigerjahren.

Palma Karaoke Café
Karaoke-Café mit über 3000 Songs (in acht Sprachen) auf Lager.

Sandbar
Drinks vom kalten Bier bis zum eisgekühlten Cocktail. Wer Hunger bekommt, stürzt sich auf Nachos, Taquitos und Fajitaos.

Studio 52
Pianobar mit Livemusik oder Karaoke.

Service

Auskunft
El-Gouna Information Center
Tel. 0 65/3 54 97 02; www.elgouna.com

Dekompressionskammer für verunglückte Taucher
El-Gouna Diving & Hyperbaric Medicine (Tauch- und Hyperbare Medizin)
El-Gouna Hospital; Tel. 3 58 00 11/8; 24-Std.-Notruf: Dr. Hossam Nasef 0 12/ 2 18 75 50; Dr. Hanaa Nasef 0 10/ 1 56 05 59

Hamata & Berenice

S. 119 F 17/18

Richtung sudanesische Grenze (kein Übergang möglich) fährt man entlang weitgehend unberührter Küste mit sehr schönen Buchten, Mangrovenwäldern und nur allmählich dokumentierten Tauchrevieren. Wer Einsamkeit nicht erträgt, bekommt hier den Koller.

Die Region um Hamata halten viele Taucher für den besten Tauchplatz am Roten Meer. Das Revier **Sha'ab Malahi** – wild zerklüftete Riffe, Canyons, Rifftürme, Höhlen – ist per Boot in eineinhalb Stunden zu erreichen. Am senkrecht abfallenden Riff **Sha'ab Maksur** kann man gelegentlich sogar Hammerhaie, Riffhaie, Mantas und Walhaie sehen. Bei den Inseln Zabargad und Rocky Island ist außer dem 2003 entdeckten Wrack der »SS Maiden« die Begegnung mit Haien so gut wie sicher.

Berenice ist mit seinem wunderschönen **Kap Ras Banas** der letzte ägyptische Ort vor der sudanesischen Grenze, der Besuchern zugänglich ist. Die Küste ist gesäumt von Mangrovensümpfen; es gibt zahlreiche unberührte Buchten zum Schwimmen und Schnorcheln. Die antike Stadt Berenice bekam ihren Namen von Ptolemäus II., wurde 275 v. Chr. zum wichtigen Handelshafen. Hier finden sich die Ruinen eines **Serapis-Tempels** sowie die Edelsteinbrüche von Wadi Sakait, die von der pharaonischen Zeit bis zur römischen Epoche ausgebeutet wurden.

390 bzw. 420 km südöstl. von Hurghada

Hotels

Ecolodge Wadi Lahami Village
Einfaches Taucherleben, prima organisiertes Camp, die Küste ist ideal für Nachttauchgänge.
Wadi Lahami (Ras Banas); Satelliten-Tel. 0 08 73/7 61 60 91 45, Fax 0 08 73/7 61 60 914 6 ●●●●

Zabargad Resort
Bungalowresort mit Orca-Tauchbasis (www.orca.de); Tauchausflüge.
Hamata; Satel.-Tel. 00 88/2 16 33 33 01 30
●●●●

Lahami Bay Hotel
Die südlichste Hotelanlage Ägyptens, komfortabel, viel gelobt, keine Disco, kein Handy-Empfang, gut auch für Schnorchler. Mit hervorragender Tauchbasis **Ocean Pro Diving Center**. Über 5 km langes, bunt bewachsenes

Das Rote Meer ist ein Tauchparadies. Manche Reviere lassen sich direkt vom Strand aus erreichen, andere erfordern eine Anfahrt mit dem Boot.

Hausriff in Strandnähe und mehr als 40 Tauchgründe in der Umgebung.
Wadi Lahami (Ras Banas); Tel. 01 95/10 03 56; www.oceanpro-diveteam.com
●●●

Makadi Bay ····> S. 181, D 14

Eine verlassene Wüstenlandschaft, dann plötzlich Palmen und Gebäude wie aus 1001 Nacht – so erlebt man es, wenn man sich der südlich von Hurghada gelegenen Makadi Bay nähert, eine sehr schöne Meeresbucht mit leuchtend blauem Wasser und nahen Korallenriffen. Die Bucht liegt in der Tat, sobald man die Hauptstraße verlassen hat, am Ende einer unwirtlichen Steinwüste, durchzogen von Schotterwegen für Baustellen-LKWs.

Ein Dutzend Hotels hat bereits eröffnet, weitere werden folgen. Gas-

tronomie und Nachtleben finden in den Hotels statt – Ausflüge nach Hurghada sind problemlos. Viel sportbegeistertes Publikum macht hier Urlaub. Infos zum jährlichen Halbmarathon unter: www.halfhm.com.
30 km südl. von Hurghada

Hotels/andere Unterkünfte

Grand Makadi
Große Zimmer, sehr ruhige Anlage in orientalischer, aber nicht schwülstiger 1001-Nacht-Architektur. Das Foyer erinnert an einen Kalifenpalast; schön die Taubentürme rund um den riesigen Pool. Das nächste Hotel (**Fort Arabesque**) liegt 10 Gehminuten am Strand entfernt; dort Möglichkeiten zum Baden im Meer, Schnorcheln.
Makadi Bay; Tel. 3 59 01 59, Fax 3 59 01 69; www.redseahotels.com
●●●● CREDIT

Iberotel Makadi Beach
Kinderfreundliches Hotel, großer Pool. Vom Strand aus schnorcheln möglich.
Makadi Bay; Tel. 3 59 00 00, Fax 3 59 00 20; www.iberotel-eg.com/main1
●●●● CREDIT

Le Meridien Makadi
Haupthaus und Nebengebäude sind im nubischen Stil gehalten. Feiner gepflegter Sandstrand, kristallklares Wasser, schöne Schnorchelriffe in Strandnähe.
Makadi Bay; Tel. 3 59 05 90, Fax 3 59 05 95; www.lemeridien.com ●●●● CREDIT

Sol y Mar Club Makadi
Familienhotel mit eigener Tauchbasis am Strand, für Kinder flacher Strand.
Makadi Bay; Tel. 3 59 00 25, Fax 3 59 00 35; www.solymaregypt.com
●●●● CREDIT

Einkaufen

Einzige Einkaufsmöglichkeit ist das **Makadi Center**. Die Verkäufer sind oft aufdringlich, wechseln gerne mal Geld zu falschen Kursen.

Marsa Alam

S. 181, E 15

3500 Einwohner

Bei Marsa Alam, einem kleinen Fischer- und Hafenort, wird Pottasche (Kaliumcarbonat) abgebaut. In der Antike lag der Ort an einer wichtigen Handelsroute zwischen Rotem Meer und Niltal. Die Pharaonen ließen in **Minen** nach Gold und Smaragden schürfen. Der Ende 2001 eröffnete, kleine **internationale Flughafen** fördert den Ausbau weiterer Küstenabschnitte und bringt Tauchtouristen aus Europa noch schneller zu den abgelegenen Revieren.

Marsa Alam genießt den Ruf, sehr gute **Tauchreviere** zu bieten. Noch gibt es wenige luxuriöse Hotels, dafür etliche gute Tauchcamps und so genannte »Ecolodges«, die einen einfachen, naturverbundenen Lebensstil (schlichte Hütten, keine Discos) pflegen. Im Ort findet man lediglich kleine Geschäfte, Bäcker, Schlachter, einfache Cafés und Restaurants.
280 km südl. von Hurghada

Hotels/andere Unterkünfte

Iberotel Coraya Beach
Luxus-Resort, Sandstrand, im Winter geheizter Pool, viele Sportmöglichkeiten. Auch Flutlicht-Tennis, Fitnesscenter, Hausriff zum Schnorcheln.
5 km. nördl. Marsa Alam, Ghorayfat Bay; Tel. 3 75 00 00, Fax 3 75 00 09; www.iberotel-eg.com ●●●● AmEx VISA

Kahramana Blondie Beach Resort
Grüne Anlage zwischen Meer und den »Blondie«-Bergen. Rundum viele Buchten mit sehr guten Hausriffen.
5 km nördl. von Marsa Alam; Tel. 01 95/10 02 61, Fax 01 95/10 02 59; www.kahramanaresort.com ●●●

Shams Alam Hotel
Gemütliche Zimmer, gutes Hausriff.
40 km südl. von Marsa Alam; Tel. 0 12/2 44 49 31; shamsalam@yahoo.com
●●●

Steil ragt das Küstengebirge über dem Tauchzentrum Safaga auf. Ein aufregendes Nachtleben wie in Hurghada sucht man hier vergebens.

Ecolodges Marsa Shagra (Shagra Village & Nakari Village)
Tauchercamp, Zelte mit Beduinenbetten, auch Bungalows mit Meerblick sowie Kuppeldach-Chalets. Alles ist denkbar einfach: Gegessen wird unter Palmwedelpergolas, den knappen Strom (für Tauch-Equipment) gibt's aus dem Generator.
18 km nördl. von Marsa Alam; Tel. 01 95/ 10 02 62, Reservierung Kairo: Tel. 02/ 3 37 18 33, Mobil-Tel. 0 12/2 46 16 56; www.redsea-divingsafari.com ●●●

SERVICE

Tourist Police
Quaraya Hotel; Tel. 3 75 00 00

Tauchen
Pioneer Divers
Tel./Fax 01 95/10 02 63, Mobil-Tel. 0 12/ 2 46 16 56,

Dekompressionskammer für verunglückte Taucher
Marsa Alam Hyperbaric Chamber
Ecolodge Marsa Shagra; Tel. 01 95/ 10 02 62; 24-Std.-Notruf: Dr. Hossam Nasef 0 12/2 18 75 50; Dr. Hanaa Nasef 0 10/1 56 05 59

Wüstensafaris
Red Sea Desert Adventures
Shagra Village; Tel. 0 12/2 46 78 26; www.redseadesertadventures.com

Safaga

S. 181, D 14

8000 Einwohner

Safaga, der wichtigste Hafen an der Rotmeerküste und etwa eine halbe Autostunde südlich von Hurghada gelegen, hat bis vor kurzem nur Eingeweihte aus der Tauchszene angezogen. Doch damit scheint es nun vorbei zu sein: Hotels und Pensionen schießen aus dem Wüstenboden. Einen großen Vorteil gegenüber Hurghada hat Safaga dennoch: Man bemüht sich, Riffe und Tauchreviere von Anfang an vor den Schäden durch rücksichtslose Taucher zu schützen. Ob der Vorsatz Realität wird, muss erst abgewartet werden ...
60 km südl. von Hurghada

Ein Bewacher gönnt den Dromedaren und sich eine Siesta. Ausflüge in die Arabische Wüste sind eine beliebte Abwechslung zum Badealltag am Strand.

HOTELS/ANDERE UNTERKÜNFTE

Safaga Lotus Bay
Die schönste, weil reich begrünte Anlage, die gemütlichsten Zimmer und das freundlichste Personal – wenn schon Safaga, dann ins Lotus.
Tel. 3 25 24 43, Fax 3 25 10 42; www.lotusbay.com ●●● CREDIT

Sol y Mar Paradise Beach
Mittelklassehotel mit gepflegtem Strand und sauberen Zimmern.
Tourist Center; Tel. 3 25 16 35, Fax 3 25 16 38; www.solymar-hotels.com ●●● AmEx VISA

SERVICE

Auskunft
Safaga Tourist Center
Da man Touristen von Hurghada abwerben will, hat man das Tourist Center 8 km südlich von Hurghada direkt an der Hauptstraße eröffnet.
Tel. 3 45 10 40

Tauchschule
Barrakuda-Club
Tel. 3 45 17 61 und 3 45 17 63

Soma Bay

→S. 177, D 14

An der Soma Bay (Ras Abu Soma) urlaubt man – zwischen Hurghada und Safaga – an einer großen abgeschiedenen Bucht, an der noch weitere Hotels geplant sind. Der Golfplatz **The Cascades** (www.thecascades.com) zieht sich quer durch die Wüste.
40 km südl. von Hurghada

HOTELS/ANDERE UNTERKÜNFTE

Soma Bay Club Robinson
Schöne Clubanlage, keine aufdringlichen Animateure, ideal auch für Familien (Kinderbetreuung) und Wassersportler; gutes Nightlife.
Soma Bay; Tel. 3 54 99 34, Fax 3 54 98 78; www.robi-club.de ●●●● CREDIT

Sheraton Soma Bay
Architektonisch eine moderne Version des Karnak-Tempels. Der am Meer gelegene Championship-Platz ist bei Golfern sehr beliebt (18 Loch).
Soma Bay; Tel. 3 54 58 45, Fax 3 54 58 85; www.sheraton-somabay.com ●●●● CREDIT

MERIAN LIVE!
DIE BESTE REISE-
FÜHRER-REIHE.
MERIAN live!
Berlin
WELTWEIT GRÖSSTE REISEMESSE
1. PLATZ
ITB BuchAward
2006
Kompakte Reiseführer
BESTER
REISEFÜHRER
2005
2004
2
1
3
RIAN
live!
guide
kompass
scout
map
QUALITÄT SETZT SICH DURCH: Bei den ITB BuchAwards hat MERIAN live! zum dritten Mal in Folge den 1. Platz unter den Kompakt-Reiseführern belegt. Aktuellste Informationen, kompetenteste Autoren, präzisestes Kartenmaterial und das kompakte Format haben wie schon in den Vorjahren die Experten-Jury überzeugt. Setzen auch Sie auf die Sieger! Mehr Informationen unter WWW.MERIAN.DE
MERIAN live!
Die Lust am Reisen

Tauchen und Schnorcheln

Paradiesische Riffe und verwunschene Wracks machen das Rote Meer zu einem Mekka für Taucher.

Wo immer Sie Urlaub machen, ob Hurghada, Safaga, Marsa Alam, Sharm el-Sheikh oder Dahab – die Unterwasserwelt der Region zählt zum Schönsten dieser Erde. Viele Tauch- und Schnorchelplätze sind schnell erreichbar, liegen oft wenige Schwimmminuten vor dem (Hotel-) Strand. Gleich hier die Bitte: Trampeln Sie nicht auf Riffen herum, vermeiden Sie jede Berührung. Erstens besteht Verletzungsgefahr durch rasierklingenscharfe Kanten; zweitens zerstören Sie wertvolle Natur.

Hurghada

Tauchen

Abu Ramada: 1 Std. Bootsfahrt, bis zu 40 m tief, fischreich, felsig.

2 Giftun Island: Anfahrt 1 Std., Ostseite gut für Strömungstauchen.

Careless Reef: 5 km nördl. Giftun, kein Schutz vor Wind, Strömung, farbenprächtiger Korallenwuchs.

Shedwan Island: bis 4 Std. Anfahrt, Insel ist militärisches Sperrgebiet. Rund um Shedwan gute Tauchplätze, u. a. Schiffsfriedhof Abu Nuhas.

Schnorcheln

Mahmya, Südstrand der Insel Giftun Kebira, wunderbar!

Sha'ab Sabrina, Riff nahe Mahmya, Ostküst Giftun Kebira.

Makadi Bay, windgeschützt, ideal zum Schnorcheln, Barrakudas

Safaga

Tauchen

Abu Soma Reef: Anfahrt 1 Std., häufig starke Strömungen, 32 m tief, herrlicher Korallenwuchs.

Sha'ab Tobia Arba'a Reef: Anfahrt 1 Std., 15 m tief, vier Korallentürme; auch für Anfänger.

Gamel Kebir: Anfahrt 1 Std., wunderschönes, 400 m langes Riff; sehr starke Strömungen.

Panorama Reef: Anfahrt 1 1/2 Std., eines der aufregendsten Riffe, mit Steilabfällen bis an die 200 m, zahlreichen Höhlen und Überhängen; strömungsbedingt manchmal sehr schwierig.

Schnorcheln

Tobia Arbaa, Soma Bay: leuchtende Weichkorallenformationen.

Marsa Alam

Tauchen

Elphinstone Reef/Sha'ab Abu Hamra: 700 m langes Riff, fällt an Ost- und Westseite erst 40 m, dann 100 m ab, fischreich an der Südseite, manchmal Barrakudas und Haie.
Sha'ab Sharm: 33 km südl., 200 m langes Riff, 30–100 m Abfall, starke Strömungen; Delfine, Hammerhaie, Schildkröten.

Sinai

Tauchen

Jackson Reef: 1 km von Tiran Island, Südseite ideal zum Abstieg, farbenprächtiger Korallenwuchs.
Woodhouse Reef & Thomas Reef: Ostseite steil abfallend, in 35 m Tiefe zweites Riff.
Ras Nasrani: 9 km nördlich Naama Bay,10 bis 15 m flach, Riffabfall 60 m, gut für Nachttauchgänge.
Shark Bay: 5 km nördlich Naama Bay, vom Strand erreichbar, 45 m tief, steil abfallendes Riff, Haie und Mantas.
The Gardens: nördlich Naama Bay, ein Paradies für Fotografen, bis 45 m tief.

The Tower: 3 km südlich Naama Bay, von Land zugänglich, leichter Einstieg, 80 m abfallender Canyon.
Ras um Sid und The Temple, Sharm el-Maya: von Land zugänglich, starke Strömung, 25 m tief; 1 km westlich: The Temple (Bootsanfahrt), viele Rifffische, Weichkorallen.

Schnorcheln

Gordon Reef: nahe Wrack der Lovilla, tolle Korallenvielfalt.
Near Garden, Naama Bay: zwischen Sofitel und Hyatt, fischreich.
Ras Umm Sid: viel besucht, fischreich.

Ras Mohammed

Tauchen

Shark Observatory Bay: Steilabfall bis 70 m, manchmal Haie.
Shark Reef und Yolanda Reef: Riffe bis zu 30 m Höhe, starke Strömungen.
Fisherman's Bank: 1,7 km nördlich des Ras-Mohammed-Kliffs, Zugang von Land bei unruhiger See schwierig.
Eel Garden: leicht zugänglich von Land, bis 15 m, Sandboden.

Schnorcheln

Marsa Ghozlani: beliebtester Platz in Ras Mohammed, vielfältige Korallen, windgeschützt.

Dahab

Tauchen

The Canyon: 4 km nördlich, große Lagune, betauchbarer Canyon bei 15 m.
Blue Hole: 6 km nördlich, schwieriger Krater, der auf 80 m abfällt.
The Lighthouse: am Leuchtfeuer, leichter Einstieg, steile Korallenwände bis 30 m, mehr Menschen als Fische.

Barbenschwarm im Roten Meer.

Routen und Touren

Das schon vor Jahrtausenden domestizierte Dromedar wird auch heute noch in den ländlichen Gegenden Ägyptens als wichtiges Arbeits- und Schlachttier genutzt.

Auf den Spuren alter Kulturen – Ausflüge durch das Land zwischen Wüste und Rotem Meer sind Reisen in die Vergangenheit durch atemberaubende Landschaften!

Die Oasen der Libyschen Wüste – 1000 km durch schier endlose Weiten

Charakteristik: Die Schönheit der Westlichen Wüste Ägyptens entdeckt man auf dieser Tour – ferne Oasen, alte Städte, heiße Quellen; **Dauer:** 4–7 Tage; **Länge:** ca. 1000 km; **Einkehrmöglichkeiten:** einfache Restaurants, Proviant in den Oasen; ausreichend Wasser für die Fahrt mitnehmen; in allen Oasen gute Übernachtungsmöglichkeiten, teils sehr komfortabel; **Karte:** ⟶ Umschlagkarte vorne

Descheret, rotes Land, nannten die Pharaonen die unwirtliche Wüste westlich des Nils, eine Zwielichtzone, in der nachts die Schakale heulten und in der Seth, der Gott des Chaos und des Unfriedens, regierte. Auch von »Feuerozean« sprachen die alten Ägypter, weil dort angeblich Hexen und Geister ihr Unwesen trieben. Umso labender wirkten die grünen Inseln. Herodot schwärmte, als er die Oase El-Kharga sah, von der »Insel der Seligen«. El-Kharga, Dakhla, Bahariya und Farafra bilden das so genannte New Valley in der Libyschen Wüste. Die Nutzung der dortigen Wasservorräte und der Anbau von Datteln, Zitronen, Obst, Gemüse und Getreide bestimmen die Landwirtschaft. Durch diese Wüste führt bis heute eine der großen nordafrikanischen Karawanenrouten, der Darb el Arba'ein, der Weg der vierzig Tage. Auf ihm werden aus dem Sudan Kamele, die später als Arbeits- und Schlachttiere enden, nach Ägypten gebracht (→ MERIAN-Tipp, S. 28).

Der Oasentrip von Kairo nach Luxor ist aufregend und kein Spaziergang. Außer einem Mietwagen bietet sich für die Tour der Bus an. Wüstentouren darf man weder ohne Vierradantrieb noch ohne örtlichen Führer unternehmen. Man muss mit Wüstenstürmen, Wanderdünen und Verwehungen rechnen!

Kairo ⟶ Bahariya

Die Fahrt von Kairo bis **Bahariya**, dem »Tal der Goldenen Mumien« (360 km) dauert ca. vier Stunden. Die Oase lebt von Landwirtschaft. Die Landschaft ist geprägt von vielen kleinen Bergen, sanften Hügeln und Wadis. In Bahriyas Gesellschaft sind Scheichs die mächtigen Männer, deren Wort über dem Gesetz aus Kairo steht. Auffallend sind die schwarzen Trachten der Frauen mit roter und gelber Stickerei. Von besonderer Schönheit ist der lokale Schmuck: goldene Nasenringe und Halsketten aus Glasperlen, wie sie Afrikas Sahara-Nomaden gerne tragen.

Im Mittleren Reich gehörte die Oase unter dem Namen Zeszes zum erweiterten Machtbereich der Pharaonen, die von hier unter anderem Wein, Obst, Gemüse und Getreide an den Nil transportieren ließen. Die Römer bauten in der Oase Aquädukte und Zisternen.

Die alte Hauptstadt der Oase, **Qasr**, und **Bawiti**, die neue, sind heute verschmolzen. Als römische Bäder gelten Ain Bishmu und Ain Bardir, 30 °C warme Quellen mit einem kleinen Wasserfall, den manche Einheimische gerne als Dusche benutzen. In einem Eukalyptushain liegt die Bir-Ghaba-Quelle, genau an dem Weg, den Karawanenrouten durch die Oase benutzen. Südwestlich Bawitis liegt das pharaonische Qasr, das eine Reihe von Monumenten besitzt, nur leider verschüttet in der Erde unter dem heutigen Ort. Von einem Tempel, geweiht dem Amun-Re, sind nur spärliche Relikte übrig geblieben, ebenso von einem einst großartigen römischen Triumphbogen.

Jüngst machte die Oase weltweit Schlagzeilen. Forscher entdeckten dort neben bekannten Mumiengräbern das so genannte »Tal der goldenen Mumien«. Vier bislang unberührte Gewölbe bargen mehr als 400 Mumien und kostbaren Goldschmuck aus der Zeit der Ptolemäer und Römer.

Unser Tipp zum Nächtigen in der Oase: das **International Hot Spring Hotel** (Bawiti, Tel./Fax 02/8 47 23 22, 8 47 30 14 oder Mobil 0 12/3 21 21 79; www.whitedeserttours.com ●●●). Das Hotel, betrieben von einem Deutschen, bietet Spa mit therapeutischer heißer Naturquelle. Man kann hier Jeeps und Führer für ein- und mehrtägige Wüstentouren buchen.

Bahariya ⇢ Dakhla

Richtung Südwesten erreicht die Hauptstraße nach etwa 85 km die große Weiße Wüste Farafras mit ihren strahlend weißen und bizarren Felsformationen. Off-Road-Touren unternimmt man hier nur mit einem Führer aus dem nahen **Farafra** (noch 43 km)! Farafra, wo es heiße, sprudelnde Quellen gibt, erreicht man binnen sechs Stunden; Übernachtung im **El-Badawiya Safari & Hotels** (Tel. 0 12/ 2 14 83 43). Farafras 2000 Bewohner leben vom Zitrus- und Dattelanbau.

In der Antike galt Farafra als »Land der Kuh«, das der Göttin Hathor geweiht war. Farafra war wegen seiner chronischen Wasserknappheit in der Antike kaum von Bedeutung. Das kann sich ändern. Es wurden große unterirdische Wasservorkommen gefunden. Den Ort **Qasr el Farafra** mit seinen 20 Quellen und Brunnen dominiert eine alte Festung, die der Regen ziemlich baufällig gemacht hat. Die Wehrtürme sind inzwischen eingestürzt. Die 110 Räume dienten den Bewohnern als Zuflucht bei Angriffen von Räubernomaden der Wüste.

Dakhla liegt gut drei Stunden entfernt, Hamdis Restaurant hilft bei der Quartiersuche. Von Farafra sind es 313 km. Dakhla wird nachweislich seit über 10 000 Jahren bewohnt. An den Ufern eines riesigen Sees lebten hier einst Büffel, Elefanten, Rhinozerosse und Zebras. Bereits in vorpharaonischer Zeit bestanden zwischen Dakhla und dem Niltal enge Handelsverbindungen. Die Römer schätzen Dakhla als Kornkammer und Obstgarten. Mit dem Rückzug der Römer verlor Dakhla seine Bedeutung.

Heute leben die Menschen Dakhlas (Berber und Beduinen) von der ertragreichen Landwirtschaft. Nach der Göttin Mut ist der Hauptort be-

Die Lehmhäuser der Oase Dakhla wirken schlicht, sind jedoch ideal im extremen Klima.

Die Weiße Wüste wartet immer wieder mit bizarren Felsformationen auf.

nannt, der eine Reihe heißer Quellen und den zerstörten **Tempel Mut el Khorab** beherbergt. Malerisch ist der Oasenort **Qasr Dakhla**. Die Ortsarchitektur ist islamisch geprägt; ein Musterbeispiel ist das restaurierte Abu Nafir-Haus mit der mächtigen Lehmziegelfassade und einer fein gearbeiteten Holztür. 2 km südwestlich des Ortes liegt der **Muzawaka-Friedhof** aus dem 1. Jh. Die mehr als 300 Gräber sind zum Teil mit sehr schönen Wandmalereien dekoriert.

7 km westlich von Qasr findet man den Sandstein-Tempel **Deir el-Haqqar**, erbaut im 1. Jh. unter der Herrschaft Neros. An den Tempelwänden hinterließen nicht nur römische Kaiser, sondern auch Forschungsreisende ihre Graffiti.

Übernachtung im **Sol y Mar Mut Inn** (Tel 0 92/7 82 15 30, Fax 7 92 79 86; www.desertlodge.net).

Dakhla ⇢ Kharga

Knapp drei Fahrstunden weiter erreicht man **Kharga**, 200 km sind es bis dorthin. Über Vor- und Frühgeschichte der von einer Hügelkette umschlossenen Oase ist so gut wie nichts bekannt. Grabinschriften bei Luxor berichten von Steuerzahlungen der Bewohner Khargas in Form von Naturalien, wie Wein, Obst und Gemüse. Es gab aber auch Strafexpeditionen wegen der nachlässigen Steuermoral der gelegentlich aufsässigen Oasenbewohner.

Kharga erlebte seine Blütezeit unter den Römern, die Aquädukte und Zisternen anlegten. Der koptischen Kirche und römischen Kaisern diente Kharga, Herodots »Insel der Seligen«, als Verbannungsort für Abtrünnige und genoss weit gehende Unabhängigkeit. Der Ort Qasr Kharga ist eine Stadt mit verwinkelten Gassen, fungiert als Hauptstadt der gesamten New-Valley-Provinz.

Nördlich des Ortes liegt in **Hibis** ein Amun geweihter Tempel aus dem 6. Jh. Dieser Tempel ist eines der beiden von Persern errichteten Heiligtümern in Ägypten; der andere Tempel findet sich ebenfalls in Kharga. Eines der schönen Wandreliefs zeigt Seth, blauen Körper, Falkenkopf, den Gott der Oase, wie er mit dem Speer eine Schlange aufspießt.

In 1 km Entfernung liegen am Gebel el-Teir, dem Berg der Vögel, die frühesten und besterhaltenen **Mausoleen** der Christenheit aus dem 4. bis 6. Jh., insgesamt über 260 kleine Grabräume. Die größeren Gräber verfügen über Kuppeldächer. Typisch sind biblische Wandmalereien. Übernachtung im **Pioneer Hotel** (Tel. 0 92/ 92 79 82).

Die Weiterfahrt (230 km) führt ins Niltal etwa in der Höhe der Großstadt Assiut. Eine alternative Route weiter südlich bringt den Reisenden in die Tempelstadt Luxor. Zweimal wöchentlich gibt es von dort auch Inlandsflüge zurück nach Kairo.

Assuan und der Süden – Antike Tempel und moderne Großprojekte

Charakteristik: Trotz der zu erwartenden Hitze – auf geht's zu früher Stunde zu faszinierenden Tempeln und dem berühmten Staudamm; **Dauer:** 1 Tag; **Länge:** 100 km (hin und zurück); **Einkehrmöglichkeiten:** Cafés und Restaurants in Assuan, Snacks, Getränke unterwegs. Übernachten nur in Assuan oder Abu Simbel; **Karte:** ⇢ S. 182

Von Assuan geht es als Erstes zur Assuan-Dammstraße, dann weiter der Beschilderung folgend zum Bootsableger für die Insel Philae (→ S. 99).

Assuan ⇢ Isis-Tempel

Die Ptolemäer begannen im 4. Jh. v. Chr. mit dem Tempelbau, die Römer komplettierten die Anlage mit Isis-Tempel, Hathor-Tempel, Hadrians-Tor, Harendotes-Tempel und Trajan-Kiosk. Insgesamt wurde auf **Philae** 560 Jahre lang gebaut, erweitert, erneuert – alles für Isis, Göttin von Erde, Wasser, Mond, Unterwelt, Patronin der Ehe und der Liebe.

1979/80 begann die radikalste Baumaßnahme: die Versetzung des Tempels. Seit 1902, dem Jahr der Fertigstellung des Alten Assuan-Dammes, war die unter Wasser stehende Insel mit dem Isis-Tempel nur mehr drei Monate im Jahr zu besichtigen – wenn sich die Speicherbecken leerten und die Insel aus dem Wasser auftauchte.

Der neue, 1971 eröffnete **Hochdamm Sadd el-Ali** drohte zu zerstören, was die Wasser des alten Dammes übrig gelassen hatten. Philae lag nun in einem Regulierungsbecken zwischen beiden Dämmen, mit ständig schwankendem Wasserspiegel. In einer international finanzierten Rettungsaktion wurde die Tempelanlage originalgetreu auf die nördlicher gelegene Insel Agilka umgesetzt: 44 000 Blöcke, Stein für Stein. Ein Erlebnis ist die Überfahrt zur Insel mit dem Boot.

Den gewaltigen **Isis-Tempel** gestaltete man reich mit Wandbildern. Ihrer Göttin widmeten die Priester alle zehn Tage eine Prozession zur südlich gelegenen Insel Biqe. Den heiligen Bezirk Abaton, die »reine Stätte«, durften nur wenige Priester betreten, die dort auf einem eigenen Altar täglich ein Milchopfer darbrachten.

Staudamm ⇢ Kalabscha-Tempel

Bei der Inbetriebnahme 1902 war der Staudamm die größte Talsperre der Welt (die Staumauer war 30,5 m hoch), fasste bei über 300 km Länge 1 Mrd. Kubikmeter Wasser. Als technische Meisterleistung gilt der neue Hochdamm. Durch die Erweiterung verdoppelte sich die Länge des Stausees auf über 600 km (die Hälfte davon im Sudan). Staute der alte Damm zuletzt 5,4 Mrd. Kubikmeter Wasser, so verdreißigfachte der Neubau das Volumen. Die Folgen waren gravierend: Die Anbauflächen im Niltal konnten um das Eineinhalbfache vergrößert werden. Über 40 Teams von Ingenieuren, Technikern und Archäologen waren beteiligt, als Ende der 60er-Jahre in einem Wettlauf gegen die Nilflut die Denkmäler zum Schutz vor den Wassern versetzt werden mussten, das berühmteste Abu Simbel.

Nach Überquerung der Dammstraße liegt am Westufer des Sees der **Tempel von Kalabsha**. Von 1961 bis 1963 dauerte der Umzug des Tempels auf die kleine Insel. Nordwestlich des Tempels steht der ebenfalls versetzte **Tempel Beit el-Wali**. Pharao Ramses II. ließ ihn ursprünglich aus dem Stein des Felstempels schlagen. Ramses II. tötet auf den Reliefs ganz mutig Feinde – sein Lieblingsmotiv.

Nun bietet sich die Rückfahrt nach **Assuan** oder die Weiterfahrt (290 km) mit Übernachtung nach **Abu Simbel** (→ S. 102) an.

Suezregion und Sinai-Westküste – Von Port Said nach Sharm el-Sheikh

Charakteristik: Die Region um den Suezkanal ist das Herz der Öl- und Handelswirtschaft Ägyptens. Jenseits des Kanals, an der Sinai-Westküste, kann man sich am Meer erholen; **Dauer:** ca. 3–5 Tage; **Länge:** ca. 700 km; **Einkehrmöglichkeiten:** An Tankstellen, in den Orten gibt es Restaurants für kleine und große Mahlzeiten. Gute Übernachtungsmöglichkeiten; **Karte:** ⇢ S. 176/177

Auf dem Weg von Port Said nach Suez sieht man die Schiffe des Welthandels vorbeiziehen. Beeindruckend sind die in der Ferne sich allmählich erhebenden Berge des Sinai. Die Stadt Port Said, 300 km nördlich von Kairo an der Suezkanal-Einfahrt des Mittelmeeres gelegen, ist Ausgangspunkt einer Ägyptenreise abseits des Nils. Es ist eine Tour, für die sich das Auto ebenso anbietet wie Bus oder Sammeltaxi.

Port Said ⇢ Ismailiya

Port Said, mit 590 000 Einwohnern Ägyptens viertgrößte Stadt, wurde Mitte des 19. Jh. gegründet, sozusagen als ein Nebenprodukt der beginnenden Arbeiten für den Suezkanal (Qanat-as-Suwais). Die kriegerischen Auseinandersetzungen mit Israel haben im Stadt- und Umgebungsbild bis heute ihre Spuren hinterlassen: Verfallene Häuser sind keine Seltenheit.

Ab dem späten Nachmittag kann man an der Einfahrt zum **Suezkanal** beobachten, wie sich im Mittelmeer die Schiffe für die nächtliche Passage durch die wichtigste Wasserstraße der Welt zum Konvoi formieren. Nach streng festgelegten Kriterien bilden die modernsten und sichersten Schiffe die Spitze. Dann folgen die älteren und nicht mehr ganz so neuen Dickschiffe. Das Schlusslicht bilden schließlich Tanker und Frachter, die bei früheren Passagen bereits negativ aufgefallen sind.

In Port Said, benannt nach dem unter Ismail regierenden Vizekönig Said Pasha, sollte man einen Spaziergang rund um den Hafen unternehmen. Das strahlend weiß getünchte Gebäude der Hafenbehörde kann man leider nicht besichtigen.

Mit der Fähre kann man auf die andere Seite des Kanals nach **Port Fouad** übersetzen. Zu den anlegenden Schiffen gehören große Kreuzfahrtschiffe auf Mittelmeer- oder Weltreise, aber auch viele US-Flugzeugträger, die im Roten Meer und vor Arabien liegen. Die 1995 neu gebaute Moschee auf der Port-Fouad-Seite stellt ein gutes Beispiel einer modernen Moscheearchitektur dar. Der Prachtbau mit zwei Minaretten wird von seinen Erbauern auch als Willkommensgruß für die Seefahrer im islamischen Arabien verstanden.

Übernachten können Sie entweder im **Helnan Port Said**, einem gepflegten Urlaubshotel mit eigenem Strand, das direkt an der Uferpromenade liegt (Tel. 0 66/3 32 08 90, Fax 3 32 37 62; www.helnan.com ●●●), oder im **New Continental**, einem einfacheren Haus mit sauberen, kleinen Zimmern und einem guten Frühstück (Tel. 0 66/3 22 50 24 ●●). Zur Stärkung mittags oder abends empfiehlt sich die Noras I. Dieses Restaurantschiff fährt um 14.30 und 20.30 Uhr zu Lunch- und Dinnerfahrten im Hafen von Port Said aus (Tel. 3 22 98 34 ●●).

Die Großstadt Ismailiya (410 000 Einwohner) ist der Sitz der Suezverwaltung. Zum Baden lädt der mittlerweile gefahrlose Krokodilsee ein. Ein kleines Museum beherbergt die Funde, die während der Aushubarbeiten für den Kanal gemacht wurden, darunter ägyptische, römische, byzantini-

Das Gebäude der Hafenverwaltung in Port Said. Die moderne Hafenstadt liegt am Nordausgang des Suezkanals ins Mittelmeer und abseits der üblichen Besichtigungstouren.

sche, koptische, ptolemäische Handwerksarbeiten, Bronzen, Skizzen und Mosaiken. Die gegenüberliegende Villa, in der der französische Suezkanal-Erbauer Ferdinand de Lesseps (1805-1894) gelebt hat, ist zurzeit geschlossen. Und wer hier nächtigen möchte, kann dies im **Mercure Forsan Island** tun. Das reizvoll gelegene Hotel (Tel. 3 91 80 40; www.accorhotels.com ●●●) ist Ziel vieler Paare auf Flitterwochen. Fischliebhaber gehen für Lunch oder Dinner zu **Chez George** (11 Sh. Sultan Hassan; Tel. 3 91 73 27 ●●). Das in ganz Ägypten bekannte Restaurant bietet frischen Fisch von der Eistheke. Eine lokale Spezialität ist die Molokhaya mit Shrimps.

Ismailiya ⇢ Suez

Südlich von Ismailiya liegt der Ort **Fayed**, berühmt wegen der Bitterseen. Bis zur Eröffnung des Suezkanals lagen am Kleinen und Großen Bittersee zwei ausgetrocknete Salzseen, die erst durch die Flutung des Kanals mit Mittelmeerwasser einen Wasserspiegel von (heute) 17 m bekamen. Der **Kleine Bittersee** wurde durch den Sechstagekrieg 1967 weltweit ein Begriff. Binnen sechs Tagen eroberten die angreifenden Israelis den Sinai und sperrten die Schifffahrtsstraße. Somit lagen bei Kriegsausbruch 14 Schiffe im Bittersee fest, darunter die deutsche »Münsterland« und die »Nordwind«. Die Mannschaften durften anfangs die Boote nicht verlassen. Nach einiger Zeit schlossen sich die betroffenen Kapitäne zur Great Bitter Lake Association zusammen, einer Art Verwaltungsgremium der 14 Schiffe. Obwohl die Schiffsbesatzungen später reduziert und regelmäßig ausgewechselt wurden, musste jeweils eine Stammcrew an Bord bleiben. Erst im Mai 1975, nach über sieben Jahren und zehn Monaten, konnten die Schiffe weiterfahren. Der Suezkanal war für den Welthandel wieder frei.

Abseits der großen Städte folgen noch viele Beduinen ihrer traditionellen Lebensweise.

Fayed ist ein wenig aufregender, nur im Sommer lebendiger Ort am Großen Bittersee. Es entwickelte sich in den vergangenen Jahren zu einem kleinen Naherholungszentrum und Ausflugsziel vieler Kairoer. Hotelzimmer bekommt man hier fast immer problemlos, z. B. im **El Morgan Village** (Tel. 64/3 66 17 18, Fax 3 66 44 52 ●●●) oder auch im **Palma Abu Sultan Village** (Tel. 3 40 04 21, Fax 3 40 04 22 ●●●).

Suez, mit rund 590 000 Einwohnern, erlebte seine Blüte erst mit dem Bau des Kanals, obwohl die Ansiedlung seit dem 15. Jh. besteht. Heute ist Suez ein Öl- und Industriezentrum, dessen Hafen Port Tawfik auf einer künstlichen Insel liegt, die mit Suez nur durch einen Damm verbunden ist. Bereits um 1200 v. Chr. war die Idee entstanden, das Mittelmeer mit dem Roten Meer zu verbinden. Um 600 v. Chr. wurde sogar mit einem Durchstich begonnen, bei dem aber weit über 10 000 Arbeiter umgekommen sein sollen. Ein Orakelspruch beendete alle Versuche. Dieser Wasserweg, so lautete die Prophezeiung, öffne Ägyptens Feinden den Weg. Erst in der Neuzeit, im April 1859, wurden die Bauarbeiten erneut aufgenommen, zehn Jahre später wurde der Kanal eingeweiht.

Suez gegenüber liegt **Port Tawfik**, eine künstlich aufgeschüttete Halbinsel. Sowohl Eisenbahn als auch eine Straße verbinden über einen Damm Tawfik mit Suez. Port Tawfik ist auch Anlegehafen für Yachten. Die über das Rote Meer aus dem Indischen Ozean kommenden Frachter und Öltanker werden hier von Lotsen übernommen und in Konvois durch den 138 km langen Suezkanal geleitet.

Übernachtung im **Bonita Village** (Kabrit, Tel. 0 62/3 27 22 66, Fax 3 20 06 74 ●●) oder im **Red Sea Hotel** (13 Riad St., Port Tawfik, Tel. 3 33 43 02 und 3 33 43 03, Fax 3 33 43 01).

Suez ⟶ Ras el-Sudr

Unter dem Suezkanal führt der Ahmed-Hamdi-Tunnel auf die **Sinaihalbinsel**, Ort vieler biblischer Ereignisse. Der Sinai ist eine der beeindruckendsten Landschaften Ägyptens; er schiebt sich mit 60 000 qkm wie ein Keil zwischen Afrika und Asien zum Roten Meer hin. Ras Mohammed (→ S. 120) an der Südspitze teilt den Golf von Suez und den Golf von Aqaba. Bereits die Pharaonen bauten hier Gold, Kupfer und Türkise ab. Soldaten fanden hier der Überlieferung nach Abraham und brachten ihn nach Memphis zum Pharao. Gott gab hier Moses die Zehn Gebote. Das alles sollte man im Kopf haben, wenn man entlang des Golfs von Suez Richtung Sharm el-Sheikh (→ S. 109) aufbricht, dem großen Touristenzentrum.

Einer der ersten Orte an der touristisch nicht sehr erschlossenen Westküste des Sinai ist Ras el-Sudr, beliebt bei sportlichen Surfern. Zum Hotel **Ramada Ras Sudr** (Tel. 0 10/1 71 78 41;

www.ramadainternational.com ●●●) gehören Bungalows, Apartments, Suiten und das hervorragende Surfcenter des Club Mistral. Es gibt, gezeitenabhängig, einen stehtiefen Bereich, der sich am Strand etwa 150 m weit ins Meer erstreckt. Nord- und Nordostwind bauen sich im Laufe des Vormittags auf.

Ras el-Sudr ···> Feiran

Bei **Hammam Fara'un** treten die Hot Springs, die schwefelhaltigen Pharaoquellen, nahe dem Roten Meer zu Tage. 1,5 km nach der Tankstelle von Abu Zenima biegt links eine leicht zu verfehlende Asphaltstraße zum Tempel Serabit el-Khadim ab.

Nach 37 km erreicht man eine Teebude mit überhängendem Felsen; hier wende man sich links. Nach vier Pistenkilometern geht es wieder nach rechts, und nach einem Hügel führen die Fahrspuren in ein Beduinendorf. Spätestens hier sollten Sie sich einen Führer nehmen. Zu Fuß ist es noch etwa eine Stunde nach **Serabit el-Khadim**. Die Beduinen bieten auch Jeep-Touren an. An dem Tempel bauten unter anderem Ramses II. und Thutmosis III. Die Durchquerung der Gebirgslandschaft des Süd-Sinai gehört zu den landschaftlich schönsten Strecken in ganz Ägypten.

Etwa auf halber Strecke zwischen der Küste und dem Katharinenkloster passiert die gut ausgebaute Asphaltstraße die üppigen Palmenhaine und Gärten der Oase **Feiran**. Rund 1000 Beduinen haben sich in dieser »Perle des Sinai« auf Dauer niedergelassen. Mächtig ragt das Massiv des Gebel Serbal empor, den einige Bibelforscher für den eigentlichen Berg Moses halten. Das Deir Zegheir, ein dem Katharinenkloster zugehöriger und bis heute funktionierender Nonnenkonvent, erinnert daran, dass Feiran vom 4. bis zum 7. Jh. Bischofssitz war.

Ins Wadi Mukattab

Ein lohnenswerter Abstecher führt von Feiran ins **Wadi Mukattab**, das besser als Tal der Inschriften bekannt ist. Die Piste verlangt allerdings ein Fahrzeug mit guter Bodenfreiheit. Durch dieses Wadi führte eine in römisch-byzantinischer Zeit stark frequentierte Karawanenroute zwischen Palästina und Ägypten. Die Felsen forderten offenbar schon damals Reisende heraus, sich zu verewigen. Graffiti in koptischen, griechischen, nabatäischen, aramäischen und lateinischen Lettern bedecken zahlreiche Felsen entlang dieser Route.

Sie stammen zum Großteil aus der Zeit der Nabatäer (2./3. Jh. v. Chr.), die von Petra aus den Handel im Norden Arabiens kontrollierten. Diese Zeugnisse aus der Vergangenheit sind aber noch nicht die ältesten des Wadi Mukattab. Pharao Sechemchet (3. Dynastie, um 2600 v. Chr.) ließ seinen siegreichen Kampf an der Gebel-Maghara-Mine gegen Räuber und Wegelagerer dokumentieren. Die antiken, in Stein geritzten Zeichnungen und Kommentare in Hieroglyphisch, Nabatäisch, Hebräisch und Griechisch reichen bis in die byzantinische Zeit. Zurück Richtung Wadi Feiran.

Feiran ···> Katharinenkloster

64 km östlich von Feiran erreicht man das **Katharinenkloster** (→ S. 117), das auf 1570 m Höhe über dem Meer wie eine Festung in einem geschützten Talkessel zu Füßen des Mosesbergs liegt. Mit dem Ausflug zum Kloster lässt sich gut ein Aufstieg zu **Katharinen-** oder **Mosesberg** (Berg Sinai) verbinden. Auf dem Mosesberg, wo heute eine Gipfelkapelle auf dem Hochplateau steht, soll Gott die Zehn Gebote an Moses weitergegeben haben. Der Aufstieg dauert etwa zwei bis drei Stunden, wenn man östlich des Klosters den Weg über die breiten Serpentinen wählt.

Anschließend folgt die Rückkehr zur Hauptstraße an der Westküste und weiter über **Ras Mohammed** nach **Sharm el-Sheikh**. Alternativ kann man gleich zu den Badeorten bei Nuweiba oder Dahab an der Ostküste aufbrechen.

Von Alexandria nach Marsa Matrouh – Die Badeorte am Mittelmeer

Charakteristik: Unbekanntes Ägypten. Auf dieser Strecke sind keine europäischen Pauschaltouristen unterwegs. Hier urlaubt man fast ausschließlich mit Ägyptern; **Dauer:** 4–6 Tage; **Länge:** 650 km (hin und zurück); **Einkehrmöglichkeiten:** Unterwegs gibt es nicht allzu viele Tankstellen, Rasthäuser mit Märkten. In den Orten Cafés und Restaurants; gute Übernachtungsmöglichkeiten; **Karte:** ⟶ S. 174/175

Mit öffentlichen Verkehrsmitteln ist diese Route beschwerlich, man sollte, wenn möglich, auf einen Mietwagen zurückgreifen. Westlich von Alexandria verläuft die Straße meist nahe der Mittelmeeerküste, die sich, was den exklusiven Meerzugang angeht, immer mehr zur ägyptischen »Côte d'Azur« gewandelt hat. Für Dutzende kilometerlange Ferienkolonien am Strand wurden über 11 Mrd. Dollar verbaut – und mit ihnen der freie Blick aufs Meer, sofern man sich außerhalb der Grundstücksgemäuer befindet. Dennoch: Je weiter man nach Westen kommt, umso öfter bieten sich Gelegenheiten zum Baden. Das Meer ist oft so türkisblau, als habe man eine kolorierte Postkarte vor sich. Doch alles ist echt.

Alexandria ⟶ El Alamein

Mit dem Auto verlässt man Alexandria in westlicher Richtung. Bereits der Badeort **Agami** (→ S. 82) bietet eine gute Möglichkeit, im Trubel der ägyptischen Mittel- und Oberklasse nicht nur den Strand zu genießen, sondern in den Sommermonaten auch ein buntes Nachtleben.

115 km westlich von Alexandria erreicht man **El-Alamein**, den Schauplatz der Schlacht von Rommels Afrikakorps gegen die alliierten Truppen unter Montgomery (→ S. 82). Eine gute Übernachtungsmöglichkeit bietet das **Charm Life Hotel** (Ghazala Bay, Tel. 046/4190060, Fax 4190069; www.charmlifehotels.com ●●●●).

El Alamein ⟶ Marsa Matrouh

Bis Marsa Matrouh sind es von El-Alamein aus noch ungefähr 160 km. An der Stelle der antiken ptolemäischen Stadt Paraetonium wurde später **Marsa Matrouh** erbaut. Im Wind wogende Palmenhaine, mildes Mittelmeerklima – wunderbar! Kleopatra hatte hier einen ihrer Paläste. Am Kleopatra-Strand, 3 km vom Ortszentrum entfernt, existieren noch heute die Meerbecken der berühmten Herrscherin, man muss sie aber als eher verwahrlost bezeichnen. Erlebenswert ist, sofern man ein Herz für Kitsch und Tand und Billigelektronik hat, der täglich stattfindende »souq liby«, der libysche (Floh-)Markt. Hotel: Iberotel (Al Maza Beach; Tel. über Kairo 02/7378737, Fax 7365305; Eröffnung 2006).

Noch ein Tipp: Matrouh hat einen fast preußisch anmutenden Gouverneur, der Ordnung über alles schätzt. Seine Polizisten kennen kein Erbarmen mit Geschwindigkeitssündern. Dass der Ort zudem so ungewöhnlich sauber ist, auch das ist ein Verdienst des strengen Gouverneurs.

Marsa Matrouh ⟶ Oase Siwa

Marsa Matrouh wäre ein idealer Ausgangspunkt für einen Ausflug mit mindestens einer Übernachtung in die etwa 300 km entfernte **Oase Siwa** (→ S. 82) in der Libyschen Wüste, die den Besucher mit ihrer paradiesischen Fauna, Palmen, Oliven-, Orangen- und Dattelhainen überwältigt. Prominentester Gast der Antike war Alexander der Große. Den lockten aber weniger die heißen Quellen und Dattelpalmen als das geheimnisvolle Orakel, das ihm schließlich die Weltherrschaft prophezeite. 6

Wanderungen auf der Sinaihalbinsel – Katharinenkloster und Mosesberg

Charakteristik: Der Sinai vereint Wüste und Berge zu einer atemberaubend schönen Landschaft; **Dauer:** mindestens 2 Tage; **Einkehrmöglichkeiten:** In die Wüste, zu Oasen nimmt man Wasser, Proviant aus den Orten mit. Man kampiert in der Wüste mit Schlafsack im Zelt; **Karte:** ⇢ S. 177, E 8

Das Gebirge des Zentral-Sinai ist ein ideales Wandergebiet, denn erst abseits von Straßen und Zivilisationen erschließt sich die Großartigkeit dieser wild-bizarren Landschaft. Nächte unter dem prächtigen Sternenhimmel hinterlassen unvergessliche Eindrücke, und das am Feuer gebackene Fladenbrot möchte man nicht freiwillig gegen ein teures Menü eintauschen. Natürlich fehlen Schutzhütten, kleine Restaurants und markierte Wege. Dafür ist das Gestein trittfest, und ums Wetter muss man sich nicht sorgen. Selbst wenn es in den Wintermonaten einmal schneien sollte, ist man am Berg allemal sicherer als in den Wadis, die sich dann in kurzer Zeit in reißende Ströme verwandeln.

Ein gutes Basisquartier für Ausflüge in die faszinierende Einsamkeit der Gebirgswüste ist die Siedlung
9 **St. Katharina** bzw. **Migla**, wie die Beduinen sie nennen. Nicht weit vom Kloster finden sich hier einfache und bessere Hotels, ein Campingplatz, Restaurants, Benzin sowie ausreichende Versorgungsmöglichkeiten. Polizei und Beduinen achten darauf, dass sich kein Fremder ohne Führer in den Bergen herumtreibt. Zum Übernachten empfiehlt sich die **Ecolodge Sheikh Awad** (Tel. 069/3470032 ●●●), ein von Beduinen betriebenes, etwas abgelegenes Camp. Für die genaue Wegführung ruft man vom Kloster aus dort an.

Nur beim fast obligatorischen Erklimmen des **Mosesbergs** (2285 m; → S. 119) hinter dem Kloster kommt man ohne Führer aus. Da drängen sich dann manchmal zum Sonnenaufgang an die hundert Fremde auf dem Gipfelplateau. Anstrengender ist der vom Dorf etwa sechs Stunden dauernde Anstieg zum **Katharinenberg** (2642 m; → S. 119); den Schlüssel für die Schutzhütte gibt es im Kloster.

Das Infozentrum am Katharinenkloster, dem ältesten Kloster der Christenheit.

10 Ritt zum Coloured Canyon – Mit dem Kamel auf den Spuren der Bibel

Charakteristik: Verschiedene Touren auf einem Kamelrücken können Sie in den Randgebirgen des Golfs von Aqaba unternehmen. Es erwartet Sie schimmernder Sandstein in Weiß, Gelb und in vielen gar nicht zu beschreibenden Rottönen; **Dauer:** 3 Tage; **Einkehrmöglichkeiten:** Wasser, Proviant – alles muss man selbst mitbringen. Kioske und Drive-Ins sind in der Wüste eher knapp. Übernachtung in Schlafsack, Zelt; **Karte:** → S. 177, F 7

Teilweise verengt sich das Wadi des in zarten Pastelltönen leuchtenden Coloured Canyon bis auf wenige Meter.

Die Beduinen in Dahab, Nuweiba sowie von Basata Camp (Tel. 069/ 3 50 04 81) bieten Trips ins Landesinnere an. In Nuweiba-Tarabin lebt Anis vom Beduinen-Basar. Anis spricht Deutsch und erzählt wunderbare Geschichten über Menschen, Tiere, Pflanzen und die Geologie seiner Heimat.

Von Nuweiba reitet man einen Tag zu der Oase **Furtega**. Am nächsten Morgen geht es weiter zum **Coloured Canyon** (→ S. 122), einer beeindruckenden Gesteinsformation, die je nach Tageszeit in den verschiedensten Weiß-, Gelb-, und Rottönen leuchtet. Am dritten Tag reiten Sie zurück nach Nuweiba oder verlängern die Tour zu den Oasen **Ain Khudra** (→ S. 123) und **Ain Umm Ahmed** (→ S. 123).

Pro Tag verlangen die Beduinen mindestens 50 LE, ohne Verpflegung. Nehmen Sie Trinkwasser und einen Gas- oder Benzinkocher mit. Vorsicht: Kamelreiten ist anstrengend! Vor einer Kameltour machen Sie am besten einen Proberitt, um zu spüren, was da auf Sie zukommt. Tun Sie sich und dem Tier etwas Gutes, und gehen Sie immer mal wieder auch eine kleine Strecke zu Fuß.

Kürzere Trips mit dem Jeep durch die Bergwelt des Sinai bieten die Beduinen von Nuweiba, Tarabin, Dahab und Sharm El-Sheikh an. Oft im Preis mit inbegriffen: leckere Fleisch- und Gemüsegerichte, die die Beduinen am offenen Feuer in einem großen Topf kochen. Frisches Fladenbrot wird gebacken, indem man den ausgerollten Teig auf die noch glühende Feuerstelle legt und mit Wüstensand bedeckt. Einen Schlafsack sollten Sie auf jeden Fall dabei haben, außerdem feste, geschlossene Schuhe! Touren mit dem Jeep inklusive einer Übernachtung eignen sich auch für mitreisende Kinder und sind ein unvergessliches Erlebnis!

Das fruchtbare Fayum-Becken – Die »Haus-Oase« Kairos

Charakteristik: Fayum ist der grüne und blühende Vorgarten Kairos. Ein Tagesausflug genügt, um diese nahe Oase kennen zu lernen; **Dauer:** Tagesausflug, maximal eine Übernachtung; **Länge:** 240 km (hin und zurück); **Einkehrmöglichkeiten:** Es gibt Cafés, Restaurants, Snacks an Imbissständen. Gute Übernachtungsmöglichkeiten sind knapp; **Karte:** ⇢ S. 176, A/B 7/8

Am Kreisverkehr bei den pyramidennahen Hotels an der Alexandria Desert Road geht die Straße von Kairo ab in den **Fayum**. Nach einer einstündigen Fahrt durch monotone Wüste findet man sich urplötzlich in einem blühenden Garten wieder: Getreidefelder, Reis, Weinstöcke, Pfirsiche, Blumen. 90 km südwestlich von Kairo leben 1,5 Mio. Menschen in dieser Halboase – Halboase, weil der Josefsfluss, ein Seitenarm des Nils, den Fayum durch unzählige Bäche, Rinnsale und Kanäle bewässert und in den bis zu 12 km breiten Qarun-See am Nordrand der Oase mündet. Hinter dem See, der 46 m unter dem Meeresspiegel liegt, beginnt die Weite der Libyschen Wüste.

Der Fayum historisch: Alte Tempel, kleine Pyramiden und bis in die pharaonische Zeit zurückreichende, verfallene Städte findet man hier, darunter den 13 m hohen Obelisken von Abgig. 1984 wurde der Schädel eines »Aegyptopithecus ceuxis« gefunden, eines 33 Mio. Jahre alten katzengroßen Menschenvorfahren.

Die Königsherberge

7 km nach der ausgeschilderten Ortschaft **Kom Aushim** zweigt die Straße nach Medinet Fayum ab. Geradeaus geht's zur **Auberge du Lac** (Tel. 0 84/ 6 97 11 11, Fax 57 20 03 ●●●), früher Sommerresidenz König Faruks, heute ein nostalgisches Hotel mit Garten und wunderbarem Blick auf den Qarun-See, den die alten Ägypter für den flüssigen Himmel hielten. Von der Auberge fährt man in die 25 km entfernte Medinet Fayum.

Medinet Fayum

El Medina sagt man hier, wenn man die am Josefskanal gelegene Stadt Medinet Fayum meint, die in einer sanften Senke 22 m unter dem Meeresspiegel liegt. Den Hauptplatz der Stadt prägen die Wasserräder des Kanals, die neben den riesigen Taubenhäusern als Wahrzeichen der Oase gelten. Dort halten auch die Touristenbusse, und natürlich ist dort alles ein bisschen teurer als wenige Straßen weiter im Souk, durch den man auf alle Fälle bummeln sollte.

Nur Widersprüchliches weiß man über die Entstehung der Stadt. König Menes soll Fayum als Krokodilopolis gegründet haben, weil ihn einmal Krokodile im See retteten. Eine andere Version sagt, Fayum sei in tausend Tagen erbaut worden, auf Arabisch »alf yom«, was dann zu Fayum verschmolzen sei. Wahrscheinlicher ist, dass Fayum vom koptischen Wort für See kommt: »phiom«.

Hawara-Pyramide

Man verlässt Medinet Fayum nach Osten. Die Reste einer **Lehmziegel-Pyramide** aus der Regierungszeit von Pharao Amenemhet III. sind zu besichtigen (Eintritt 16 LE), ebenso Relikte eines **Labyrinths**. Mit 3000 auf zwei Etagen verteilten Räumen bildete es einst den Totentempel. Der Geschichtsschreiber Herodot besuchte im 5. Jh. v. Chr. das Labyrinth – und staunte: »Ich habe es gesehen, und es übertrifft wirklich alle Worte!«

Danach bietet sich die Rückfahrt nach Kairo oder eine Übernachtung in der Auberge du Lac an.

Wissenswertes über Ägypten

Eine Vielzahl von Flussarmen durchzieht das weit verzweigte Nildelta. Hier, abseits der Touristenströme und der großen Metropolen, verläuft das Leben noch gemächlicher.

Ägypten im Überblick: viele nützliche Infos zur Reisevorbereitung und für den Aufenthalt vor Ort. Mit Geschichtstabelle, Internetadressen, Reiseknigge und Verkehrsverbindungen.

Jahreszahlen und Fakten im Überblick

Vorzeit, ab 20 000 v. Chr.
Exemplare des Homo sapiens leben in Ägypten als nomadische Jäger.

Ab 5000 v. Chr.
Nomaden siedeln am Nil.

Frühzeit, 1.–2. Dynastie, 3000–2650 v. Chr.
Menes einigt Ober- und Unterägypten, die Hieroglyphenschrift entwickelt sich.

Altes Reich, 3.–6. Dynastie, 2650–2150 v. Chr.
Könige Djoser, Snofru, Cheops, Unas, Teti, Phiops. Baumeister Imhotep erbaut für Djoser die Stufenpyramide in Sakkara. In Giza entsteht die Cheops-Pyramide.

Erste Zwischenzeit, 7.–10. Dynastie, 2130–2040 v. Chr.
32 Könige, soziale Revolutionen, Bürgerkrieg.

Mittleres Reich, 11.–14. Dynastie, 2040–1640 v. Chr.
Über 70 Pharaonen, Mentuhotep II. befriedet das Reich; Amun wird zum Hauptgott.

Zweite Zwischenzeit, 15.–17. Dynastie, 1640–1550 v. Chr.
Hyksos-Könige; erste Aufzeichnungen über chirurgische Eingriffe.

Neues Reich, 18.–20. Dynastie, 1550–1070 v. Chr.
Könige Amenophis I.–III., Thutmosis I.–IV., Königin Hatschepsut, Echnaton, Ramses I.–IX.; die Bauten in Karnak, Luxor, Theben-West und Abu Simbel entstehen.

Spätzeit, 21.–30. Dynastie, 1000–332 v. Chr.
Könige Siamun, Xerxes; die Ägypter verlieren die Macht an Libyer, Äthiopier, Perser.

332–30 v. Chr.
Griechische Herrschaft: Alexander der Große erobert Ägypten, gründet Alexandria. Unter seinen Nachfolgern wird das Land für 300 Jahre Zentrum griechischer Kultur.

30 v. Chr.–395 n. Chr.
Römische Herrschaft: Kaiser Augustus schlägt die Flotte Kleopatras. Ägypten wird römische Provinz, das Christentum breitet sich aus.

395–641
Byzantinische Herrschaft: Tempel werden geschlossen; am Roten Meer, der Zuflucht der Einsiedler, entstehen Klöster.

Ab 640
Islamische Epoche: Amr Ibn el-As erobert Ägypten, gründet Fustat (das spätere Kairo) und islamisiert das Land. In den folgenden Jahrhunderten ringen u. a. die Kalifen von Bagdad und die Osmanen um Ägypten.

1798/1799
Die Türkenherrschaft (seit 1517) endet mit Napoleons Ägyptenfeldzug. Engländer vertreiben die Franzosen.

1805–1849
Der Albaner Mohammed Ali erringt als Pascha die Macht und zwingt die Engländer aus dem Land. Er reformiert den maroden Staat, wird zum Schöpfer des modernen Ägypten.

1869
Der Suezkanal, dessen Errichtung Ägypten an den Rand des Ruins brachte, wird eröffnet.

1914/1922
England, das Ägypten erneut besetzt hatte, erklärt das Land zum Protektorat; 1922 erkennt es die Unabhängigkeit an, Ägypten wird Königreich. Der Suezkanal bleibt weiter britisch.

1937
König Faruk besteigt den Thron gegen den Widerstand der Armee, deren Freie Offiziere (Nasser, Sadat u. a.) ihn 1953 stürzen.

1946
Die Briten ziehen (außer von der Suezkanalzone) ab.

1953
Ausrufung der Republik. Faruk wird verbannt, 1954 wird Gamal Abd el-Nasser Ministerpräsident.

1956
Nasser wird Staatspräsident, britische Truppen verlassen das Land. Die Verstaatlichung des Suezkanals löst die Suez-Krise aus.

1967
Sechs-Tage-Krieg. Ägypten sperrt den Golf von Aqaba, Israel besetzt den Sinai.

1970
Nach Nassers Tod wird Anwar el-Sadat neuer Präsident. Er korrigiert den sozialistischen Nasser-Kurs und stärkt die Islamisten.

1973
Im Oktoberkrieg (Yom-Kippur-Krieg) gegen Israel erobert Ägypten Teile des Sinai zurück.

1977
Präsident Sadat reist nach Jerusalem, um mit Israels Ministerpräsident Menachem Begin Frieden zu schließen.

1979
Israel und Ägypten schließen nach den Camp-David-Verhandlungen in Washington Frieden. Ägypten wird aus der Arabischen Liga ausgeschlossen.

1981
Präsident Sadat wird ermordet, sein Stellvertreter Hosni Mubarak folgt ihm im Amt und verhängt den bis heute andauernden Ausnahmezustand.

1982
Israel gibt das letzte Stück Sinai zurück, nur um Taba bei Eilat wird noch verhandelt, ehe auch dieser Grenzort 1989 ägyptisch wird.

1990/1991
Im Golfkrieg profiliert sich Ägypten als Kopf der arabischen Anti-Irak-Front.

1997
Neun Deutsche sterben im September bei einem Anschlag vor dem Ägyptischen Museum in Kairo. Der Terroranschlag im November vor dem Hatschepsut-Tempel in Luxor tötet 58 Touristen. Die Bilanz nach fünf Jahren Terror: über 1600 Tote, davon 108 Urlauber; es werden ca. 70 Todesurteile verhängt.

Herbst 1997
Die Regierung beschließt einen 20-Jahresplan, u. a. soll die Gewinnung von Kulturland forciert werden .

1998/1999
Der deutsche Archäologe Edgar Pusch entdeckt weitere Teile der Ramses-II.-Stadt im Nildelta, darunter ein Haus mit golddurchwirktem Fußboden.

2002
Bei den Parlamentswahlen kommt es zu groß angelegten Wahlfälschungen durch Anhänger der Regierungspartei.

2005
Auf Druck der USA tritt zur Präsidentenwahl erstmals ein Gegenkandidat an. Dennoch gewinnt erneut Hosni Mubarak – allerdings mit deutlich weniger als 90 % der Stimmen.

2006
Erstmals seit 1922 wird im Tal der Könige ein Grab (fünf Sarkophage, Mumien, Keramiken) entdeckt, nahe dem damals gefundenen Tut-anch-Amun-Grab (Nr. 62). Bei Kairo stößt man auf die Ruine eines Sonnentempels samt Statuen von Ramses II.

Nie wieder sprachlos

Wichtige Wörter und Ausdrücke

Ja	*aiwa*
Nein	*la*
Bitte (m/w)	*law samaht/ law samahti oder min fadlak/ min fadlik*
Danke	*schukran*
und	*we*
Wie bitte?	*Naam? oder Affandem?*
Ich verstehe nicht (m/w)	*ana misch fahim/ fahma*
Entschuldigung (m/w)	*ana asif/asfa*
Guten Morgen	*sabah el-kheir*
(Antwort darauf)	*sabah en-nur*
Guten Tag	*misa el-kheir*
(Antwort darauf)	*misa en-nur*
Guten Abend	*misa el-kheir*
(Antwort darauf)	*misa en-nur*
Hallo	*Ahlan*
Ich heiße	*ana ismi*
Ich komme aus	*ana min ...*
Wie geht's (m/w)	*izaiak/izaiik?*
Danke, gut (m/w)	*al-hamdulilah quweies/quweiessa*
Wer, was, welcher	*min, eh, ani*
Wie viel?	*kam?*
Wo ist?	*fen?*
Wann?	*imta?*
Wie lange?	*Ad eh waqt?*
Sprechen Sie Deutsch (m/w)?	*inta/inti bitkal lim/bitkallimi al mani?*
Auf Wiedersehen	*maasselama*
heute	*innaharda*
morgen	*bukra*

Zahlen

eins	*wahid*
zwei	*itnen*
drei	*talata*
vier	*arbaa*
fünf	*chamsa*
sechs	*sitta*
sieben	*sabaa*
acht	*tamania*
neun	*tissaa*
zehn	*ashara*
elf	*hedashar*
zwölf	*etnashar*
zwanzig	*ashrin*
einundzwanzig	*wahid we ishriin*
dreißig	*talatin*
vierzig	*arbain*
fünfzig	*chamsin*
sechzig	*sittin*
siebzig	*sabain*
achtzig	*tamanin*
neunzig	*tissain*
hundert	*meya*
tausend	*alf*

Wochentage

Montag	*yom el-etnehn*
Dienstag	*yom el-talat*
Mittwoch	*yom el-aarbaa*
Donnerstag	*yom el-khamis*
Freitag	*yom el-gumaa*
Samstag	*yom el-sabt*
Sonntag	*yom el-had*

Mit und ohne Auto unterwegs

Wie weit ist es nach ...?	*... baiida aan hena ad eh?*
Wie kommt man nach ...	*izzay awsal lil ...*
Wo ist ...	*fen*
– die nächste Werkstatt	*aqrab mekaniki*
– der Bahnhof/ Busbahnhof	*mahattit il qatr/mahattit il au tobis*
– die nächste U-Bahn	*mahattit il metro*
– der Flughafen	*il matar*
– die Touristeninformation	*il maktab el-istaalamat es-sieha*

– die nächste Bank	*aqrab bank*
– die nächste Tankstelle	*aqrab mahattit benzin*
Wo finde ich einen Arzt/ eine Apotheke	*fehn aqrab doctor/ aghzakhana* oder *saidleia*
Bitte voll tanken	*law samaht fawil*
Normalbenzin	*tamanin (80 Oktan)*
Super	*tissaain (90 Oktan)*
Bleifrei	*bidun rusas*
Diesel	*Diesel*
rechts	*yimin*
links	*shimal*
geradeaus	*aalatul*
Ich möchte ein Auto/ein Fahrrad mieten	*ana ayiz/ayza aagarr aarabeya/ aagala*
Wir hatten einen Unfall	*ihna hassalit lina hadsa*
Eine Fahrkarte nach	*tazkara lil ...*
Ich möchte ... Euro in LE wechseln	*ana ayiz/ayza ahawil ... euro li gineh*

Hotel

Ich suche ein Hotel	*ana badawir aala hotel*
Ich suche ein Zimmer für ... Personen	*ana ayez/ayza ghurfa li ... afrad*
Haben Sie noch Zimmer frei?	*Fi ghurfa fadia?*
– für eine Nacht	*leila wahda*
– für zwei Tage	*yomen*
– für eine Woche	*usbuu wahid*
Ich habe ein Zimmer reserviert	*ana hagazt ghurfa wahda*
Wie viel kostet das Zimmer?	*Bikam il oda oder ghurfa*
– mit Frühstück	*bil fitar*
– mit Halbpension	*noss ikama*
Kann ich das Zimmer sehen?	*Mumkin ashuf il oda?*
Ich nehme das Zimmer	*Ana hakhud il oda*
Kann ich mit Kreditkarte zahlen?	*Mumkin adfaa bil visa?*
Haben Sie noch Platz für ein Zelt/einen Wohnwagen?	*Andak/andik makan li khima/ li caravan*

Restaurant

Die Speisekarte bitte (m/w)	*il menu law samaht/samahti*
Die Rechnung (m/w)	*il hisab law sabitte maht/samahti*
Ich hätte gerne einen Kaffee	*mumkin law samaht/samahti wahid qahwa?*
Wo finde ich die Toiletten?	*Fen il toilette?*
Kellner	*garcon*
Frühstück	*fitar*
Mittagessen	*ghadda*
Abendessen	*aasha*

Einkaufen

Wo gibt es?	*Fen alaqi*
Haben Sie (m/w)	*hadritak/hadritik andak/andik*
Das ist zu teuer	*ghali awi*
Geben Sie mir bitte 100 g/ ein Pfund/ ein Kilo ...	*Mumkin tidini met gram/ bi gineh/ kilo ...*
Danke, das ist alles	*schukran bass keda*
Geöffnet/ geschlossen	*maftuh/ maqful*
Bäckerei	*furn*
Markt	*suq*
Metzgerei	*gazzar*
Lebensmittelgeschäft	*supermarket*
Briefmarken für einen Brief/ eine Postkarte nach Deutschland/ Österreich/Schweiz	*tawabaa li almania/nimsa/swissra*

Die wichtigsten kulinarischen Begriffe

A
aasha: Abendessen
ahwa: Kaffee
– *bil laban:* Kaffee mit Milch
– *masbut:* mittelsüßer Kaffee
aish balladi: Fladenbrot
atayef: mit Käse gefüllter Teig

B
basbousa: Honigkuchen
bahlawa: süßes Honiggebäck mit Nüssen, Mandeln und Zucker
bamia: Okraschotengemüse, mit Tomatensauce serviert
babaghanoug: kaltes Auberginenpüree mit Sesamsauce
barkun: Pflaume
basal: Zwiebel
batticha: Wassermelone
beed maslul: gekochtes Ei
bitingan: geröstete Auberginenscheiben, meist mit *tahina* und Fladenbrot serviert
bortuan: Orange

C
chall: Essig
choch: Pfirsich
chodar: Gemüse
cossa: Gemüse, mit Hackfleisch gefüllt

D
dolma: cossa und Auberginen, mit Reis und gehacktem Fleisch gefüllt

E
einab: Weintraube
ere souz: Lakritzgetränk

F
fakha: Obst
farcha: Huhn
fassulja: weiße Bohnen in Tomatensauce
filafil: in Öl gebackene Gemüsefrikadelle aus Bohnen, Zwiebeln, Erbsen, Petersilie, Kräutern
filfil: Pfeffer
foul: gekochter Pferdebohnenbrei
faraula: Erdbeeren

G
gibna: Käse
– *abiad:* weißer Schafkäse
– *roumi:* würziger Hartkäse

H
halawa: feines Gebäck mit Honig und Mandeln
hamam fi tagen: im Ofen gebratenes Täubchen
hamam mahshi: mit Reis und Innereien gefülltes Täubchen
hummus: Kichererbsenpüree

K
kalauwi: gegrillte Innereien
karkadeh: Tee aus Malvenblüten
kawun: Zuckermelone
kebab: am Spieß gegrilltes Hammel- oder Kalbfleisch
kibda: frittierte Leberstückchen
kommetra: Birne
konafa: in Öl gebackener Nudelteig mit Mandeln, Nüssen und Sirup
kofta: am Spieß gegrillte Hackfleischröllchen vom Lamm oder vom Rind
krees: Kirsche
kubba: Graupen mit Fleisch
kushari: Nudelgericht mit Reis, Linsen und Zwiebeln

L
laban: Milch
lachma: Fleisch
lubya: Erbsengericht

M
mahallabiya: Milchreispudding mit Rosenöl, Vanille, Zucker und Nüssen
mahshi wara einab: Weinblätter mit Reisfüllung
maya: Wasser
mischmisch: Aprikose

Getränkeverkäufer gehören wie in anderen orientalischen Ländern zum Straßenbild der Stadtzentren.

molukhiya: spinatartige Gemüsesuppe mit viel Knoblauch
muz: Banane

N
nebit: Wein

P
pandurah: Tomate
pasterma: geräuchertes Rindfleisch mit viel Knoblauch
patâtes: Kartoffeln

R
roa: Hackfleischauflauf aus dem Rohr
rosto: Braten
ruz bil chalta: brauner Reis mit Nüssen

S
sahlab: süße Milch mit Vanille und Nüssen
salatet zebedi: Joghurt-Gurken-Salat
samaka: Fisch
– *makli:* panierter Fisch
– *mashwi:* gegrillter Fisch
schurba: Suppe
semit: Brezel
shai: Tee
shorba fasuliya: Bohnensuppe
– *firech:* Hühnersuppe
– *atz:* Linsensuppe
shawerma: Gyros auf Ägyptisch
shish tawuk: gegrilltes, ausgelöstes Huhn
sogoa: scharfe kleine Würstchen

T
tabulah: Tomaten-Petersilien-Salat
tamar: Datteln
tamaya: Gemüsefrikadelle
tahina: dicke Sesamsauce mit Öl und verschiedenen Gewürzen
tien: Feige
tofah: Apfel

W
wara einab: Weinblätter, gefüllt mit Reis und manchmal mit Fleisch

Nützliche Adressen und Reiseservice

Auf einen Blick
Fläche: 1 001 049 qkm
Sprache: Ägyptisch-Arabisch
Einwohnerzahl: ca. 72 Mio.
Bevölkerung: Ägypter, Minderheiten von Sudanesen, Syrern, Beduinen, Nubiern, Palästinensern
Größte Städte: Kairo (21 Mio. Einw.), Alexandria (6,5 Mio.), Giza (2,2 Mio.), Shubra al-Khaymah (0,9 Mio.)
Religion: rund 90 % Muslime (fast nur Sunniten), 7–10 % christliche Kopten; Staatsreligion ist der Islam; Minderheitenschutz
Staat: Präsidiale Pseudodemokratie
Pro-Kopf-Einkommen: ca. 800 €/Jahr
Arbeitslosigkeit: über 20 %
Inflation: 10–20 %

Anreise

Mit dem Flugzeug

Die ägyptische Fluggesellschaft **Egypt Air** bedient mit einer Vielzahl von Verbindungen die deutschen Flughäfen München, Frankfurt, Düsseldorf und Berlin. Außerdem fliegen alle großen Fluggesellschaften Ägypten an. Als Faustregel gilt: Teurer, aber auch wesentlich komfortabler sind die Lufthansa-Flüge. Die Sondertarife liegen noch 100 bis 200 € über den vergleichbaren Tarifen von KLM, Condor, Air Berlin, LTU und Hapag Lloyd (ca. 300–500 €).

Direkt von Deutschland werden, je nach Gesellschaft, neben Kairo folgende Flughäfen angeflogen: Alexandria, Luxor, Hurghada, Marsa Alam, Taba, Sharm el-Sheikh und Marsa Matrouh; v. a. auf dem Last-Minute-Markt gibt es schier unglaubliche Angebote, die oft unter 250 € für Flug und eine Woche Hotelaufenthalt liegen.

Ein Wort zur Bestätigung von Rückflügen: Bei Linienflügen ist es nicht mehr nötig, bei Egypt Air müssen Sie meist selbst hingehen und sich den erforderlichen Sticker ins Ticket kleben lassen. Auf Telefonauskünfte und -bestätigungen sollte man sich in keiner Weise verlassen. Schlimmstenfalls werden Sie beim Check-In zurückgewiesen, weil Ihr Platz anderweitig vergeben wurde.

Lufthansa
Tel. 02/3 39 83 39 (keine Rückbestätigung erforderlich)
Austrian Airlines
Tel. 02/5 75 39 55 (zentral für Ägypten)

Egypt Air
- **Kairo, Tel. 02/3 90 09 99 und 3 47 20 27**
- **Alexandria, Tel. 03/4 83 33 57**
- **Assuan, Tel. 0 97/2 31 50 00, 75 40 84**
- **Luxor, Tel. 0 95/2 38 05 80**
- **Hurghada, Tel. 0 65/3 44 44 20, 3 44 65 13**
- **Sharm el-Sheikh, Tel. 0 69/3 60 03 14, 3 60 01 00, 60 10 56, 3 60 10 57**

Vom Hafen/Flughafen zum Urlaubsort

Pauschaltouristen in Reisegruppen haben es am einfachsten, denn der Veranstalter organisiert alle Transfers. Als Individualreisender nehmen Sie sich vom Kairoer Flughafen (dort kommen 90 % der Touristen an) ein Taxi, wobei Sie hier gleich das erste Mal hart feilschen sollten. Auf Preisforderungen in US-Dollar lassen Sie sich grundsätzlich nicht ein; bezahlt wird in Ägyptischen Pfund (LE für Livre Egyptienne). Mehr als 25 Pfund darf die einfache Fahrt vom Flughafen in die Kairoer Innenstadt nicht kosten (Limousinen sind teurer).

Auskunft

In Deutschland

Ägyptisches Fremdenverkehrsamt
Auskünfte werden leider nur schleppend und beinahe unwillig erteilt; das zugesandte Informationsmaterial ist spärlich und wenig hilfreich.
Kaiserstr. 64a, 60329 Frankfurt/Main; Tel. 0 69/25 21 53

In Ägypten
State Tourist Information
⇢ Umschlagkarte hinten, d 2
5, Sh. Adly, Kairo; Tel. 02/3 91 34 54

Bevölkerung

1960 zählte Ägypten 16 Mio. Einwohner, im Jahr 2006 wurde die 72-Millionen-Grenze überschritten. Anders gesagt: Auf einer Gesamtfläche von 1 001 049 qkm leben heute 25-mal so viel Menschen wie vor 150 Jahren. Und jedes Jahr kommen etwa 1,2 Mio. Ägypter dazu. Das ungebremste Bevölkerungswachstum bringt v.a. große Ernährungs- und Wohnraumprobleme mit sich. Ägypten ist eine kulturelle Mischgesellschaft: 90 % der Bevölkerung sind Muslime, 7–10 % Kopten, also Christen; 75 % der Einwohnerschaft sind Fellachen (Bauern).

Buchtipps

Die Midaq-Gasse In der Geschichte der Bewohner dieser Kairoer Straße spiegeln sich die Konflikte der gesellschaftlichen Veränderungen im modernen Ägypten. Der Roman von **Nagib Machfus**, einem der bedeutendsten arabischen Autoren der Gegenwart und Nobelpreisträger von 1988, ist im Unionsverlag erschienen. **Hamidas Geschichte** (dtv) erzählt von einem Mädchen in einem Dorf am Nil, das nach einer Vergewaltigung vor der eigenen Familie fliehen muss. Die Ärztin und Schriftstellerin **Nawal El Saadawi** wurde nach ihrem ersten Buch, **Frauen und Sexualität**, als Direktorin des Kairoer Gesundheitsamtes entlassen, ihr Werk auf den Index gesetzt.

Diplomatische Vertretungen

In Deutschland
Botschaft der Arabischen Republik Ägypten
Stauffenbergstr. 6–7, 10785 Berlin; Tel. 030/4 79 01 88-0
Generalkonsulate:
- **Harvestehuder Weg 47, 20149 Hamburg; Tel. 0 40/4 10 10 31**
- **Eysseneckstr. 34, 60332 Frankfurt; Tel. 0 69/95 51 34-10**

In Österreich
Ägyptische Konsularabteilung
Hohe Warte 54, 1190 Wien; Tel. 01/ 3 70 81 04

In der Schweiz
Botschaft der Arabischen Republik Ägypten
Elfenauweg 61, 3006 Bern; Tel. 0 31/ 3 52 80 12

Entfernungen (in km) zwischen wichtigen Orten in Ägypten

	Abu Simbel	Alexandria	Assuan	Hurghada	Kairo	Luxor	Marsa Matrouh	Sharm el-Sheikh	Siwa	Taba
Abu Simbel	–	1530	275	765	1240	490	1825	1540	2125	1270
Alexandria	1530	–	1255	755	220	920	295	715	595	525
Assuan	275	1255	–	490	965	215	1550	1265	1850	995
Hurghada	765	755	490	–	540	275	1050	775	1350	690
Kairo	1240	220	965	540	–	700	1260	505	1560	505
Luxor	490	920	215	275	700	–	1215	1050	1515	965
Marsa Matrouh	1825	295	1550	1050	1260	1215	–	1010	300	1765
Sharm el-Sheikh	1540	715	1265	775	505	1050	1010	–	1315	235
Siwa	2125	595	1850	1350	1560	1515	300	1315	–	2065
Taba	1270	525	995	690	505	965	1765	235	2065	–

In Ägypten
Deutsche Botschaft
⇢ Umschlagkarte hinten, b 2
8 B, Sh. Hassan Sabri, Zamalek, Kairo; Tel. 02/7 39 96 00, Fax 7 36 05 30
Honorarkonsulat Hurghada ⇢ S. 129, südl. c 2
Road 365, El Gabal el Shamali; Tel. 0 65/ 3 44 36 05, 3 44 57 34, Fax 3 44 36 05
Generalkonsulat Alexandria ⇢ S. 73, südl. c 2
5, Mina St., Roushdie; Tel. 03/5 45 70 25, Fax 5 45 59 99

Österreichische Botschaft
⇢ Umschlagkarte hinten, a/b 4/5
5, Sh. El-Nil, Giza, Kairo; Tel. 02/5 70 29 75, Fax 5 70 29 79

Botschaft der Schweiz
⇢ Umschlagkarte hinten, d 2
10, Sh. Abd Al-Khaliq Tharwat, Downtown, Kairo; Tel. 02/5 75 81 33, Fax 5 74 52 36

Feiertage

1. Januar Neujahr
8. März Staatsfeiertag
25. April Sinai-Befreiung
1. Mai Tag der Arbeit
18. Juni Abzug der Briten, Räumung der Suezkanalzone
23. Juli Revolutionstag
6. Oktober Tag der Streitkräfte
24. Oktober Einzug in Suez
23. Dezember Einzug in Port Said

Der wöchentliche Ruhetag ist der **Freitag**. Die Termine der islamischen Feste richten sich nach dem Mondkalender und verschieben sich jedes Jahr um elf bis zwölf Tage nach vorn.

Fotografieren

Grundsätzlich darf alles fotografiert werden, außer Hafenanlagen, Bahnhöfen, Flughäfen, Brücken oder militärischen Anlagen im weitesten Sinn (eine militärische Anlage kann, wie in der Wüste erlebt, schon ein Stück Stacheldrahtzaun sein, der 10 km vor einem Wachposten endet). Wer Menschen fotografieren will, sollte vorher fragen. Ein Bakschisch hilft oft weiter. Verzichten Sie darauf, verschleierte Frauen ungefragt aus der Nähe ins Visier zu nehmen. In Museen und Gräbern darf nicht oder nur gegen eine Gebühr (und ohne Blitz) abgedrückt werden; hohe Gebühren bestehen für Stative und Videokameras.

Geld

Die Währung ist das Ägyptische Pfund (abgekürzt LE für Livre Egyptienne); 1 LE unterteilt sich in 100 Piaster (PT). Es gibt Pfundnoten zu 1, 5, 10, 20, 50 und 100 LE, außerdem Piasternoten zu 25 und 50 PT sowie Münzen zu 5, 10, 20 und 25 Piaster. Der Kurs des Pfundes hat sich auf einen Wert von ca. 0,13 € bei Umtausch in Ägypten eingependelt (mit ca. 20 % Toleranz). Es gibt keine Einfuhrbeschränkung.

Banken wechseln zu unterschiedlichen Kursen € in Ägyptische Pfund (LE). In den meisten großen Hotels können Sie in den rund um die Uhr geöffneten Banken **Travellerschecks** einlösen; aber auch mit **EC-** und **Kreditkarten** (Visa, Euro-/MasterCard) bekommen Sie an Automaten Bargeld. American Express verfügt über eigene Bankschalter und Büros in Kairo, Luxor und Assuan. Diners Club hat zwei Büros in Kairo (Cash-Service im Nile Hilton Annex).

Banken sind täglich außer freitags von 8.30–14 Uhr, in Kairo und den Touristenzentren bis 13.30 und 18–20 Uhr geöffnet, Geldinstitute in großen Hotels rund um die Uhr, ohne Feiertag.

Internet

www.touregypt.net Die offizielle Website des Ministeriums für Tourismus bietet Infos auf über 7000 Seiten, u. a. aktuelle Fotos vieler Hotels.

www.sis.gov.eg Staatliches Info-Portal der Regierung.

www.guardians.net Ägyptologie-Website in Zusammenarbeit mit der staatlichen Antikenverwaltung.

www.heisinger-aegypten.de Lesenswerte Seite zum Einstieg in die Ägyptenkunde.

www.egypttoday.com *Egypt Today*, das Monatsmagazin; Kultur, Lifestyle, Archäologie, umfangreicher Adressteil und Kulturkalender.

www.ahram.org.eg/weekly Sehr gute Wochenzeitung mit wöchentlichen Veranstaltungstipps (Kino, Konzerte, Theater, Galerien usw.).

Internetcafés gibt es in den etwas besseren Stadtvierteln in Kairo an fast jeder Ecke, aber auch in Alexandria, Luxor, Assuan und in den Badeorten am Roten Meer. Viele Hotels betreiben selbst ein Internetcafé. Surfer, die über einen Laptop verfügen, können sich problemlos über Call-by-Call-Nummern ins Netz einwählen.

Kleidung

Die passende Bekleidung für einen Ägyptenbesuch richtet sich nach der Reisezeit und den guten Sitten im Gastland. Der Süden, der im Sommer sehr heiß ist und im Winter tagsüber noch immer frühsommerliche Temperaturen aufzuweisen hat, erlaubt stets leichte Kleidung; dünne Pullover für den Abend sollte man dennoch dabeihaben. Sonnenbrille, Sonnencreme und Sunblocker sollten in keinem Reisegepäck fehlen. Regenschutz und warme Wollkleidung wird schätzen, wer im Winter Alexandria besucht.

Generell beachten: Sie sind Gast in einem islamischen Land. Miniröcke und aufreizende Tops können Sie getrost zu Hause lassen; Männer in kurzen Hosen machen sich in Ägypten lächerlich – wozu gibt es schließlich lange leichte Baumwollhosen?

Kreditkarten

Mit Kreditkarten können Sie in vielen Geschäften und allen großen Hotels bezahlen. Mehr und mehr greift aber die Unsitte um sich, dass die Provision, die eigentlich der Rechnungssteller zu bezahlen hätte, auf den Preis aufgeschlagen wird. Kreditkartenbetrüger schlagen auch in Ägypten zu und frisieren die Kaufbelege.

Bargeld bekommen Sie mit **Visa, Euro/Mastercard, EC-Maestro** (Automaten) und **Amex Traveller Cheque Card** problemlos. **American Express** hat Büros in Kairo (Nil Hilton), Luxor (Winter Palace) Assuan (im Old Cataract) und in den großen Badeorten.

Wechselkurse

LE	Euro	Franken
0,5	0,07	0,11
1	0,15	0,23
2	0,29	0,46
5	0,73	1,15
10	1,45	2,30
20	2,90	4,60
30	4,35	6,90
50	7,25	11,50
100	14,50	23,00
200	29,00	46,00
500	72,50	115,00
750	108,75	172,50
1000	145,00	230,00

Stand: März 2006

Nebenkosten
(umgerechnet in Euro)

1 Tasse Kaffee	1,50
1 Bier	4,00
1 Cola	1,50
1 Brot (ca. 500g)	0,50
1 Schachtel Zigaretten	1,50
1 Liter Normal-Benzin	0,20
Öffentl. Verkehrsmittel (Einzelfahrt)	0,05
Mietwagen/Tag	ab 60,00

Medizinische Versorgung

Wenden Sie sich im Notfall an Ihre Hotelrezeption, in sehr ernsten Fällen an die Botschaft. Sie sind in Ägypten durch die gesetzliche Krankenversicherung im Heimatland nicht versichert. Schließen Sie also unbedingt zu Hause eine Reisekrankenversicherung ab, die Sie im Notfall auch unverzüglich nach Hause fliegen lässt.

Krankenhäuser verlangen vor der Aufnahme eine höhere Anzahlung. Die medizinische Versorgung entspricht nicht immer europäischem Standard! Apotheken finden sich überall, Medikamente sind meist rezeptfrei und erheblich billiger als in Europa.

Je weiter man sich von den Touristenzentren entfernt, umso nützlicher ist eine kleine Reiseapotheke, die enthalten sollte: Mittel gegen Durchfall, Fieber und Erkältungen, Schmerzmittel, eine Creme für Insektenstiche, Verbandszeug, Pflaster, Schere, eventuell Desinfektionsmittel und chemische Tabletten, um Wasser keimfrei zu machen.

Einige Tipps zur Vorbeugung: Verzichten Sie auf rohes Obst und Gemüse, ebenso auf Salate und Speiseeis, v.a., wenn Sie anfällig für Durchfallerkrankungen sind. Wichtig: viel Wasser trinken, Speisen kräftiger als gewohnt salzen, um den hohen Salzverlust durch das Schwitzen auszugleichen. Alkohol sollte man während der Hitze des Tages generell meiden.

Notruf

Feuerwehr: 125
Polizei: 122
Krankenwagen: 123

Post

Öffnungszeiten: Sa–Do 8–15 Uhr. Briefmarken werden in Postämtern, Hotelrezeptionen und Zeitungsläden in großen Hotels verkauft. Wichtige Mitteilungen nur per Kurier **(DHL, FedEx)** verschicken oder mit **Express Mail Service (EMS)**, einem Kurierdienst der Post, den es bei allen größeren Postämtern gibt. Ein Brief nach Europa (Dauer meist fünf, nicht wie versprochen zwei Tage) kostet mit EMS ca. 12 €. Luftpost gehört in die roten Briefkästen.

Reisedokumente

Für Ägypten ist ein Reisepass nötig, der bei der Einreise noch mindestens sechs Monate gültig ist; als Behelf genügt auch ein Personalausweis mit zwei Passbildern. Kinder jeden Alters brauchen einen Kinderausweis mit Foto. Visa für die Einreise (15 US$) bekommen Sie direkt vor Ort an allen Flughäfen, Häfen und Grenzübergängen. Die früher obligatorische Registrierung des Passes ist nicht mehr nötig. Wer sein Visum über die gültigen vier Wochen hinaus verlängern oder ein Wiedereinreisevisum (»Re-Entry Visa«) will, beantragt dies in Kairo bei der Mugamma am Midan Tahrir, Immigration, 1. Stock, bzw. bei den Polizeibehörden in jedem größeren Ort.

Reiseknigge

Die Fettnäpfchen auf dem Weg durch Ägypten sind nicht allzu zahlreich, selten folgenreich – denn die Geduld des Ägypters mit Ausländern ist schier unendlich (mit seinesgleichen eher nicht, aber das ist etwas anderes). Ungeduld und Hast, damit kann man sich wirklich unbeliebt machen. Freunde für den Moment gewinnen Sie dagegen, wenn Sie sich ein paar Brocken Arabisch angeeignet haben.

Frauen sollten, sofern sie keine entsprechenden Absichten verfolgen, darauf verzichten, sich mit Männern alleine zu treffen, sich kumpelhaft zu benehmen und langen Augenkontakt zu halten. Im Zweifelsfall wird ihnen das als stillschweigende Einladung zu Intimerem als nur gemütlichem Beisammensein ausgelegt.

Einladungen werden dem Ausländer gegenüber schnell ausgesprochen und sind im Grunde nur bei mehrmaliger Wiederholung ernst und anzunehmen. Als Gast bringt man ein Geschenk mit – Kuchen, nicht Stücke, sondern eine ganze Torte. Blumen sind nicht so willkommen! Bei ärmeren Familien können Sie auch die Kinder (z. B. mit Geld) beschenken.

Im Gespräch verlangt das Thema Religion besonderes Feingefühl. Man wird akzeptieren, dass Sie einer anderen Offenbarungsreligion angehören; ein Bekenntnis zum Atheismus wird aber auf wenig Verständnis stoßen. Tunlichst lassen sollte man es auch, sich offen für Israels Palästinapolitik zu begeistern. Sinnlos sind auch in den meisten Fällen Belehrungsversuche, wenn der Gesprächspartner Hitlers Taten lobt und nicht versteht, dass die Deutschen das seit 1945 ganz anders sehen.

Reisewetter

Wer Ägypten in den Sommermonaten besuchen möchte, wird nur das halbe Programm absolvieren können. In Oberägypten liegen die Tagestemperaturen dann bei weit über 40 °C. Durch die trockenen **Wüstenwinde** sind jedoch auch heiße Temperaturen erträglich. In Unterägypten aber – und auch schon in Kairo – kommt es zeitweise zu einer höheren Luftfeuchtigkeit, besonders im Juli und August. Der Smog wird dann oft unerträglich.

Regen fällt in Kairo selbst in den Wintermonaten nur selten. In Alexandria dagegen kommt es zwischen Dezember und Februar ab und an zu Temperaturstürzen mit kurzen Hagel- und Schneeschauern. Der von März bis Mai stunden- oder tagelang wehende **Chamsin**, ein Wind, der feinen Sandstaub mit sich führt, macht manchen Reisenden gesundheitlich zu schaffen. Am Roten Meer tritt er gelegentlich in Form eines eisigen Windes auf. Im Delta und an der Mittelmeerküste herrscht ein gemäßigtes Klima. Stets warm ist es auch auf dem Sinai, wo es im Herbst und Winter nur im Hinterland zu Regenfällen kommt. Klassische Reisezeit für Ägypten sind die Monate von Oktober bis April.

Sprache

Sprache und Schrift im Arabischen sind sozusagen stenografisch. Überwiegend werden nur die Konsonanten geschrieben, und das nicht nur von rechts nach links, sondern auch noch in wechselnder Buchstabengestalt – je nachdem, ob ein Buchstabe alleine, am Anfang, im Inneren oder am Ende eines Wortes auftaucht. Für Vokale gibt es so genannte Vokalisierungszeichen, die über oder unter den Konsonanten geschrieben werden und anzeigen, welcher Vokal folgt. Zahlen schreibt man von links nach rechts, wie in der Lateinschrift.

Presse und Rundfunk bedienen sich der arabischen Hochsprache, die man in allen arabischen Ländern versteht. Ansonsten pflegt jede Region ihren Dialekt. Vieles ist in Ägypten in Englisch geschrieben und beschildert.

Stromspannung

220 Volt beträgt die Spannung, gelegentlich 110/115 Volt. Adapter sind erforderlich. Mit kurzen Stromausfällen muss man immer rechnen.

Telefon

Öffentliche Fernsprecher ermöglichen internationale Gespräche mit Karte. Eine Minute kostet 18 LE, in Hotels zahlen Sie fast das Dreifache, plus Minimumgebühr von 3 Minuten. Die Telefonkarten werden zu 10 oder 30 LE verkauft. Von Kiosken können Sie für 1 LE Ortsgespräche führen. Günstig sind Telefon- und Business-Centers, die es zuhauf gibt.

Mit dem Handy kann man sich in beinahe ganz Ägypten in eines der beiden GSM-Netze einloggen. Die Kosten für Roaming können 3–5 €/Min. betragen. Es lohnt sich eine »Holiday line«, wie sie Vodafone und MobiNil anbieten. Die 30-Tage-Karte kostet ca. 80 LE. Man lädt sie mit 25, 50, 100 oder 200 LE beliebig oft auf. Erhältlich an den Verkaufsstellen von Vodafone und MobiNil, in Supermärkten und an Kiosken überall im Land.

Vorwahlen
D, A, CH → ET: 00 20
Alexandria: 3
Assuan: 97
Hurghada: 65
Kairo: 2
Luxor: 95
Sinai: 0 69
(in Ägypten 0 + Vorwahl wählen)

ET → D: 00 49
ET → A: 00 43
ET → CH: 00 41

Trinkgeld

In Restaurants und Cafés sind 5 % die Richtschnur. Bei hohen Beträgen gibt man etwas weniger, bei niedrigen etwas mehr. Trinkgelder bekommen auch Kellner, Kofferträger (5 LE), Zimmermädchen (8 LE pro Woche); Taxifahrern brauchen Sie nichts zu geben, da die Preise, die der touristische Fahrgast bezahlt, meist ohnehin schon völlig überzogen sind. Liftboys und Türaufhalter bekommen ab und an ein paar Piaster. Also: Übertreiben Sie es nicht mit dem Trinkgeld; Sie machen sich nur lächerlich, auch wenn Sie ein Lächeln ernten sowie einen tiefen Diener.

Verkehrsverbindungen

Busse
Das flächendeckendste Verkehrsmittel ist in Ägypten zweifellos der Bus. Alle größeren Dörfer und Städte sind miteinander verbunden, und alle Linien verkehren mindestens einmal am Tag. Fahrpläne existieren, trotzdem empfiehlt es sich zu klären, ob die Abfahrtszeiten stimmen. Auf langen Überlandstrecken verkehren so genannte **Super-Jet-Busse**. Sie sind bequem, und es werden meist Kaffee, Tee und Snacks serviert. Der Nachteil: überlaute Videos. Tickets bekommen Sie frühestens einen Tag vor Abfahrt. Zwei Preisbeispiele: Die Fahrt Kairo–Alexandria kostet rund 40 €, die Fahrt Kairo–Taba (an der israelischen Grenze) rund 90 €.

Bahn
Gute Bahnverbindungen gibt es in klimatisierten Waggons erster Klasse zwischen Kairo und Alexandria (stündlich) sowie – als »Wagon Lits«-Nachtzug – zwischen Kairo und Luxor/Assuan (Info: Tel. 02/5 74 94 74). Erfahrungsgemäß hat der Luxor/Assuan-Zug mindestens zwei bis drei Stunden Verspätung. Im Wesentlichen ist damit der für den Besucher interessante Teil des ägyptischen Bahnnetzes auch schon beschrieben.

Abfahrt in Kairo: **Ramses Station**. Wer genügend Zeit hat und hautengen Kontakt mit Einheimischen wünscht, dem seien die Züge der dritten Klasse auf Strecken wie Kairo–Suez–Port Said empfohlen.

Flugzeug
Egypt Air verbindet Kairo mit Assuan, Abu Simbel, Luxor, Hurghada, Sharm el-Sheikh, Alexandria; Air Sinai bietet zweimal wöchentlich Flüge von und nach Taba an der israelischen Grenze an. Fliegen ist das mit Abstand teuerste Fortbewegungsmittel in Ägypten.

Mietwagen
Die Preise der internationalen Mietwagenverleiher sind annähernd gleich. Lokale Anbieter sind billiger; die Wartung der Autos ist allerdings oft sehr nachlässig. Rechnen Sie deshalb mit Pannen. Angebote von Leihwagenfirmen findet man in der überall erhältlichen Zeitschrift *Egypt Today* (weitere Adressen im Kapitel »Unterwegs in Ägypten«). In Oberägypten, sprich Luxor und Assuan, gibt es nur wenige lokale Anbieter. 4WDs, also vierradangetriebene Wagen, kann man hier überhaupt nicht mieten, Touristen sollen gar nicht erst zu eigenmächtigen, gefährlichen Wüstentouren ermuntert werden.

In Ägypten gelten auf den ersten Blick keinerlei Verkehrsregeln. Im Prinzip gelten zwar alle, die Wichtigste aber ist: Der Stärkere hat Vorfahrt, und jeder rechnet jederzeit damit, dass ein Stärkerer unerwartet um die Ecke schießt. Die Höchstgeschwindigkeit beträgt in Orten 50 km/h, auf Landstraßen 80 km/h. Alkohol am Steuer ist strikt verboten.

Sammeltaxis

Selbst im kleinsten Dorf werden Sie die Sammeltaxis (Peugeots, Toyota-Busse) finden, die erst losfahren, wenn der Wagen voll ist. Eng geht es hier zu, und wenn Sie nicht die glorreiche Idee hatten, sich zwei Plätze zu kaufen, dann dürfen Sie das Erlebnis atemberaubenden Reisens genießen. Hitze, Schweiß, Zigarettenqualm – so eine Fahrt kann Sie den letzten Nerv kosten, nicht zuletzt wegen der Formel-1-Ambitionen, die nahezu jeder der Fahrer insgeheim hegt und am Steuer ungebremst auslebt. In den größeren Städten verkehren diese Sammeltaxis nicht nur als Überlandverbindungen, sondern für wenige Piaster auch als Pendelbusse zwischen den diversen Stadtvierteln.

Taxis

Gängigstes Fortbewegungsmittel in den Städten ist das Taxi; Busse sind, weil permanent überfüllt, nicht zu empfehlen, schon gar nicht für Frauen. Busfahren scheint das billige Hobby aller Grapscher zu sein. Während an Touristenorten wie Hurghada und Sharm el-Sheikh die Taxi-Monopolisten ihre horrenden Preise diktieren, gelten in Kairo und Alexandria sowie in Luxor und Assuan die Gesetze des freien Marktes. Das heißt: Sie müssen als Ägyptenneuling (Taxifahrer scheinen das zu riechen) feilschen. Nach kurzer Zeit werden Sie aber wie die Ägypter Taxis auf der Straße per Handzeichen stoppen, sich reinsetzen und nach dem Aussteigen den Fahrpreis begleichen. Aber was zahlt man nun, einen gewissen Ausländerzuschlag schon mitgerechnet?

Beispiel Alexandria, von Ramle Station/Cecil Hotel zum Montazah-Palast: maximal drei bis vier Pfund. Auf den Kurzstrecken genügen eineinhalb bis zwei Pfund. Beispiel Kairo: Innenstadtfahrten zwei bis drei Pfund; Innenstadt zu den Pyramiden zwölf bis fünfzehn Pfund. Bei Nachtfahrten gibt man ein bis zwei Pfund mehr. Lassen Sie sich von den wortgewaltigen Diskussionen mit den Taxifahrern nicht beeindrucken. Mit den hier genannten Preisen haben Sie schon mehr als üblich bezahlt.

Feste und vielfach höhere Preise verlangen sämtliche Hotel-Limousinen und Taxis, die vor größeren Hotels und Touristenattraktionen warten.

Wirtschaft

Ägypten zählt zu den am meisten verschuldeten Ländern der Dritten Welt. Das jährliche Pro-Kopf-Einkommen liegt bei ca. 800 €. Ein Berg offener und versteckter Subventionen kostet den Staat viel Geld. So ist Brot beispielsweise billiger als das Getreide, aus dem es gebacken wird. Also verfüttern viele Bauern an ihre Tiere eben das billige Brot. Ein weiteres Problem: Die Löhne und Gehälter in Ägypten sind so niedrig, dass viele Hochqualifizierte und Facharbeiter auswandern und vor allem in den Golfstaaten hoch dotierte Posten annehmen. Mittlerweile kann das Land nicht mehr auf die Devisen verzichten, die es durch die Überweisung der Auslandsägypter an ihre Familien in der Heimat bekommt. Diese Einnahmen entsprechen den Einnahmen aus dem Tourismus – allerdings vor dem 40- bis 50-prozentigen Buchungsrückgang seit den Attacken religiös motivierter Terroristen.

Außer Baumwollexport spielt für Ägypten die Erdölförderung von etwa 40 Mio. t jährlich eine wichtige Rolle. Eine weitere Konstante zur Finanzierung des Staatsetats sind die Einnahmen aus den Suezkanal-Gebühren.

Landwirtschaft wird meist noch wie eh und je betrieben, und sie kann mit der Bevölkerungsexplosion nicht

Schritt halten. Während sich die Bevölkerung in den vergangenen 150 Jahren rasant vermehrt hat (→ Bevölkerung, S. 165), konnte die Erntefläche Ägyptens nur um das Dreieinhalbfache vergrößert werden. Die ungefähr 3 Mio. ha Ackerland werden künstlich bewässert, die Technisierung der Landwirtschaft, wie sie der Staat zu propagieren versucht, wird von den Fellachen, den Bauern, oft nicht akzeptiert. Man arbeitet, pflügt und ackert lieber so, wie es Vater, Großvater und Urgroßvater getan haben.

Die Krisenanfälligkeit der ägyptischen Wirtschaft zeigte sich deutlich nach den Anschlägen vom 11. September 2001. Über 90 % der Buchungen europäischer und amerikanischer Touristen wurden storniert. Oder nach dem 1. Golfkrieg: Hunderttausende ägyptischer Gastarbeiter mussten damals den Irak und Kuwait verlassen, meist nur mit dem Nötigsten im Handgepäck. Damit gingen nicht nur Großteile der Auslandsüberweisungsdevisen von 3 Mrd. US-Dollar verloren. Auch der heimische Arbeitsmarkt wurde von einem Heer Arbeit Suchender massiv unter Druck gesetzt.

Ohne den Golfkrieg und den Nahostkonflikt hätte Ägypten längst Staatsbankrott anmelden müssen. Dank seiner Mittlerrolle wurden dem Land aber Schulden erlassen und neue Kredite gewährt. Weitere Hilfe machen der Internationale Währungsfonds und die Weltbank von einer radikalen Wirtschaftsreform abhängig: Privatisierung staatlicher Betriebe (geht schleppend voran), Reduzierung des Haushaltsdefizits von 26 % auf 6 %, Anhebung der Verbraucherpreise – viel sozialer Sprengstoff, der die zaudernde Regierung die Macht kosten könnte und den Fundamentalisten die Massen in die Arme treiben würde. Preiserhöhungen finden deshalb – wo möglich – auf »kaltem« Wege statt. In Reis- oder Zuckerpackungen werden bei gleichem Preis einfach die Mengen reduziert.

Wichtige Eckdaten: Wachstum ca. 2 %; Inflation ca. 10–20 %; Arbeitslosenquote über 20 %

Zeitungen und Zeitschriften

Die großen überregionalen deutschen Zeitungen (*SZ*, *FAZ*, *Welt*, *Die Zeit*) und Zeitschriften (*Spiegel*, *Stern*, *Bunte*, *Focus*) bekommt man in Ägypten ein bis drei Tage nach Erscheinen in den meisten größeren Hotels und an den zentralen Zeitungskiosken.

In französischer Sprache erscheint die ägyptische Tageszeitung *Le Progrès Egyptien*, in Englisch die *Egyptian Gazette* – beide jedoch bis zur Selbstverleugnung regierungsunterwürfig, heuchlerisch und unkritisch. Informativ sind sie lediglich, was Nachrichten aus Kultur, Tourismus und Archäologie angeht.

Lesenswert sind dagegen die jeden Donnerstag in Englisch erscheinende *Al Ahram Weekly* und die *Al Ahram »Hebdo«* in Französisch. Reportagen aus Ägypten und jede Menge Infos über Kultur, Musik, Theater, Literatur und Veranstaltungen beinhaltet die Illustrierte *Egypt Today*, die monatlich erscheint, inkl. Veranstaltungsterminen. Lesenswert auch: die *Middle East Times*.

Zeitunterschied

Wenn Sie nach Ägypten kommen, stellen Sie in der Regel die Uhr um eine Stunde vor. Da Sommer- und Winterzeit zu anderen Terminen als in Europa beginnen, kann die Differenz für wenige Tage auch null bzw. zwei Stunden betragen. Apropos Zeit: Die arabische Viertelstunde kann mehrere Stunden bis ewig dauern …

Zoll

Alles, was Sie für Ihren persönlichen Bedarf mitbringen wollen, können Sie ohne Formalitäten einführen und wieder ausführen. Ausnahme: Ihre Videokamera (nicht die Fotoausrüstung) müssen Sie anmelden.

Kartenatlas

Orientierung leicht gemacht: mit Planquadraten und allen Orten und Sehenswürdigkeiten.

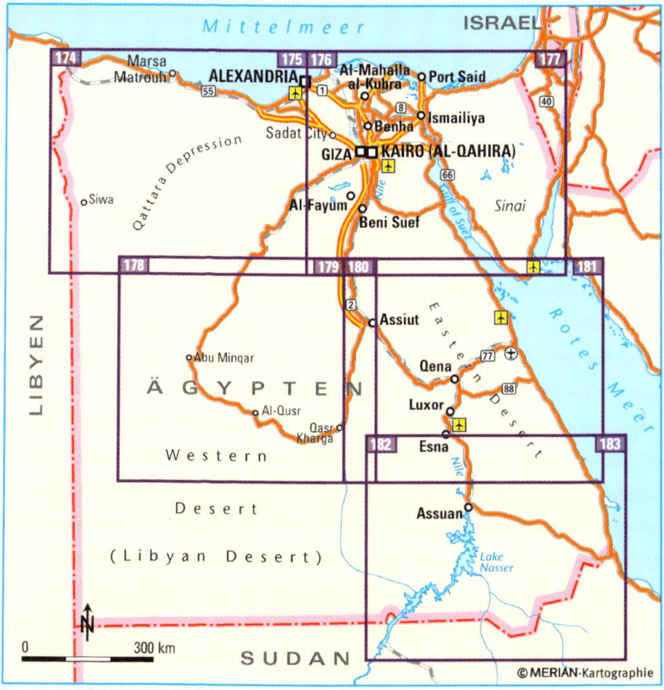

Legende

Routen und Touren

- Die Oasen der Libyschen Wüste (S. 144)
- Assuan und der Süden (S. 147)
- Suez-Region und Sinai-Westküste (S. 148)
- Von Alexandria nach Marsa Matrouh (S. 152)
- Das fruchtbare Fayum-Becken (S. 155)

Sehenswürdigkeiten

- 10 MERIAN-TopTen
- 10 MERIAN-Tipp

Sehenswürdigkeiten ff.

- Sehenswürdigkeit, öffentl. Gebäude
- Sehenswürdigkeit Kultur
- Sehenswürdigkeit Natur
- Kloster; Moschee
- Museum
- Denkmal
- Archäologische Stätte

Verkehr

- Autobahn
- Fernverkehrsstraße
- Hauptstraße
- Nebenstraße
- Unbefestigte Straße, Weg

Verkehr ff.

- Busbahnhof
- Bahnhof
- Metrostation
- Flughafen; Flugplatz

Sonstiges

- Information
- Theater
- Markt
- Botschaft, Konsulat
- Oase
- Friedhof
- Muslimischer Friedhof
- Nationalparkgrenze

A
B
C
Bengasi
Musaid
Gulf of Salum
As-Salum
Sidi Barrani
218
Zawiyat at-Tarfaya
Buqbuq
55
Zawiyat Shammas
Kafrat Rahma
Kafr Abu Tirki
Zawiyat
1
Libyan Plateau
Ad-Diffa
2
Qara
3
Siwa
Siwa
Amun-Tempel
Zaitun
Qattara
Qur
Hasanain
140
4

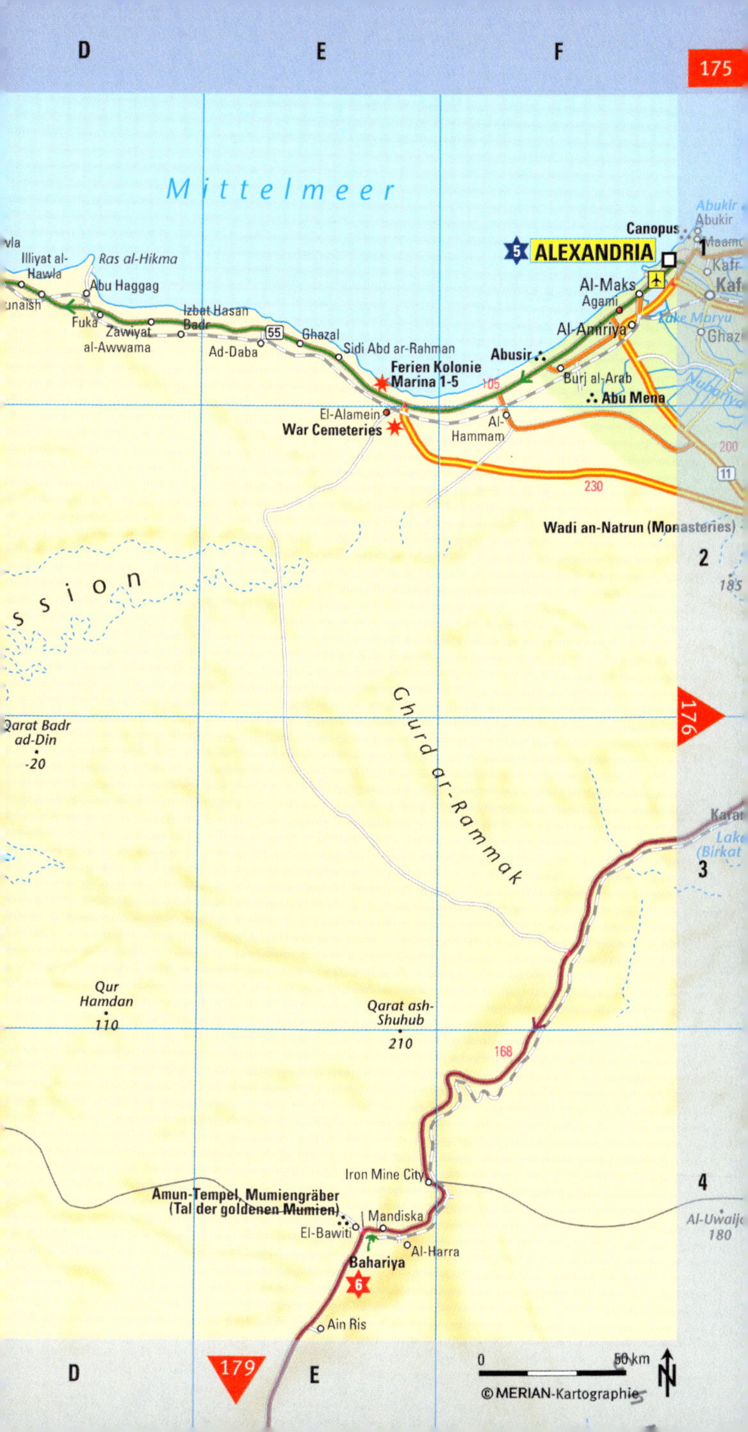
D
E
F
Mittelmeer
Abukir
Abukir
Canopus
Maamura
ALEXANDRIA
5
Kafr
Kafr
Illiyat al-Hawla
Ras al-Hikma
Abu Haggag
Fuka
Zawiyat al-Awwama
Izbat Hasan Badr
55
Ad-Daba
Ghazal
Sidi Abd ar-Rahman
Al-Maks
Agami
Al-Amiriya
Lake Maryut
Abusir
Ferien Kolonie Marina 1-5
105
Burj al-Arab
Abu Mena
Nubariya
El-Alamein
War Cemeteries
Al-Hammam
200
11
230
Wadi an-Natrun (Monasteries)
1
2
185
ssion
Qarat Badr ad-Din
-20
Ghurd ar-Rammak
3
Lake (Birkat
Qur Hamdan
110
Qarat ash-Shuhub
210
168
Iron Mine City
4
Amun-Tempel, Mumiengräber (Tal der goldenen Mumien)
Mandiska
El-Bawiti
Al-Harra
Al-Uwaij
180
Bahariya
6
Ain Ris
0
50 km
N
© MERIAN-Kartographie

176

179

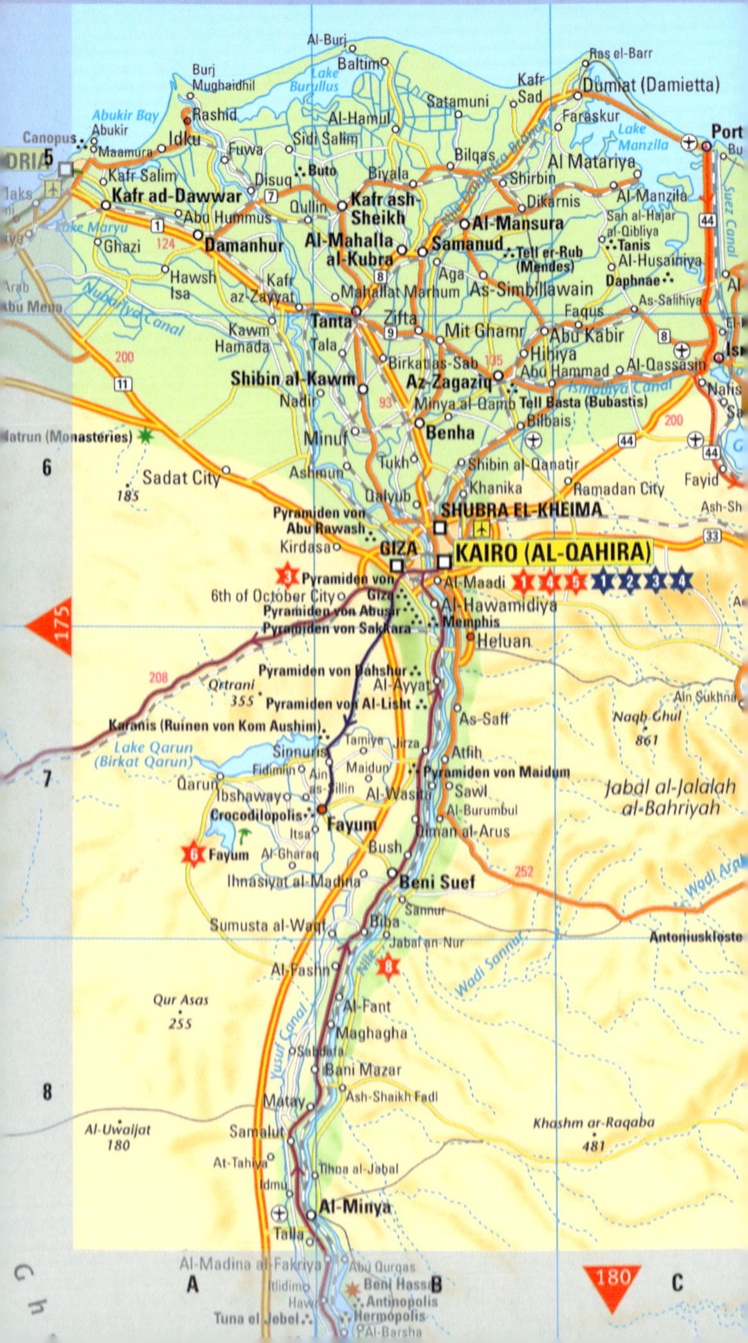
A
B
C
5
6
7
8
Al-Burj
Baltim
Lake Burullus
Burj Mughaidhil
Ras el-Barr
Kafr Sad
Dumiat (Damietta)
Satamuni
Abukir Bay
Abukir
Rashid
Al-Hamul
Faraskur
Lake Manzila
Port
Canopus
Maamura
Idku
Fuwa
Sidi Salim
Bilqas
Al Matariya
Buto
Biyala
Shirbin
Nile Damietta Branch
Kafr Salim
Disuq
Dikarnis
Al-Manzila
Kafr ad-Dawwar
Qullin
Kafr ash-Sheikh
Al-Mansura
Sah al-Hajar al-Qibliya
Suez Canal
Abu Hummus
Lake Maryu
Tanis
Ghazi
Damanhur
Al-Mahalla al-Kubra
Samanud
Tell er-Rub (Mendes)
Al-Husainiya
Hawsh Isa
Kafr az-Zayyat
Aga
Daphnae
Mahallat Marhum
As-Simbillawain
Nubariya Canal
As-Salihiya
Faqus
Tanta
Zifta
Kawm Hamada
Tala
Mit Ghamr
Abu Kabir
Hihiya
Birkat as-Sab
Abu Hammad
Al-Qassasin
Shibin al-Kawm
Az-Zagaziq
Ismailiya Canal
Nafis
Nadir
Minya al-Qamh
Tell Basta (Bubastis)
Bilbais
Natrun (Monasteries)
Minuf
Benha
Tukh
Shibin al-Qanatir
Sadat City
Ashmun
Ramadan City
Fayid
185
Khanika
Qalyub
Pyramiden von Abu Rawash
SHUBRA EL-KHEIMA
Ash-Sh
Kirdasa
GIZA
KAIRO (AL-QAHIRA)
Pyramiden von Giza
Al-Maadi
6th of October City
Al-Hawamidiya
Pyramiden von Abusir
Pyramiden von Sakkara
Memphis
Heluan
Pyramiden von Dahshur
Al-Ayyat
Qrtrani 355
Pyramiden von Al-Lisht
Ain Sukhna
As-Saff
Naqb Ghul 861
Karanis (Ruinen von Kom Aushim)
Lake Qarun (Birkat Qarun)
Sinnuris
Tamiya
Jirza
Atfih
Fidimin
Ain as-Sillin
Maidun
Pyramiden von Maidum
Qarun
Ibshaway
Al-Wasita
Sawl
Jabal al-Jalalah al-Bahriyah
Crocodilopolis
Fayum
Al-Burumbul
Itsa
Qiman al-Arus
Fayum
Al-Gharaq
Bush
Ihnasiyat al-Madina
Beni Suef
Wadi Araba
Sannur
Sumusta al-Waqf
Biba
Antoniuskloster
Jabal an-Nur
Al-Fashn
Wadi Sannur
Qur Asas 255
Al-Fant
Nile
Yusuf Canal
Maghagha
Sabdafa
Bani Mazar
Ash-Shaikh Fadl
Matay
Khashm ar-Raqaba 481
Al-Uwaljat 180
Samalut
At-Tahiya
Tihna al-Jabal
Idmu
Al-Minya
Talla
Al-Madina al-Fakriya
Abu Qurqas
Itlidim
Beni Hassan
Hawr
Antinopolis
Tuna el Jebel
Hermopolis
Al-Barsha

175
180

D
E
F
5
6
7
8
Mittelmeer
Gaza
Sederot
Sa'ad
Magén
Rafah
Be'er Sheva
ISRAEL
Dimona
Yeroham
Al-Arish
Masaid
Lake Bardawil
Bay
Bîr al-Abd
Risan Unaiza 368
Abu Uwaijilah
Nizzana
Negev
Mizpe Ramon
Al-Qusaima
Halal 890
Baghdad
Maghara 580
Har Ramon 1035
Bir al-Hasana
Arâif an-Naqa 934
Khatmia Pass
Bir al-Gifgafa
1094
Lake
Giddi Pass
ittle
itter Lake
Skizzafon
Al -Kuntilla
Yotvata
Ash-Shatt
Mitla Pass(480)
Nakhl
Raha 675
Springs of Moses
At-Tih Plateau
Bir Ath-Thamad
Al-Naqh
Elat
Al-Aqaba
Taba
Pharaos Island
Taba Heights
Haql
Sinai
Ras
tarima
Hammam Faraun
Coloured Canyon
Al-Humaida
Ain Umm Ahmed
Ain Furtaga
Gulf of Suez
Ras Zafarana
Abu Zenima
Serabit el-Khadim
Junaina 1626
Nuweiba
Ras Abu Galum Nat. Park
Ain Khudra
Wadi Arada
Abu Rudeis
Wadi Mukattab
uluskloster
Al-Feiran
Mt. Sinai (J. Musa, Mosesberg) 2285
Katharinen-kloster
2070 J. Serbal
Abu Durba
Blue Hole
Wadi Connection
Dahab
Gulf of Aqaba
J. Katherina 2642
Hawashiya
Ras Gharrib
Magna
Al-Tur
Wadi Nabq Nat. Park
Nabq Bay
Ash-Shaikh Humaid
Gharib 1750
Ras Jamsah
Sahra 1460
Ras al-Qasba
Tiran I.
Sanafir I.
Naama Bay
Sharm el-Sheikh
Ras Mohammed Nat. Park
Strait of Jubal
Ras Jamsan
Qaysum I.
Jubal I.
Korallenriffe
1235
0
50 km
N
© MERIAN-Kartographie
181
55
200
3
33
66
270
4
75
45
40
80
211
174
15
340
269
9
10

A
174
B
C
9
10
11
12
185
Military Camp
Abu Nusf
Qasr
Farafra
Farafra
6
Qasr al-Farafira
Ain Sheikh Marzo
Abu Minqar
W e s t e r n
308
Edmonstone
D e s e r t
(L i b y a n D e s e
A
B
C

Mine City
Mandiska
D
175
E
Al-Uwaijat
180
Samalut
Matay
Bani Mazar
Ash-Shaikh Fadl
F
179
Al-Harra
hariya
At-Tahiya
Tihna al-Jabal
Idmu
Al-Minya
176
Talla
Al-Madina al-Fakriya
Abu Qurqas
Beni Hassan
Itlidim
Antinopolis
Hawr
Hermopolis
Tuna el Jebel
Al-Barsha
9
Mallawi
Tell el-Amarna
Dair Mawas
Dalja
Dairut
2
Ghurd Abu Muharriq
Al-Qusiya
Umm al-Qusur
Manfalut
Al-Atamina
Abnub
Manqabad
Assiut
Abu Ti
Gräber
El-Zawya
369
Tima
10
Tahta
Guhain
Al-Ma
Western (Libyan) Desert
Deir
180
230
shaw
11
Aguz
460
Monera
Al-Qasr
6
Dakhla
Balat
Al-Hindaw
572
Bashandi
Mut
Al-Masara
Tunaida
Hibis
Qasr Kharga
6
El-Kharga
Phosphatmine
Abu Tartur
193
Bulaq
12
Baris
D
E
0
50 km
N
© MERIAN-Kartographie

Bani Mazar
Matay
Ash-Shaikh Fadl
180
A
176
ar-Raqaba
481
B
C
Wadi Hawa
Tahiya
Tihna al-Jabal
Al-Minya
176
Gharib
1750
dina al-Fakriya
Abu Qurqas
Urf
1235
Beni Hassan
Antinopolis
Hawr
13
Hermopolis
Al-Barsha
Mallawi
Tell el-Amarna
817
Dair Mawas
Dalja
Dairut
2
Wadi al-Asyuti
Al-Qusiya
Umm al-Qusur
Manfalut
Al-Atamina
Wadi Qina
Abnub
Manqabad
Assiut
Gräber
Abu Tig
El-Zawya
Al-Badari
Tima
14
Nile
8
Tahta
237
Guhaina
Wadi Jurdi
Al-Maragha
Akhmim
Najili
525
Sohag
Deir el-Abyad
Al-Munshaa
Western Desert
(Libyan Desert)
179
Girga
Al-Birba
230
Tempel von Abydos
(El-Amra)
Bardis
Qena
Al-Kushh
Dishna
Dendera
Al-Balyana
Abu Tisht
Temple of Den
Al-Waqf
Farshut
Al-Ballas
Nag Hammadi
Qus
Qift
310
15
Naqada
7
Tal der Könige
Aguz
460
Theben-West
Karnak
Ad-Dabiya
Luxor
Monera
Armant
Crocodilopolis
Kiman al-Mataina
Asfun al-Matain
Qasr Kharga
Ad-Dair
Esna
As-Sibaiya
Al-Mah
Pyramide von El-Kula
Bulaq
Al-Kilh Gharb
Edfu
16
Horus-Tempel
Western
(Libyan
8
Nile
Horemheb-Tempel
Faris
Baris
Kom Omb
El Maks
Qasr Dush
Bimban
El Qasr
A
Limestone
B
182
C
2
Daraw

177
D
E
F
Al-Tur
Magna
Wadi Nabq Nat. Park
Ras Jamsah
Nabq Bay
Sahra 1460
Ash-Shaikh Humaid
Aimuna
Ash-Sharma
Ras al-Qasba
Naama Bay
Tiran I.
Sanafir I.
Umm Qusur I.
As-Sawra
Sharm el-Sheikh
Ras Mohammed Nat. Park
Ras Mohammed
Korallenriffe
Ras Jamsan
Qaysum I.
Strait of Jubal
Jubal I.
Al-Muwailih
Tawila I.
Shakir Island
El-Gouna
Hurghada
Giftun Island
Jafatin I.
Mons Porphyrites
Shaib 2187
Makadi Bay
Soma Bay
Ras Abu Sawma
Fatira 1355
Mons Claudianus
Safaga
Safaga Islands
Bir Safaga
Bir Wasif
Samna 1060
Rotes Meer
Bir Quei
Al-Hamrawayn
Mutiq 1110
Bir Sivala
Qusair
Banat
Bir Asal
Sibai 1477
Bir Umm Gherg
Marsa Alam
Jiddah
Blondie Beach
Marsa Shagra
Abu Dabbab 1080
Wadi al-Miyah
Barramiya
Marsa Alam
Hamata 1977
Nuqrus 1505
Wadi Jimal I.
Wadi Shait
Ras Hunkurab
Suyul Island
Abu Ghusun
Sheikh Shazly
183
0
50 km
N
© MERIAN-Kartographie

180
A
B
C
Mataina
Asfun al-Mataina
Esna
Ad-Dair
81.0
As-Sibaiya
Al-Mahamid
Pyramide von El-Kula
El-Kab
268
Al-Kilh Gharb
Edfu
El-Kanayis
Horus-Tempel
Ar-Radisiya
Western Desert
(Libyan Desert)
Nile
17
Horemheb-Tempel
Salwa al-Bahriya
Faris
An-Nasr (Nasr
Kom Ombo
Ombos
Bimban
Daraw
Limestone
Plateau
Al-Aqaba al-Kabir
Al-Aqaba as-Sagh
St.-Simeons-Kloster
Assuan
Philae
Hochdamm (Sadd
Kalabsha-Tempel
18
Lake Nasser (Buhairat
19
Sebua
Amada
Karawanenlager
Wadi al Allaqi
Abu Simbel
20
Buhairat Nuba
Wadi Halfa
SUDAN
Khartoum
A
B
C

D
E
F
181
Marsa Shagra
Barramiya
1080
99
Marsa Alam
Rotes Meer
Hamata
1977
Nuqrus
1505
Wadi Shait
Wadi Jimal I.
Ras Hunkurab
142
Suyul Island
Abu Ghusun
Sheikh Shazly
Hamata
Eastern Desert
(Arabian Desert)
Hamata
1977
Ras Banas
44
Wadi al-Kharit
Berenice
Foul Bay
Umm Bisilla
820
Faraid
1366
104
Bir Abu Hashim
Wadi Jarara
Bir Shalatain
Nasiya
900
1129
Mushbih
1351
Bir el-Hamur
17
18
19
20
D
E
0
50 km
N
© MERIAN-Kartographie

Zeichenerklärung
▲ Gebirge
∞ Landschaft
~ Gewässer, Strand
★ Sehenswürdigkeit

Hier finden Sie alphabetisch aufgeführt alle in diesem Band beschriebenen Orte und Ziele, Routen und Touren. Bei einzelnen Sehenswürdigkeiten steht jeweils der dazugehörige Ort in Klammern, bei Hotels steht zusätzlich die Abkürzung H für Hotel. Außerdem enthält das Register wichtige Stichworte sowie alle MERIAN-Tipps und TopTen dieses Reiseführers. Wird ein Begriff mehrfach aufgeführt, so verweist die **fett** gedruckte Zahl auf die Hauptnennung, eine *kursive* Zahl verweist auf ein Foto.

Liebe Leserinnen und Leser,
wir freuen uns, Ihre Meinung zu diesem Reiseführer zu erfahren. Bitte schreiben Sie uns, wenn Sie Berichtigungen und Ergänzungsvorschläge haben oder wenn Ihnen etwas besonders gut gefällt:

TRAVEL HOUSE MEDIA GmbH, Postfach 86 03 66, 81630 München
E-Mail: merian-live@travel-house-media.de Internet: www.merian.de

DER AUTOR
Diesen Reiseführer schrieb **Michel Rauch**, Jahrgang 1960, zehn Jahre freier Nahostkorrespondent für deutsche Zeitungen, Zeitschriften und TV-Produktionen in Kairo. Das dort gegründete Büro namens Yalla! (Homepage www.yallacairo.com) arbeitet nun von Hamburg aus. Reisebücher über Ägypten, Jordanien, Jemen, Libanon, Arabische Emirate, Oman, die arabischen Golfstaaten sowie Israel.

Bei Interesse an Karten aus MERIAN-Reiseführern schreiben Sie bitte an:
iPUBLISH GmbH, geomatics
Berg-am-Laim-Straße 47
81673 München
E-Mail: geomatics@ipublish.de

FOTOS
Titelbild: Goldmaske des Tut-anch-Amun (Transglobe/Stadler); alle übrigen Fotos A. Krause, außer H. Arndt 44, 105, 117, 118, 119; Bildagentur Huber/PictureFinders 90; Bildagentur Huber/R. Schmid 94; Elleringmann/laif 52; Emmler/laif 7, 11, 55, 61, 149, 116; Heuer/laif 18; Kirchgessner/laif 22, 46; Kirchner/laif 154; Le Figaro Magazine/laif 95; H. Mielke 20, 29, 34, 40, 57, 104, 120, 124, 130, 135, 137, 138, 140, 145, 146, 150, 163; Selbach/laif 14/15; T. Stankiewicz 12, 42/43, 79, 84, 106; VU/laif 24; Zoom/Bildagentur Huber 126

PROGRAMMLEITUNG
Susanne Böttcher
REDAKTION
Susanne Kronester
LEKTORAT UND SATZ
Ewald Tange, tangemedia, München
GESTALTUNG
wieschendorf.design, Berlin
KARTEN
MERIAN-Kartographie
PRODUKTION
Markus Plötz
DRUCK Appl, Wemding
BINDUNG Auer, Donauwörth
GEDRUCKT AUF
Nopacoat Edition von der Papier Union

1. Auflage
ISBN (10) 3-8342-0122-7
ISBN (13) 978-3-8342-0122-5

TRAVEL HOUSE MEDIA

Ein Unternehmen der
GANSKE VERLAGSGRUPPE

Ägypten

MERIAN-Tipps

Tipps und Empfehlungen für Kenner und Individualisten

1 **Café Fishawi**
Am Eingang zum Kairoer Basar Khan el-Khalili findet sich, in einem Innenhof versteckt, ein uriges Kaffeehaus (› S. 23).

2 **Kamelmärkte**
Hier verkaufen die aus dem Sudan kommenden Karawanen ihre Tiere. Mancher Besucher erwirbt Dolche und Nilpferdpeitschen (› S. 28).

3 **Dinner- und Lunch-Kreuzfahrten auf dem Nil**
Umrahmt von einem Show-Programm zieht zum reichhaltigen Mahl die Skyline von Kairo vorbei (› S. 59).

4 **The Whirling Dervishes**
Nach jahrhundertealter Sufi-Tradition tanzen sich die Derwische in Ekstase (› S. 63).

5 **Bibliothek von Alexandria**
Der futuristische Neubau soll dereinst die Heimstatt von 8 Millionen Büchern sein (› S. 75).

6 **Das Orakel von Siwa**
Die geschichtsträchtige kleine Oase Siwa liegt mitten in der Libyschen Wüste (› S. 83).

7 **Felukenfahrt auf dem Nil**
Eine Segelpartie von Assuan aus nilaufwärts ist ein unvergessliches Erlebnis (› S. 96).

8 **Historisches Hörspiel »Sound & Light«**
Unter freiem Himmel und visualisiert mit Lichteffekten: dargeboten auf der Insel Philae bei Assuan (› S. 98).

9 **Karawanenlager**
Seit Urzeiten ziehen wenige Kilometer westlich von Abu Simbel Kamelkarawanen aus dem Sudan vorbei (› S. 102).

10 **The Echo Temple – Desert Stage**
Lichtblitze durchzucken die Luft, die Wüste bebt: Freitags beherrschen Techno-Klänge die Party-Zone der Naama Bay (› S. 113).

← MERIAN-TopTen finden Sie auf Seite 1